ENGLISH G

HIGHLIGHT

Handreichungen für den Unterricht

mit Kopiervorlagen und methodisch-didaktischem Glossar

3

Cornelsen

English G · Highlight · Band 3

Handreichungen für den Unterricht

Erarbeitet von:
Christina Hasselmann, Berlin
Lara Jano, Rottweil
Andrea Krampe, Paderborn
Ellen Wiegard-Kaiser, Bielefeld

Redaktion:
Susanne Döpper (Projektleitung);
Jenny Dames, Sandhya Gupta, Michaela Schmidt
(verantwortliche Redakteurinnen)
sowie Christine Maxwell;
Britta Bensmann (Bildredaktion);
freie Mitarbeit: Katrin Gütermann (Glossar)

Titelbild:
Shutterstock.com / Bernhard Richter

Bildquellen:
Shutterstock.com / Bernhard Richter (S. 9)
Katharina Wieker, Berlin (alle Tafelzeichnungen)
Bildnachweise der jeweils verwendeten Fotos und
Illustrationen auf der entsprechenden Kopiervorlage

Umschlaggestaltung:
Cornelsen Verlag Design unter Verwendung
der Entwürfe von Klein & Halm Grafikdesign, Berlin,
und kleiner & bold, Berlin

Layoutkonzept (Inhalt):
Klein & Halm Grafikdesign, Berlin

Layout und technische Umsetzung:
Yvonne Thron (designcollective), Berlin *(Inhalt)*
zweiband.media, Berlin *(Kopiervorlagen)*

www.cornelsen.de

Dieses Werk berücksichtigt die Regeln der reformierten Rechtschreibung und Zeichensetzung.

1. Auflage, 2. Druck 2017

Druck: Athesiadruck GmbH

ISBN 978-3-06-033315-8

PEFC/18-31-166

PEFC zertifiziert
Dieses Produkt stammt aus nachhaltig bewirtschafteten Wäldern und kontrollierten Quellen.
www.pefc.de

Inhalt

Vorwort

Kommentar zum Schülerbuch

Auszeichnungen für Wortschatz	
Hi!	Lernwortschatz
cowboy	Wörter, die eine identische Entsprechung im Deutschen haben
°repeat	rezeptiver Wortschatz, z. B. in Arbeitsanweisungen

Symbole für Übungen	
👥 👥	Partnerarbeit
👥👤 👥👤	Gruppenarbeit
🎧	Hörtext nur auf CD
🎧	Hörtext auf CD und im Schülerbuch
🎥	Filme auf der DVD
○ ○	leichtere Übungen
● ●	schwierigere Übungen
// ● p. 97	schwierigere Parallelaufgabe in der *Diff bank* mit Seitenzahl
More help p. 93	Hilfen zu einer Aufgabe in der *Diff bank* mit Seitenzahl
More practice 1 p. 93	weitere Übungen in der *Diff bank* mit Seitenzahl
blaue Schrift	fakultative Angebote

Verweise	
► Partner check	Verweis auf einen Eintrag im methodisch-didaktischen Glossar (HRU-Seite 142–155)
► KV 1	Verweis auf Kopiervorlagen in den HRU
► WB 1, p. 2	Verweis auf Workbook-Übungen
► Folie 1	Verweis auf Folien
► DFF 1.1	Verweis auf Materialien zum Differenzieren | Fördern | Fordern
► INKL p. 20	Verweis auf Materialien für Lernende mit erhöhtem Förderbedarf im inklusiven Unterricht

Abkürzungen

L	Lehrkraft	EA	Einzelarbeit	HRU	Handreichungen für den Unterricht
S	Schüler/Schülerin(nen)	PA	Partnerarbeit	SB	Schülerbuch
KV	Kopiervorlage	GA	Gruppenarbeit	GSE	Grundschulenglisch
TA	Tafelanschrieb	HA	Hausaufgabe	OHP	Overheadprojektor

Vorwort

1 Einleitung

In den vergangenen Jahren ist die traditionelle Hauptschule in manchen Bundesländern abgeschafft worden, in anderen Bundesländern in neue Schulformen wie die Oberschule oder Realschule Plus integriert und in Baden-Württemberg in eine anders strukturierte Werkrealschule überführt worden. Gründe dafür sind zum einen veränderte schulpolitische Zielvorstellungen, zum anderen sich veränderndes Wahlverhalten vieler Eltern sowie demografische Veränderungen. Ob als „Werkrealschule" oder als andere Schulform firmierend, vielen dieser Schulen ist gemeinsam, dass sie eine überwiegend lernschwächere Schülerklientel haben, deren Bedürfnisse eher denen der früheren „Hauptschüler" ähneln als denen lernstärkerer „Realschüler". Ein Teil dieser Lernenden wird am Ende ihrer Schullaufbahn den – je nach Bundesland unterschiedlich bezeichneten – Hauptschulabschluss machen, ein anderer Teil wird am Ende von Klasse 10 den Mittleren Schulabschluss erwerben wollen. Für S an Haupt- und Werkrealschulen und für S in Grundkursen oder Hauptschulzügen an äußerlich differenzierenden Schulformen wurde das Lehrwerk English G HIGHLIGHT entwickelt.

Das Lehrwerk English G HIGHLIGHT ist das Nachfolgelehrwerk von *New Highlight*, das sich seit seiner Einführung im Jahr 2005 im Unterricht bewährt hat. Bekannte Elemente und vertraute Verfahrensweisen des Vorgängers wurden beibehalten und mit einer neuen Unit-Struktur und vollständig neuen Inhalten verbunden.

English G HIGHLIGHT ist Teil des Lehrwerkverbundes:
English G HIGHLIGHT – English G LIGHTHOUSE – English G HEADLIGHT.

Alle drei Lehrwerke sind inhaltlich-thematisch parallel aufgebaut und bieten jeweils ein breit angelegtes Differenzierungsangebot innerhalb der Schülerbücher und in den zugehörigen Begleitmedien. Während English G HIGHLIGHT sich an lernschwächeren S orientiert und deren spezifische Bedürfnisse aufgreift, richtet sich English G HEADLIGHT an leistungsstarke S, die von Anfang an den Mittleren Schulabschluss, z. B. an Realschulen, anstreben und potentiell auch auf die gymnasiale Oberstufe vorbereitet werden sollen. English G LIGHTHOUSE ist das Lehrwerk mit dem größten Differenzierungsangebot und richtet sich an leistungsschwache wie leistungsstarke S gleichermaßen. Es ist jederzeit möglich, im folgenden Schuljahr auf einen der beiden anderen Lehrwerksstränge überzuwechseln oder bei zwei leistungsdifferenten Klassen mit zwei der drei Lehrwerksstränge zu arbeiten. Beispiel: Im leistungsschwächeren Kurs arbeitet man mit English G HIGHLIGHT, im leistungsstärkeren Kurs mit English G LIGHTHOUSE oder English G HEADLIGHT.

2 Zielgruppe

Das Lehrwerk English G HIGHLIGHT richtet sich an Lernende
- mit Hauptschulprofilen,
- mit erweiterten Hauptschulprofilen,
- mit sonderpädagogischem Förderbedarf, die in zunehmendem Maße Regelschulen besuchen.

English G HIGHLIGHT bietet die Möglichkeit, schwächeren Lernern gerecht zu werden und ihr Potential voll zu entfalten. Im Zentrum steht die individuelle Förderung und die Wahrnehmung und Wertschätzung von unterschiedlichen Fähigkeiten.
Individualisierung und Förderung, Differenzierung, Arbeit in Projekten und an Lernaufgaben sowie ein Methodencurriculum setzen ein verändertes Verständnis der Lehrerrolle voraus. Um diesen Ansprüchen gerecht werden zu können, bietet das Lehrwerk English G HIGHLIGHT mit seinen wesentlichen Bestandteilen ein vielfältiges, aufeinander abgestimmtes und nachhaltiges Unterstützungssystem.

3 Methodisch-didaktische Leitlinien

3.1 Kompetenzorientierung

Der Englischunterricht verändert sich seit einigen Jahren in vielerlei Hinsicht, ausgelöst durch die Überlegungen der Europäischen Kommission zum lebenslangen Lernen, durch die Ergebnisse verschiedener Bildungsuntersuchungen und nicht zuletzt durch den Gemeinsamen Europäischen Referenzrahmen und die Bildungsstandards der Kultusministerkonferenz. Der Paradigmenwechsel hat zu einer klaren Output-Orientierung und zu kompetenzorientierten Curricula geführt.

Wie in *New Highlight* ist das grundlegende Prinzip in English G HIGHLIGHT der nachhaltige Aufbau aller Kompetenzen von Beginn an, wobei dem Schreiben ein eigener *Writing Course* gewidmet ist. Im zweiten Teil jeder Unit befinden sich vier Seiten *Skills training*, auf denen alle kommunikativen Kompetenzen gezielt entwickelt werden. Die systematische Entwicklung des Hör- wie Sehverstehens ist dadurch gewährleistet, dass einerseits in den Units auf der jeweiligen *Viewing*-Seite eine Folge einer Art *soap opera* um vier Londoner Jugendliche angeboten wird und andererseits an thematisch passenden Stellen dokumentarische Filmclips, *People and places*, zu den Schauplätzen der Units 1–4 und zum *Extra Reading* über Dublin präsentiert werden.

Unter den kommunikativen Kompetenzen kommt der Entwicklung der Mündlichkeit im Lehrwerk English G HIGHLIGHT besondere Bedeutung zu. Das dialogische und monologische Sprechen werden intensiv geschult. Dadurch wird die Sprechkompetenz, die bereits in der Grundschule angelegt wurde, in der weiterführenden Schule fortentwickelt. Die S erleben die Fremdsprache als Mittel, ihre sprachlichen Bedürfnisse auf Englisch auszudrücken, was zu einer Motivationssteigerung und Lust am Lernen führt.

Soweit möglich, nutzt English G HIGHLIGHT neurowissenschaftliche Erkenntnisse in Bezug auf das Lernen allgemein und auf das Erlernen der Fremdsprache vor dem Hintergrund der Erkenntnisse über den Erstsprachenerwerb. „Die Gehirnforschung lehrt ..., dass das Allgemeine an Beispielen gelernt wird und gerade nicht durch das Auswendiglernen von Regeln." (Spitzer, 2011)

Lernen funktioniert optimal, wenn der zu lernende Stoff eine Bedeutung für die S hat (Anwendungsorientierung). English G HIGHLIGHT bietet dazu viele Lerngelegenheiten, u. a. bei zahlreichen *Tasks*. Die Lernenden setzen sich aktiv mit der Fremdsprache auseinander und sind emotional eingebunden. Aufgaben zum entdeckenden, selbstständigen und selbstbestimmten Lernen vermitteln das immer wiederkehrende Gefühl, etwas zu können, was vorher noch nicht gewusst oder gekonnt wurde.

Den Kerngedanken des methodisch-didaktischen Konzeptes des Lehrwerks English G HIGHLIGHT bilden vielfältige Möglichkeiten und Angebote zur Differenzierung und Individualisierung. Nach der gemeinsamen Erarbeitung neuer Lerninhalte werden durch differenzierende Maßnahmen unterschiedliche Lernwege möglich. Dabei ist der Grundgedanke, „jedem Lerner das zukommen zu lassen, was ihn voranbringt.

Das sind

1. ein hohes Maß an Zuwendung und Aufmerksamkeit,
2. erfreuliche und beflügelnde soziale Beziehungen,
3. die Lernhilfen und -anregungen, die ihn bei seinem jeweils aktuellen Lernstand voranbringen und nicht blockieren." (Bönsch, 2011)

3.2 Differenzierung in English G HIGHLIGHT

Ausführliche Hinweise zu differenzierenden Lehr- und Lernszenarien finden sich in Kapitel 6 (siehe HRU-Seite 11ff.)

3.3 English G HIGHLIGHT im inklusiven Unterricht

Inklusiver Englischunterricht – das gemeinsame Lernen von S mit sonderpädagogischem Förderbedarf und ohne – ist eine Herausforderung für die Lehrkraft und erfordert die Einbeziehung aller S. Die Stärkung der sozialen Kompetenz ist eine wichtige Voraussetzung für das gemeinsame Lernen von Menschen mit und ohne Behinderung. Gleichzeitig wirkt sich gelungener inklusiver Unterricht positiv auf die soziale Kompetenz der S aus und verstärkt diese.
Differenzierung innerhalb des inklusiven Unterrichts kann bedeuten, dass unterschiedliche Ziele angestrebt werden (zieldifferentes Unterrichten und Bewerten) oder dass Lernende mit sonderpädagogischem Förderbedarf bei zielgleichem Unterrichten und Bewerten einen Nachteilsausgleich erhalten (z.B. in Form von Arbeitszeitverlängerung oder von optischen Hilfen).
Differenzierung innerhalb des inklusiven Unterrichts kann auch bedeuten, dass die Lerngruppe gemeinsam unterrichtet wird, wobei die Lernenden unterschiedliche, ihren Begabungen entsprechende Hilfen oder Anregungen erhalten (innere Differenzierung oder Binnendifferenzierung).
Die Lerngruppe kann auch vorübergehend in kleinere Gruppen geteilt werden, um eine individuelle Förderung zu ermöglichen (äußere Differenzierung). Alle in Absatz 6 unter der Überschrift „Zehn Tipps zur Differenzierung im Klassenzimmer" genannten Punkte gelten in besonderem Maße für den inklusiven Unterricht.

In den Klassen 5 und 6 haben die S grundlegende Wortfelder und grammatische Basisstrukturen gelernt. Ab Klasse 7 gilt es für S mit dem Förderschwerpunkt Lernen, dieses Basiswissen zu festigen und behutsam zu erweitern. Ihre Lernziele unterscheiden sich zum Teil stark von den Lernzielen der Regel-S. Trotz dieser tendenziell größer werdenden Heterogenität bleibt es ein wichtiges Ziel des inklusiven Englischunterrichts, allen S die Teilhabe am gemeinsamen Unterricht zu ermöglichen. Dies ist nicht nur psychologisch von großer Bedeutung für das Lernen in der Inklusion, sondern ermöglicht auch S, die zieldifferent gefördert werden, den Wechsel zu einer zielgleichen Förderung (und damit die Erreichung des Hauptschulabschlusses).

Um diesen Rahmenbedingungen Rechnung zu tragen, wurden die *Materialien für Lernende mit erhöhtem Förderbedarf im inklusiven Unterricht* ab Band 3 neu konzipiert. Das neue Lern- und Arbeitsheft kombiniert Inhalte aus dem Schülerbuch mit Workbook-Elementen: Es hat dieselbe Unit-Struktur und vermittelt ähnliche Themen, Kompetenzen und Strukturen wie das Schülerbuch; gleichzeitig bietet es ähnliche Aufgabenformate (abhaken, farbig markieren, Lückentexte ergänzen u.a.) wie das Workbook, mit dem Vorteil, dass die S direkt in das Heft hineinschreiben können.

Mit folgenden Prinzipien geht das Lern- und Arbeitsheft auf die besonderen Lernbedürfnisse von S mit dem Förderschwerpunkt Lernen ein:
- klares Layout und größere Schrift,
- reduzierter Wortschatz und reduzierte Grammatik,
- vereinfachte Lesetexte,
- vereinfachte Hörtexte bzw. vereinfachte *Listening*-Aufgaben,
- ritualisierte Aufgabenformate mit kurzen Arbeitsanweisungen (unterstützt durch Symbole),
- integriertes Methoden- und Sprachtraining mit deutschsprachigen Hinweis-Kästen direkt in den Units,
- viele Übungen zum Festigen und Vertiefen von bereits Gelerntem,
- eine Portfolio-Seite am Ende jeder Unit.

Abhängig von der Zusammensetzung der Lerngruppe und den individuellen Lernbedürfnissen der Förder-S wird die Lehrkraft entscheiden, wann gemeinsame Lernphasen und wann individuelle bzw. äußerlich differenzierte Phasen pädagogisch und organisatorisch sinnvoll sind. Das Lern- und Arbeitsheft macht Angebote zur Differenzierung für beide Unterrichtsszenarien. So bietet sich beispielsweise bei den bildgestützten *Lead-ins* ein gemeinsamer Einstieg an. Die Übungsangebote in den Unit-Teilen *Focus on language* und *Stop! Check! Go!* eignen sich hingegen besonders für individuelle Lernphasen.

Wie bereits bei Band 1 und 2 macht der Lehrerkompass vielfältige Vorschläge für einen abwechslungsreichen inklusiven Englischunterricht. Das *Lehrermaterial auf CD-ROM* enthält folgende Materialien:

- einen Lehrerkompass: Unterrichtskommentar mit Vorschlägen, wie das Lern- und Arbeitsheft im inklusiven Unterricht mit dem Schülerbuch kombiniert werden kann,
- die Lehrerfassung des Lern- und Arbeitsheftes mit Lösungen (als PDF),
- editierbare Kopiervorlagen zur Lernstandsermittlung und das unitübergreifende Methodentraining,
- editierbare Wortschatzlisten (*Vocabulary* und *Dictionary*),
- Bild- und Wortkarten (PDF) zur weiteren Differenzierung,
- alle Tonaufnahmen im MP3-Format mit Audioskripten.

Auf diese Weise setzen die Inklusionsmaterialien das grundlegende Prinzip von Differenzierung optimal um, nach dem alle das Gleiche machen, aber nicht jeder dasselbe.

3.4 Vermittlung grammatischer Strukturen

Bereits in *New Highlight* erlebten die Lernenden neue grammatische Strukturen zunächst während des gesamten Unit-Verlaufs in unterschiedlichen Handlungsrahmen und typischen Kontexten. Erst am Ende einer Unit erfolgte Schritt für Schritt eine induktive Bewusstmachung dieser Strukturen, deren Regelhaftigkeit die S selbst entdecken konnten. Dieses Vorgehen hat sich gerade bei lernschwächeren Lernenden bewährt und wurde deshalb in English G HIGHLIGHT wieder aufgegriffen.

Auf den sogenannten *Focus on language*-Doppelseiten am Ende der Unit wird jeweils die neue Hauptstruktur thematisch-inhaltlich rezipiert, dann sammeln die Lernenden die fraglichen Teilelemente der Struktur und gelangen mittels eines zu vervollständigenden *Focus*-Kastens zu einer Regel oder einem Merksatz.

In Unit 1 wird dabei das Modalverb *have to / don't have to* bewusst gemacht und geübt. In Unit 2 geht es um das *present perfect*, das im weiteren Verlauf von English G HIGHLIGHT keine größere Rolle mehr spielen wird, da als Vergangenheitsform das *simple past* im Vordergrund steht. In Unit 3 werden *if*-Sätze, Typ I thematisiert und in Unit 4 Relativsätze mit *who* und *that*. Darüber hinaus gibt es neu in Band 3 *Revision*-Doppelseiten nach den Units 1–3, die die wichtigen *tenses simple past*, *will-future* und *simple present* wieder aufgreifen und in einem thematischen Zusammenhang üben und vertiefen.

Neben diesen Hauptstrukturen *(main structures)* gibt es auch Nebenstrukturen *(minor structures)*, die nur lexikalisch eingeführt werden. Beispiele dafür sind Adverbien mit *-ly* in Unit 2 und Reflexivpronomen in Unit 4.

4 Übersicht über das Lehrwerk English G HIGHLIGHT und Begleitmedien

Schülerbuch (SB)
- ausführliche Hinweise s. S. 10–11

Workbook (WB) + Audio-CD
- Übungen zu allen SB-Units in drei Schwierigkeitsstufen
- extra Portfolio-, *Revision-* und *Test Preparation*-Seiten
- Ampelsystem zur Selbsteinschätzung
- *Language file* kompakt
- Kurzfassung der Audio-CD (s. dort)

Workbook + Audio-CD + e-Workbook
- Workbook-Ausstattung s. o.; zusätzlich:
- e-Workbooks auf CD-ROM mit elektronischen Übungen zu jeder Unit in drei wählbaren Schwierigkeitsstufen
- eng verzahnt mit gedrucktem WB über abgedruckten Zahlencode
- Auswertung über Musterlösungen

- **Lektüre:** *Time Flyer* von Christina de la Mare mit passendem Online-Angebot (Arbeitsblätter und Hilfen)

Website www.cornelsen.de/highlight
- Online-Angebot für S: Internetprojekte und Informationen zu zentralen SB-Inhalten und Landeskunde
- Online-Materialien für Lehrkräfte

Vorschläge zur Leistungsmessung
- CD-Extra mit editierbaren Word-Dokumenten zum Erstellen individueller Klassenarbeiten mit Aufgaben zu allen kommunikativen Kompetenzen sowie zu Wortschatz und Strukturen
- Differenzierungs-, Bewertungs- und Lösungsvorschläge
- anklickbare Hörtexte mit Transkripten

Audio-CDs
- Lehrerfassung der Audio-CD: Dialoge und Haupttexte aus diversen Unit-Bereichen, reine *Listening*-Texte und Songs
- alle Hörtexte auch im MP3-Format
- Transkripte der Hörtexte, die nicht im SB enthalten sind
- Kurzfassung für S auf Audio-CD im Workbook: ausgewählte Unit-Texte sowie weitere *Listening-* und Ausspracheübungen

Schülerbuch – Lehrerfassung
- inhaltlich identisch mit dem SB; dazu:
- Markierungen für neuen Wortschatz und neue Strukturen
- Hinweise zu Kompetenzen, Aussprache, Namen, ...
- Verweise auf Begleitmedien und Audio-CD-Tracks

Workbook – Lehrerfassung
- Workbook-Ausstattung s. WB + Audio-CD + e-Workbook; zusätzlich:
- eingetragene Musterlösungen

Video-DVD
- DVD zur Förderung des Hör-/Sehverstehens mit Filmclips unterschiedlicher Genres zu zentralen Themen jeder SB-Unit:
- *London SW6*: eine Art *soap opera* um vier Londoner Jugendliche mit vier unabhängig voneinander einsetzbaren Folgen (zu Units 1–4)
- *People and places*: verschiedene, eher dokumentarische Filmclips zu den Schauplätzen der Units und *Extra Reading*

Unterrichtsmanager (UMA)
- digitale Variante des SB zur Unterrichtsvorbereitung und -durchführung
- UMA Premium mit HRU und zahlreichen Begleitmaterialien, online erhältliche Zusatzmodule

Handreichungen für den Unterricht
- didaktisch-methodische Vorschläge zur Arbeit mit dem SB mit Lösungen
- Übersicht über die Hauptkompetenzen, Wortfelder und Strukturen
- Verweise auf Begleitmedien und auf Audio-CD-Tracks
- Kopiervorlagen (KV)
- didaktisch-methodisches Glossar

Differenzieren | Fördern | Fordern (DFF)
- Ordner mit Kopiervorlagen zur Binnendifferenzierung
- Übungen zu Kompetenzschwerpunkten der SB-Units auf drei Niveaustufen mit Lösungen
- Lernlandkarten zur Einschätzung und Dokumentation des Lernfortschritts
- Audio-CD zum Hörverstehenstraining
- DVD-ROM zur Digitalen Diagnose

Digitale Diagnose
- DVD-ROM zur Ermittlung individueller Lernstände
- Eingangstest und zwei Halbjahrestests mit automatischer Auswertung
- alle Kopiervorlagen aus Differenzieren | Fördern | Fordern in digitaler Form

Materialien für Lernende mit erhöhtem Förderbedarf im inklusiven Unterricht
- Lern- und Arbeitsheft mit Materialien für Förder-S mit Audio-CD
- eng verzahnt mit dem SB
- Lehrer-CD-ROM mit Unterrichtskommentar, editierbaren KV und inhaltlich und sprachlich angepassten Hörtexten im MP3-Format

Folien
- CD-Extra mit Folien für Beamer/Whiteboard bzw. als Ausdruck für den OHP
- motivierendes Bildmaterial zu SB-Themen und Strukturen
- editierbare Handreichungen und KV

5 Das Schülerbuch

Die einzelnen Schülerbuchteile sind:

- **Vier Units**
Es gibt vier Pflicht-Units und ein fakultatives *Extra Reading* über Dublin.

- ***Stop! Check! Go!***
Diese vier Seiten im Anschluss an jede Unit dienen dem selbstständigen Überprüfen der Kenntnisse und Fertigkeiten sowie dem Wiederholen und Festigen. Das *learner log* am Ende dieser Abschnitte kann als Vorlage für ein eigenes Lerntagebuch dienen.

- ***Revision***
Im Anschluss an die *Stop! Check! Go!*-Seiten gibt es nach den Units 1–3 jeweils eine Doppelseite *Revision* zu den wichtigsten *tenses*, nämlich *simple past*, *will-future* und *simple present*. Diese Seiten können auch zu anderen Zeitpunkten zur Wiederholung eingesetzt werden.

- ***Diff bank***
Auf diesen Seiten befindet sich ein umfangreiches Angebot an differenzierenden Übungen und Aufgaben.

- ***Text file***
Auf diesen optionalen Seiten finden sich Texte und Aufgaben, die sowohl für die gesamte Lerngruppe als auch für lernstärkere S als Fundgrube zum Lesen verwendet werden können.

- ***Skills file***
Zur Förderung der Methodenkompetenz eignen sich die Seiten des *Skills file*, auf denen die methodischen Schwerpunkte der Units nochmals systematisch auf Deutsch zusammengefasst sind. Diese Seiten können gemeinsam im Unterricht wie auch zum Nachschlagen verwendet werden.

- ***Language file***
Der grammatische Anhang mit Paradigmen und Regeln zu den einzelnen Strukturen dient als Nachschlagewerk und bietet den S die Gelegenheit, selbstständig bestimmte sprachliche Phänomene und Regelhaftigkeiten zu wiederholen.

- ***Wordbanks***
Um einige Aufgaben zum Sprechen und Schreiben umfassender bearbeiten zu können, werden in den *Wordbanks* weitere sprachliche Mittel angeboten.

- ***Vocabulary***
Das *Vocabulary* bildet nicht nur den Lernwortschatz chronologisch ab, sondern bietet darüber hinaus Lernhilfen zu sprachlichen Besonderheiten, zur Aussprache oder zu grammatischen Fragen.

- ***Dictionaries***
Die englisch-deutschen und deutsch-englischen alphabetischen Listen sind kumulativ und präsentieren auch den Wortschatz aus den Vorgängerbänden.

- ***Lists of names and numbers***
Diese Listen dienen in erster Linie zum Nachschlagen der Schreibweise und Aussprache von Namen und insbesondere Zahlen.

- ***Classroom English***
Um im Klassenunterricht sowie in Phasen von Partner- und Gruppenarbeit auf Englisch kommunizieren zu können, sollten die Redemittel dieser beiden Seiten planvoll und systematisch erarbeitet und nach Möglichkeit im Klassenzimmer jederzeit sichtbar gemacht werden.

5.1 Handlungsort

Der landeskundliche Schwerpunkt von English G HIGHLIGHT, Band 3, liegt auf Großbritannien bzw. den Britischen Inseln. Ziel ist es, den S möglichst vielfältige Eindrücke von Land, Leuten, Lebensalltag sowie landschaftlichen und kulturellen Besonderheiten zu vermitteln. Dementsprechend wechseln die Handlungsorte und (jugendlichen) Protagonisten von Unit zu Unit. In Unit 1 geht es um London und die Erfahrungen von Jugendlichen in der Großstadt; Unit 2 liefert Einblicke in das Landleben in den Cotswolds; Unit 3 führt die S nach Liverpool; in Unit 4 geht es nach Schottland und das *Extra Reading* schließlich beschreibt die Erfahrungen einer deutschen Austauschschülerin in Dublin, Irland.

5.2 Aufbau einer Unit

Um den besonderen Anforderungen der S, für die das Lehrwerk English G HIGHLIGHT konzipiert worden ist, gerecht zu werden, folgen die einzelnen Units einem linearen Aufbau.

- ***Lead-in***
Jede Unit führt mit einer Doppelseite in das Thema der Unit ein. Die Seiten sollen die Lernenden neugierig und sie mit wichtigen Facetten des Unit-Themas vertraut machen. Die Seiten beinhalten jeweils Hörtexte, die meist mit Fotos und Illustrationen verbunden sind, und schülerorientierte Aufgaben.

- ***Theme 1* und *Theme 2***
Auf diesen jeweils zwei Seiten werden die Subthemen einer Unit entwickelt, die Storyline aufgebaut sowie Übungen und Aufgaben vielfältigster Art angeboten.

- ***Story***
Die Protagonisten einer Unit stehen jeweils im Mittelpunkt einer zweiseitigen mit zahlreichen Bildern versehenen Geschichte, die durch vielfältige und motivierende Aufgaben ausgewertet wird.

- ***Skills training***
Auf vier Seiten werden sowohl kommunikative Kompetenzen als auch Lern- und Arbeitstechniken wie z. B. *note-taking* eingeführt und geübt. Es werden nicht in jeder Unit alle Kompetenzen gleichermaßen angesprochen, sondern sie werden auf das gesamte Schülerbuch verteilt. Die Ausnahme bildet dabei die *Viewing*-Seite, die in jeder Unit vorkommt.

- ***Focus on language***
Den Prinzipien entdeckenden Lernens folgend wird hier die Hauptstruktur der Unit bewusst gemacht und in verschiedenen Aufgaben geübt.

- ***Stop! Check! Go!* und *Revision***
Nähere Erläuterungen s. oben.

6 Systematische Differenzierung und individuelle Förderung im Lehrwerk English G HIGHLIGHT

Das gemeinsame Lernen von S mit unterschiedlichen Lernvoraussetzungen stellt eine Herausforderung dar. Differenzierende Lern- und Übungsangebote, die sich an unterschiedlichen Leistungsvermögen orientieren, sollen Erfolgserlebnisse und Lernfortschritte erzielen, die sich positiv auf Motivation, Persönlichkeit und Lernverhalten der Lernenden auswirken.

Die S sollen miteinander, aber auch voneinander lernen und sich gegenseitig anregen und helfen. Eine innere Differenzierung im Unterricht ist daher sinnvoll.

Wodurch unterscheiden sich Lerner?
- Alter und Reife
- sozialer Hintergrund
- (inter)kultureller Hintergrund
- muttersprachliche Kompetenz
- intellektuelles Leistungsvermögen
- Lerntempo, Arbeitsstil und Festigungsbedarf
- Interessen und Bedürfnisse
- Vorerfahrungen und Vorkenntnisse
- Arbeitshaltung und Selbstkonzept
- Bereitschaft und Fähigkeit zum selbstständigen Lernen
- soziale Kompetenz

Das Lehrwerk English G HIGHLIGHT mit seinen zentralen Bestandteilen – dem Schülerbuch, dem Workbook, dem e-Workbook, den Materialien zum Differenzieren | Fördern | Fordern, den Folien, den Materialien für Lernende mit erhöhtem Förderbedarf – bietet ein umfangreiches und aufeinander abgestimmtes Gesamtsystem, das unterschiedlichen Bedürfnissen und Fähigkeiten auf Seiten der S gerecht wird.

Neben einfachen, mittleren und schwierigeren Aufgaben wird eine soziale, methodische, qualitative, quantitative und interessengeleitete Differenzierung ermöglicht. Zusätzlich zu diesen Vorschlägen finden sich immer wieder konkrete Tipps zu weiteren Differenzierungsmaßnahmen in den vorliegenden HRU.
Es werden methodische, sprachliche und inhaltliche Hinweise für lernschwächere wie für lernstärkere S gegeben. Die Differenzierung spielt in diesem Schülerbuch eine zentrale Rolle.

Acht Tipps zur Differenzierung im Klassenzimmer
English G HIGHLIGHT bietet eine gute Materiallage, um den Aufwand zum angemessenen und vielfältigen Differenzieren für Lehrkräfte möglichst gering zu halten.

Im differenzierenden Unterricht sollten Lehrkräfte diese Hinweise beachten:
- Schwächere und stärkere S arbeiten für eine bestimmte Zeit zusammen.
- Die S werden gezielt in Helfersysteme eingebunden.
- Alle S werden angesprochen, sie alle sollen sich beteiligen können.
- Lehrkräfte üben Geduld und warten Antworten in Ruhe ab.
- Übungssequenzen, die vom Einfachen zum Schwierigeren führen, werden bevorzugt.
- Die S brauchen Wahlmöglichkeiten.
- Die S bekommen unterschiedlich viel Zeit zur Bearbeitung von Aufgaben.
- Komplexere Lernaufgaben lassen alle auf ihrem Niveau mitarbeiten.

6.1 Differenzierung in English G HIGHLIGHT

English G HIGHLIGHT bietet eine Fülle unterschiedlicher Möglichkeiten zur Differenzierung und zum individuellen Fördern, die hier genauer dargestellt werden.

//● p.109

6.1.1 Parallelaufgaben

Parallelaufgaben ermöglichen eine zeitgleiche Arbeit an unterschiedlich schwierigen Übungen, die zur gleichen Lösung führen. Die leichtere Aufgabe befindet sich vorn im SB in der Unit selbst und die schwierigere in der *Diff bank* (SB-Seiten 93–115).

Parallelaufgaben sind geschlossene Übungen. Dieses Differenzierungsprinzip bietet im Unterricht ein großes Maß an Flexibilität. Die S entscheiden selbst, auf welchem Niveau sie eine Aufgabe lösen möchten. Benötigen sie konkrete Hilfen und eine stärkere Lenkung für ihren Lösungsweg, bieten sich die Aufgaben vorn im Buch an. Es ist denkbar, dass die leichteren Übungen vorne oder die anspruchsvolleren Aufgaben, die sich hinten im Buch befinden, den Lernern zugewiesen werden. Insbesondere im Anfangsunterricht und in der

Phase der Routinebildung bei diesem Übungstyp erscheint eine Zuweisung durch die Lehrkraft durchaus sinnvoll.

More help p. 105

6. 1. 2 Aufgaben mit *More help*

Für offene, kommunikative Aufgabenformen, die von den S eine komplexere Sprech- oder Schreibleistung verlangen, gibt es das Aufgabenformat *More help*, das sprachliche, aber auch inhaltliche Hilfen bei der Lösung dieser Aufgaben bietet. Alle können zunächst versuchen, vorn in der Unit die schwierigere Aufgabe zu lösen. Wenn sich ihnen Probleme stellen, können die S in die *Diff Bank* gehen, wo sie vielfältige Anregungen finden, die ein selbstständiges Weiterarbeiten ermöglichen.

More practice 1 p. 105

6. 1. 3 *More practice*-Aufgaben

Zur Vertiefung und quantitativen Differenzierung gibt es unter der Überschrift *More practice* in der *Diff bank* ein weiteres Übungsangebot. Sollten die S weiteren Übungsbedarf haben, wird auf der Unit-Seite vorn auf das Angebot in der *Diff bank* verwiesen, wo ähnliche Übungen versammelt sind, die hinreichend Gelegenheit bieten, eine bestimmte Struktur oder ein bestimmtes sprachliches Phänomen vertiefend zu üben.

6. 1. 4 Aufgaben mit der Aufforderung: *„as many as you can"*

Mit dem Appell *as many as you can* werden lernstärkere S motiviert, bei bestimmten Aufgaben so viel wie möglich zu sagen oder zu schreiben.
Entscheidend ist, dass alle vor derselben Aufgabe stehen. Ein gewisser Wettbewerbscharakter kann bei diesen Aufgaben motivierende Wirkung zeigen.

6. 1. 5 *Info-gap activities*

Bei *Info-gap activities* arbeiten die S in Partnerarbeit an zwei unterschiedlichen Stellen im SB und verfügen über unterschiedliche Informationen, sodass eine reale Austauschsituation entsteht. *Partner B* findet seine Informationen im separaten *Partner B*-Teil auf den SB-Seiten 90–92.

6. 1. 6 *Wordbanks*

Die *Wordbanks* (SB-Seiten 146–149) bieten zusätzlichen Wortschatz für freiere Aufgaben, die besonders von den lernstärkeren S zur Erweiterung ihres Wortschatzes genutzt werden könnten. Außerdem enthalten sie Wortmaterial, das spezifischen Charakter hat, um typisch deutsche Sachverhalte auch angemessen auf Englisch ausdrücken zu können. Wenn die S beispielsweise über deutsches Schulessen berichten sollen, finden sie in der *Wordbank* unter den englischen Bezeichnungen für diverse Lebensmittel auch den Begriff *trail mix* für Studentenfutter.

6. 1. 7 Differenzierung durch kooperatives Lernen

Durch kooperatives Lernen können sich alle S Wissen, Kenntnisse und Fertigkeiten selbst erarbeiten und im wechselseitigen Austausch mit anderen vertiefen. Der grundlegende Dreischritt *Think-Pair-Share* ist allen kooperativen Lernformen eigen. Am Anfang steht die Einzelarbeit, in der sich jeder Lerner nach seinen individuellen Möglichkeiten mit einem Lerngegenstand auseinandersetzt, bevor er sich in der Phase des Austauschs entweder über dieselben oder unterschiedliche Inhalte mit einem Partner / einer Partnerin auf ein gemeinsames Ergebnis einigen kann. Die beiden können Lösungen vergleichen, ergänzen, verwerfen und so wechselseitig voneinander lernen.

Im letzten Schritt werden die Ergebnisse in der Klasse präsentiert bzw. besprochen. Das SB English G HIGHLIGHT 3 greift die aus den Bänden 1 und 2 bekannten kooperativen Formen *Walk around, Appointments, Double circle, Correcting circle, Placemat* (s. Glossar) wieder auf, sodass sich die notwendigen Routinen entwickeln können.

6. 1. 8 Differenzierung durch Lernaufgaben *(tasks)*
Komplexere Lernaufgaben *(tasks)* stellen eine gute Möglichkeit zur Differenzierung dar.

> *"A task is generally described as an activity in which people engage to attain an objective and which involves the meaningful use of language. The principal focus of tasks is not on displaying learners' ability to produce pre-specified language forms. It is on communicating their own meanings. On a general level this distinguishes tasks from exercises which focus on practising individual elements of the language, i.e. words or grammar."* (Müller-Hartmann / Schocker-v. Ditfurth, 2011).

Lernaufgaben sind in aller Regel
- inhaltsorientiert und formorientiert,
- authentisch und anwendungsorientiert,
- hierarchisch nach Schwierigkeiten geordnet,
- lernerzentriert,
- lernprozessorientiert,
- produktorientiert.

Unter dem Label YOUR TASK werden in English G HIGHLIGHT 3 komplexe Lernaufgaben angeboten, die sich ausgezeichnet zur vielschichtigen Differenzierung eignen (Unit 1, SB-Seite 13: *London plans*; Unit 2, SB-Seite 41: *Find out about students in your class*; Unit 3, SB-Seite 53: *Are you good at business?*; Unit 4, SB-Seite 69: *Find out about Scotland*). Sie erlauben eine persönliche Schwerpunktsetzung je nach Interessenlage und Können, selbstständiges Arbeiten sowie kooperative Problembearbeitung. Insofern bieten Lernaufgaben fruchtbare Lerngelegenheiten, bei denen alle S individuell nach ihren Kompetenzen arbeiten und am Ende ein Ergebnis präsentieren können, das der Aufgabenstellung entspricht, aber dennoch unterschiedlich ausgeprägt ist.

6. 1. 9 Differenzierung auf den Seiten *Stop! Check! Go!*
Die Seiten *Stop! Check! Go!* dienen in erster Linie der Übung, Festigung und Wiederholung sowohl sprachlicher Mittel als auch einzelner Kompetenzbereiche.

Grundsätzlich müssen nicht alle S alle Aufgaben, die hier versammelt sind, erledigen. Sie können im Sinne individueller Förderung genutzt werden. Die geschlossenen Aufgaben des Abschnitts, die meist am Anfang stehen, können je nach Entwicklungsstand der Lerner auch selbstständig gelöst und anhand eines Lösungsblattes (Kopiervorlage in den HRU) auf Richtigkeit überprüft werden.

6. 1. 10 Quantitative Differenzierung durch *Extra Reading* und *Text files*
Die fakultativen Teile des SB, *Extra Reading* und die *Text files*, können in lernstärkeren Klassen oder in den Fällen eingesetzt werden, in denen sich schneller lernende S zum Teil auch selbstständig mit den Themen und Inhalten auseinandersetzen können.

7 Kompetenzraster

Kompetenzraster können im Rahmen eines kompetenzorientierten Englischunterrichts vielfältige Aufgaben erfüllen. Sie dienen der Eigenkontrolle und der Differenzierung und tragen zur Selbststeuerung der Lernenden im Unterricht bei.

Über das Feststellen des Ist-Zustandes hinaus erlauben Kompetenzraster aber auch, Lernfortschritte zu erkennen, was die S motiviert und zum Weiterlernen anspornt. Kompetenzraster bestehen in der Regel aus einer tabellarischen Übersicht, in der z. B. für jede Unit die definierten Kompetenzschwerpunkte aufgelistet werden. Für jeden dieser Schwerpunkte schätzen die S ihren jeweiligen Kompetenzgrad ein (Mindest-, Regel- oder Expertenstand).

Besonders nützlich für die Lernenden sind Kompetenzraster, wenn sie klar ausweisen, anhand welcher Aufgaben („Lernjobs") bestimmte Kompetenzen aus allen Bereichen des Englischunterrichts erworben werden können, also z.B. Übungen aus dem Schülerbuch, dem Workbook, dem e-Workbook oder dem Ordner Differenzieren | Fördern | Fordern. Kompetenzraster können in vielfältiger Weise eingesetzt werden. Im Rahmen von Wochenplanarbeit können sie als Leitfaden für die S dienen.

Es ist aber ebenso denkbar, dass sie zur individuellen Förderung in besonders eingerichteten Lernstudios oder -ateliers benutzt werden. Werden sie den Lernenden eine bestimmte Zeit vor einer geplanten Leistungsüberprüfung in die Hand gegeben, können diese sich gezielt auf eine Arbeit vorbereiten, da konkret ausgewiesen wird, anhand welcher Materialien die jeweiligen Kompetenzschwerpunkte erworben werden können.

8 Zeit- und Verlaufsplanung

Aufgrund der recht unterschiedlichen Rahmenbedingungen in den Schulen kann die Zeit- und Verlaufsplanung für die Arbeit mit dem Lehrwerk English G HIGHLIGHT nur Vorschlagscharakter haben. Sie wird u.a. dadurch beeinflusst, nach welchem Zeitraster, beispielsweise 45 oder 60 Minuten, der Stundenplan organisiert ist. Bei den Vorschlägen wird davon ausgegangen, dass in der Klasse 7 für den Englischunterricht 3 Stunden und ca. 32 Unterrichtswochen zur Verfügung stehen. Insgesamt bedeutet das – ohne Klassenarbeiten – 96 Unterrichtsstunden.

8.1 Beispiel für eine Grobplanung des Schülerbuchstoffs

	3 Wochenstunden
Unit 1 – Unit 4	86 Stunden
Revision	6 Stunden
Extra Reading und Text files (optional)	4 Stunden
	ergeben 96 Stunden

8.2 Beispiel für eine Grobplanung einer Unit mit dem dazugehörigen Stop! Check! Go!

Unit 1	
Lead-in	2 Stunden
Theme 1	3 Stunden
Theme 2	3 Stunden
Story	2 Stunden
Skills training: Writing course (1)	2 Stunden
Skills training: New words	1 Stunde
Skills training: Listening and Speaking	1 Stunde
Skills training: Viewing	1 Stunde
Focus on language	2 Stunden
Stop! Check! Go!	4 Stunden
	ergeben 21 Stunden

Literaturhinweise

Bach, G. / Timm, J.-P. (Hrsg.): *Englischunterricht*, UTB, Francke Verlag, Tübingen und Basel 2003

Biederstädt, W. (Hrsg.): *Bilingual unterrichten*, Cornelsen Scriptor, Berlin 2013

Blaz, D.: *Differentiated Instruction. A Guide for Foreign Language Teachers. Eye on Education*, Larchmont, New York 2006

Bönsch, M.: „Was ist guter Unterricht? – Oder besser: wie kann man Lernen erfolgreich initiieren?", in: *Realschule in Deutschland,* Heft 3/2010, S. 14ff.

Ders.: „Individualisierende Lernwege", in: *Schulmagazin 5–10*, Heft 5/2011, S. 7ff.

Bleyhl, W.: „Sündhafte" Verstöße. Über den Umgang mit Fehlern", in: *Praxis Englisch*, Heft 3/2009, S. 44f.

Ders.: „Die Defizite des traditionellen Fremdsprachenunterrichts oder Weshalb – endlich – ein Paradigmenwechsel, eine Umkehr, im Fremdsprachenunterricht erfolgen muss", in: http://creativedialogues.lernnetz.de/docs/1.4Expertenstimmen.pdf (25.03.2012)

Börner, O. / Edelhoff, Ch. / Lohmann, Ch. (Hrsg.): *Individualisierung und Differenzierung im kommunikativen Englischunterricht*, Diesterweg, Braunschweig 2010

Brüning, L. / Saum, T.: „Individualisierung und Differenzierung – aber wie? Kooperatives Lernen erschließt neue Zugänge", in: *Pädagogik*, Heft 11/2010, S. 12ff.

De Florio Hansen, I. / Klewitz, B.: „Angst vor Kompetenzorientierung? Zur Planung von kompetenzförderndem Fremdsprachenunterricht", in: *Praxis Fremdsprachenunterricht*, Heft 6/2012, S. 11ff.

Eckstein, R.: „Kompetenzorientiertes Lernen", in: *Schulmanagement*, Heft 3/2011, S. 15ff.

Eisenmann, M.: *Differenzierung im Englischunterricht,* Eichstaett Academic Press, Eichstätt 2011

Engel, A. / Wiedenhorn, Th.: *Stärken fördern – Lernwege individualisieren*, Beltz, Weinheim und Basel 2010

Hallet, W.: *Lernen fördern. Englisch*, Klett, Kallmeyer, Seelze 2011

Harmer, J.: *The Practice of English Language Teaching*, Pearson Education, Harlow 2007

Harting, A.: „Eigenverantwortliches Lernen", in: *Schulmanagement*, Heft 3/2011, S. 8ff.

Hattie, J.: *Lernen sichtbar machen*, Schneider Verlag Hohengehren, Baltmannsweiler 2013

Heacox, D.: *Differentiating Instruction in the Regular Classroom*, Free Spirit Publishing, Minneapolis 2002

Heymann, H. W.: „Binnendifferenzierung – eine Utopie?", in: *Pädagogik*, Heft 11/2010, S. 6ff.

Hinz, R.: „Heterogenität – eine pädagogische Herausforderung", in: *Schulverwaltung*, Heft 5/2011, S. 137f.

Hoffmann, C.: *Kooperatives Lernen / Kooperativer Unterricht. Pocket-Ratgeber Schule*, Verlag an der Ruhr, Mülheim an der Ruhr 2010

Keßler, J.: „Englisch ab Klasse 1. Zu früh? Zu wenig erforscht? Wirkungslos? – Zu wichtig!", in: *Schule NRW*, Heft 04/2009, S. 158ff.

Keßler, J. / Plesser, A.: *Teaching Grammar*, UTB, Schöningh Verlag, Paderborn 2011

Kuty, M.: „Binnendifferenzierung in Aktion", in: *Praxis Fremdsprachenunterricht*, Heft 3/2009, S. 16ff.

Lau, R. / Boller, S.: „Innere Differenzierung konsequent anwenden", in: *Pädagogik*, Heft 11/2010, S. 28ff.

Metzger, K. / Erich W. (Hrsg.): *Inklusion – eine Schule für alle,* Cornelsen Scriptor, Berlin, 2010

Mittendrin e.V. (Hrsg.): *Eine Schule für alle. Inklusion umsetzen in der Sekundarstufe*, Verlag an der Ruhr, Mühlheim an der Ruhr, 2012

Müller-Hartmann, A. / Schocker, M. / Pant, H. A.: *Lernaufgaben Englisch aus der Praxis*, Diesterweg Verlag, Frankfurt am Main 2013

Müller-Hartmann, A. / Schocker-von Ditfurth, M.: *Teaching English: Task-supported Language Learning*, UTB, Schöningh Verlag, Paderborn 2011

Dies.: „Mit Lernaufgaben Kompetenzen entwickeln", in: *Der fremdsprachliche Unterricht. Englisch.* Heft 109/2011, S. 2ff.

Paradies, L. / Linser, H. J.: *Differenzieren im Unterricht*, Cornelsen Scriptor, Berlin 2010

Paradies, L. / Wester, F. / Greving, J.: *Individualisieren im Unterricht,* Cornelsen Scriptor, Berlin 2010

Pienemann, M. / Keßler, J. / Roos, E. (Hrsg.): *Englischerwerb in der Grundschule*. UTB, Schöningh Verlag, Paderborn 2006

Prodromou, L. / Clanfield, L.: *Dealing with Difficulties*, Delta Publishing, Peaslake 2007

Raya, M. J. / Lamb, T.: *Differentiation in the Modern Languages Classroom*, Peter Lang, Frankfurt 2003

Spitzer, M.: *Lernen. Gehirnforschung und die Schule des Lebens*, Spektrum Akademischer Verlag, Heidelberg, Berlin 2002

Ders.: „Medizin für die Schule. Neurowissenschaftliche Erkenntnisse nutzen", in: *Schule NRW*, Heft 04/2011, S. 158ff.

Staatsinstitut für Schulqualität und Bildungsforschung (Hrsg.): *Aufmerksamkeitsgestörte, hyperaktive Kinder und Jugendliche im Unterricht*, Auer Verlag, München 2011

Ders.: *Sprachen leben. Kompetenzorientierte Aufgaben in den modernen Fremdsprachen. Band 2,* Cornelsen, München 2011

Thaler, E.: *Englisch unterrichten*, Cornelsen Schulverlage, Berlin 2012

Tomlinson, C. A.: *How to Differentiate Instruction in Mixed-Ability Classrooms,* Pearson / Merrill Prentice Hall, Upper Saddle River, New Jersey 2006

Tomlinson, C. A. / Cunningham Eidson, C.: *Differentiation in Practice. Association for Supervision and Curriculum Development*, Alexandria, Virginia 2003

Tschekan, K.: *Kompetenzorientiert unterrichten*, Cornelsen Scriptor, Berlin 2011

Weinert, F. E.: *Leistungsmessungen in Schulen*, Beltz, Weinheim und Basel 2001

Winterhoff, M.: *Lasst Kinder wieder Kinder sein!*, Gütersloher Verlagshaus, Gütersloh 2011

Wolff, M.: „Individualisierung und Differenzierung. Ihre Bedeutung für schwächere Lerner", in: *Praxis Fremdsprachenunterricht*, Heft 3/2009, S. 4ff.

Übersicht über die Hauptkompetenzen, Wortfelder und Strukturen

Unit 1 I love London

Skills-Seiten		Kooperative Lernformen	Wortfelder	grammatische Strukturen
WRITING COURSE (1)	Ideen für einen Text über die eigene Nachbarschaft sammeln; dabei Listen, *networks* und Vorlagen nutzen (S. 16[1])	• PA (S. 8, 14, 18, 19; u. a. *Partner talk*, S. 9, 17; *Partner check*, S. 11, 17, 24, 27) • GA (S. 13, 18) • *Think-Pair-Share* (S. 13) • *Reading circle* (S. 13) • *Placemat* (S. 18)	• Londoner Sehenswürdigkeiten • meine Nachbarschaft • Zustimmung und Ablehnung • Wortbildungsregeln	• *have to, can, should* (S. 20)
NEW WORDS	Wortbildungsregeln kennenlernen (S. 17)			
LISTENING AND SPEAKING	die eigene Meinung äußern • an einer Diskussion teilnehmen (S. 18)			
VIEWING	Filmszenen verstehen • ein Diebstahl in Camden Market (S. 19)			

Unit 2 Country life

Skills-Seiten		Kooperative Lernformen	Wortfelder	grammatische Strukturen
SPEAKING	Bildbeschreibung • mithilfe von Notizen einen Kurzvortrag vorbereiten und halten (S. 36)	• PA (S. 32, 33, 36, 42; u. a. *Partner talk*, S. 39; *Partner check*, S. 28, 44) • *Appointments* (S. 45) • *Info-gap activity* (S. 33, 42) • *Milling-around activity* (S. 41) • *Role-play* (S. 33, 43)	• Landleben/Stadtleben • Umgangssprache *(teenager talk)* • telefonieren	• *present perfect* (S. 40, 155, 158, 161, 165, 200) • lexikalisch: *adverbs* (S. 32, 37)
WRITING COURSE (2)	Konjunktionen und zeitliche Angaben verstehen und anwenden (S. 37)			
READING AND MEDIATION	authentische Kurztexte und Kleinanzeigen verstehen • Sprachmittlung (S. 38)			
VIEWING	Filmszenen verstehen • ein Besuch auf einer Farm (S. 39)			

[1] Alle in dieser Übersicht genannten Seitenzahlen beziehen sich auf das Schülerbuch *English G Highlight*, Band 3.

Unit 3 Liverpool – the world in one city

Skills-Seiten		Kooperative Lernformen	Wortfelder	grammatische Strukturen
NOTE-TAKING	wesentliche Informationen mithilfe von Notizen erfassen (S. 56)	• PA (S. 58, 59, 62; u. a. *Partner talk*, S. 50, 51, 56, 58, 64; *Partner check*, S. 57, 67) • GA (S. 53, 59) • *Milling-around activity* (S. 51, 63) • *Think-Pair-Share* (S. 61) • *Info-gap activity* (S. 64)	• Essen und Getränke • Höflichkeitsformen • Länder • *business words* • Geld	• *if clauses 1* (S. 60) • lexikalisch: *comparisons* (S. 63)
WRITING COURSE (3)	die eigene Meinung schriftlich festhalten und dabei Textgliederungsregeln beachten (S. 57)			
MEDIATION	Sprachmittlung und dabei verschiedene Ausdrucksmöglichkeiten nutzen • Höflichkeitsformen wahren (S. 58)			
VIEWING	Filmszenen verstehen • Sport im Park (S. 59)			

Unit 4 Scotland is different

Skills-Seiten		Kooperative Lernformen	Wortfelder	grammatische Strukturen
WRITING COURSE (4)	eine Geschichte fortschreiben • eine Geschichte strukturieren (S. 76)	• PA (S. 71, 76, 78, 80, 81; u. a. *Partner talk*, S. 71, 78; *Partner check*, S. 76) • GA (S. 69, 75) • *Jigsaw* (S. 69, 74–75) • *Role-play* (S 73, 81) • *Think-Pair-Share* (S. 79)	• Länderbeschreibung (Schottland) • Tourismus, Hotel, B&B (Broschüren) • Paraphrasieren	• *relative clauses* (S. 80–81) • lexikalisch: *reflexive pronouns* (S. 71, 163)
LISTENING	Informationen über den Werdegang einer Sängerin verstehen • einen Song verstehen (S. 77)			
READING	Broschüren durch *skimming* erschließen (S. 78)			
VIEWING	Filmszenen verstehen • Unterschiede zwischen England und Schottland kennenlernen (S. 79)			

In Ireland

Skills-Seiten		Kooperative Lernformen
VIEWING	Filmszenen verstehen • die Hauptsehenswürdigkeiten von Dublin kennenlernen (S. 89)	• PA (S. 89)

1 I love London

Storyline In dieser Unit lernen die S die vier Londoner Teenager Alfie, Sam, Ruby und Tally kennen. Sie werden sie durch das Buch begleiten und auch auf der DVD in Erscheinung treten. Die vier Freunde werden in den unterschiedlichsten Situationen mit ihren Stärken und Schwächen, Vorlieben und Abneigungen vorgestellt. Die Unit 1 zeigt Sam, auch Sherlock genannt, mit seiner besonderen Gabe des schnellen Kombinierens und seinem Handlungsgeschick in kritischen Situationen.

Sprachliche Mittel **Wortfelder:** Londoner Sehenswürdigkeiten • meine Nachbarschaft • Zustimmung und Ablehnung ausdrücken • Wortbildungstechniken

Strukturen: *have to, can, should*

Kommunikative Kompetenzen **Listening:** eine Sightseeing-Tour verstehen • einen Dialog zum Thema Einkaufen und Mode verstehen • Gespräche zwischen Jugendlichen zum Thema Einkaufen in einem Filmclip verstehen • einen Hörtext zum Thema Schulregeln verstehen

Speaking: die Attraktivität Londons als Stadt diskutieren und die eigene Meinung dabei vertreten • das Thema Einkaufen und Mode diskutieren und die eigene Meinung dabei vertreten • über Freizeitaktivitäten sprechen • Fragen zum Filmclip beantworten

Reading: Quizfragen zu London verstehen • kurze Zeitschriftentexte von Jugendlichen über deren Einstellungen zu London lesen und Fragen dazu beantworten • die Hauptaussagen von Werbeplakate über Londons Freizeitmöglichkeiten verstehen • tagebuchähnliche Vorstellung eines ereignisreichen Tages in London im Detail verstehen • Sicherheitsheitstipps für London verstehen

Writing: Informationen zu London sammeln • ein Poster über einen spannenden Tag in London erstellen • die Hauptaussagen einer Geschichte zusammenfassen • mit Hilfen einen kurzen Text über die eigene Nachbarschaft erstellen

Viewing: einen Filmclip zu den Hauptattraktivitäten Londons sehen • die Erlebnisse der vier Hauptcharaktere an einem Tag in London mitverfolgen

Mediation: Verhaltensregeln von einer Gastfamilie in London ins Deutsche übertragen

Methodische Kompetenzen **Lernstrategien:** Informationen über London in einer Liste sammeln • ein Plakat gestalten und bewerten • unterschiedlichen Textsorten Informationen entnehmen • mithilfe von Listen und Gedankennetzen Texte verfassen • unbekannte Wörter erschließen • Wörterbucharbeit • sich zu einem Thema austauschen und die eigene Meinung vertreten • einem Filmclip Informationen entnehmen • Notizen machen • eigene Lernergebnisse am Ende der Unit einschätzen *(My learner log)* • einen Test eigenverantwortlich auswerten *(Stop! Check! Go!)*

Kooperative Lernformen: PA • GA • *Milling-around activity* • *Placemat* • *Think-Pair-Share*

Interkulturelle Kompetenzen Sehenswürdigkeiten in London kennenlernen und mit den eigenen Vorkenntnissen vergleichen • Verhaltensregeln für Touristen in London • unterschiedliche Regeln an Schulen in England

Dossier Beschreibung der eigenen Nachbarschaft • *My learner log*

LEAD-IN

Inhalt Reaktivierung des Vorwissens über London • Kennenlernen einiger Besonderheiten Londons • Meinungsäußerungen zu London

S. 8–9

1 What do you know about London?

Wortschatz °guess • **palace** • **king** • **queen** • **president** • **the Tube** • **travel** • **underground** • **famous (for)** • **detective** • ***film star*** • **bell** • **tourist** • **eye** • **hour** • ***taxi***

Material zerschnittenes Bild der *Tower Bridge* (andere Bilder sind ebenfalls möglich), Bild der Tower Bridge auf OH-Folie

Einstieg **SB bleibt geschlossen.** An der Tafel hängen die zerschnittenen Teile der *Tower Bridge*. Die S fügen die Teile zusammen und benennen die Sehenswürdigkeit bzw. nennen die Stadt, in welcher die *Tower Bridge* zu sehen ist. L führt folgendes Gespräch mit den S:

L: *What's this? In what city can you find it?*
S: *That's the Tower Bridge. The Tower Bridge is in London.*
L: *You're right. That's the Tower Bridge in London. What else do you know about London?*
S: *London is a city in England. / The Queen lives there. / ...*
L: *Let's find out more about London. In our book there is a quiz about London. Open your books at pages eight and nine, please.*

Alternative — Anstelle des zerschnittenen Bildes präsentiert L den S die *Tower Bridge* auf einer Folie unscharf über den OHP.

Do this quiz with a partner. Pick A, B or C ...
Mithilfe des *Text file 1* (SB-Seite 116–117) kontrollieren die S die Fragen zum *London Quiz* selbstständig.

● Differenzierung — Lernstärkere S beantworten die Fragen in vollständigen Sätzen (Lösungen unten in blau).

Lösung
1 B *(The Queen lives at Buckingham Palace.)*
2 B *(You can travel by train on the Tube.)*
3 A *(Sherlock Holmes is a famous London detective.)*
4 C *(The name of the bell is Big Ben.)*
5 C *(The name of the famous stadium is Wembley stadium.)*
6 B *(Tourists are on the London Eye for thirty minutes.)*
7 C *(London buses are red. But London taxis are black.)* ► WB 1, p. 3 ► INKL p. 8

Zusatz — Im *Text file 1* haben die S die Möglichkeit mehr Informationen zu den genannten Verkehrsmitteln, Sehenswürdigkeiten und Sherlock Holmes zu bekommen, indem sie kleinere Texte hierzu lesen können.

2 PEOPLE AND PLACES A London tour

Wortschatz — °follow • °information • **tower • open • high • window**

Material — DVD, KV 1, OH-Folie, Plakate, Plakatstifte, Kleber

Einstieg — **SB bleibt geschlossen.** Im folgenden Unterrichtsgespräch werden die S auf die *London bus tour* eingestimmt. Die S äußern sich zunächst darüber, was sie selber gerne anschauen möchten und versuchen dies mit wenigen Worten zu begründen, um dann an der Bustour „teilzunehmen".

L: *You did the quiz with a partner. Are there any places you would like to see? Can you tell us why you would like to go there?*
S1: *I would like to see Buckingham Palace. Perhaps I can see the Queen. / I would like to visit Wembley Stadium because I'm a real football fan. / I would like to go to the London Eye. / ...*
L: *Of course there are other interesting places in London too. Let's go on a London bus tour. You should sit next to the window so you can see all the interesting places. Let's get on the bus.*

a) Watch the film and enjoy the tour.
Nach dem ersten Sehen kommentieren die S kurz und möglichst ohne Lenkung durch L den Filmclip.

b) Then watch the film again and follow the tour on the map.

○ Differenzierung — Zur Vorbereitung auf die Teilaufgabe 2b) schauen sich die lernschwächeren S den Film noch einmal an und erhalten den Seh-und Hörauftrag, sich die Orte, die nicht im *London Quiz* erwähnt wurden, zu merken. Als Hilfe präsentiert L den S Namen von unterschiedlichen Sehenswürdigkeiten in London an der Tafel. Die S wählen die im Filmclip erwähnten Sehenswürdigkeiten aus (Lösung: Plätze vom Filmclip unterstrichen).

London Bridge • Tower Bridge • Millenium Bridge • Tower of London • St Paul's Cathedral • Westminster Abbey • Trafalgar Square • Kensington Palace • Buckingham Palace • Hyde Park • St James's Park • Houses of Parliament • London Eye • Big Ben • Horse Guards • Chelsea

L: *What new places do you remember?*
(Die S antworten.)
L: *You're very good! Do you remember anything else?*
S: *I remember that buses are free for children under 16. / ... that the Tower Bridge can open for big boats. / ...*

Alternative Die S erhalten die ▶ KV 1: A London tour. Der obere Teil der KV ist für die lernstärkeren S gedacht, der untere Teil bietet lernschwächeren S für die gleiche Aufgabe wie oben unterschiedliche Hilfen. Beide S-Gruppen nummerieren auf dem Stadtplan aus dem SB die Plätze, die auf der Bustour im Filmclip angefahren werden. Die Besprechung der Übung erfolgt anhand einer OH-Folie im Plenum.

Lösung *Tower Bridge • Tower of London • St. Paul's Cathedral • Trafalgar Square • St. James Park • Buckingham Palace • London Eye • Houses of Purliament • Big Ben • Westminster Abbey • Fulham*

c) Watch the film a third time. What's the right information?
Die Kontrolle erfolgt im Plenum.

Lösung
1 The best bus for tourists is number *11*.
2 Buses are free for London children under *16*.
3 Tower Bridge can open for big *boats*.
4 You can feed *birds* in St James's Park.
5 The London Eye is *135* metres high.
6 Buckingham Palace has 775 *rooms*.

d) What do you think? Talk to a partner.
Die S tauschen sich in einer ▶ Milling-around activity mit möglichst vielen S aus. Falls nötig klärt L vorab die Bedeutung von *I agree.* bzw. *I don't agree.*

Differenzierung Lernstärkere S führen einen längeren Dialog, indem sie auch ihre Meinungen mit mindestens einem Satz begründen bzw. ergänzen.

Beispiel:
S1: *What do you think about London?*
S2: *I think London is exciting because you can do lots of different things there. / ... you can visit interesting places. / ... you can go on bus tours. / ... if you're lucky you can see the Queen. / ...*
S1: *I agree. I think London is a very cool city. You can meet a lot of interesting people there. What do you think about the film?*
S2: *I think the film is interesting. I got lots of new information. I didn't know that the Tower Bridge can open for big boats.*
S1: *I agree. I didn't know that buses are free for London children under 16. That's a good idea!*

Lösung individuelle Lösungen

▶ WB 2, p. 3 ▶ Folie 1 ▶ INKL p. 9

THEME 1 Young Londoners

Inhalt was jungen Londonern an London gefällt bzw. nicht gefällt • Wissenserweiterung zur Freizeitgestaltung in London

Storyline Die S lernen auf dieser Doppelseite die vier Teenager, Sam Holmes, Ruby Philips, Tally O'Connor und Alfie Harper kennen. Die vier Jugendlichen werden die S durch das Buch begleiten und auch auf der DVD in kurzen Sketchen zu Wort kommen. In diesem Abschnitt beschreiben die zwei Jungen und zwei Mädchen die Vor- und Nachteile des Lebens junger Leute in London.

S. 10–11

▶ 🎧 2

1 What's special about London?

Wortschatz °theme • ***Londoner*** • **by** Sam Holmes • ***reporter*** • **think of/about**, *simple past:* **thought** • **I've lived here all my life.** • **downside** • **fashion** • **also** • ***shopping centre*** • **be allowed to do** sth. • **culture** • **Greek** • **Irish** • **Scottish** • **amazing** • two years **ago** • ***fan*** • °match with • °heading

Material CD, KV 2

Einstieg
L: *Let's read about four young Londoners. Look at the photos on pages ten and eleven. What are their names?*
S: *The boys' names are Sam and Alfie and the girls' names are Ruby and Tally.*
L: *What do the boys and girls like about London? What don't they like? What do you think?*
S: *I think Ruby likes shopping and Alfie likes football. Perhaps Sam likes mobiles and Tally likes listening to music.*
L: *Let's read the text and find out.*

L kann vor dem ersten Lesen/Hören folgende neue Vokabeln vorentlasten: *downside (sth. that people don't like; things that aren't good), be allowed to do sth. (Young Londoners under 16 are allowed to take the bus for free.), amazing (to surprise very much), ago (before this time)* (▶ Semantisierung).

a) Read about four young Londoners. Who would you like to ...
Nach dem ersten Lesen beantworten die S die Frage im Plenum. ▶ INKL p.10

Alternative Mithilfe der ▶ KV 2: Young Londoners, *Part 1,* treten die S mit drei Mit-S in Form von ▶ Appointments in Kontakt und tauschen sich über die Frage der Teilaufgabe 1a) aus. Im Anschluss teilen freiwillige S der Gruppe mit, wen ihre Partner/innen treffen wollen und warum. Bei Bedarf schreibt L den S die hierfür benötigte Struktur aus dem SB an die Tafel.

Lisa/Ben/He/She would like to meet ... because he/she is ... looks ... / likes ... / says ...

Lösungsbeispiel
S1 *I'd like to meet Ruby because she likes fashion and she knows where to buy cheap things.*
S2 *I'd like to meet Alfie because he is a big football fan.*
S3 *I'd like to meet Tally because she loves the different cultures in London.*
S4 *I'd like to meet Sam because he is a reporter and I want to be a reporter too.*

Zusätzlich bietet die KV eine *true/false*-Aufgabe zum Leseverständnis.

Differenzierung Die lernstärkeren S korrigieren anschließend die falschen Sätze.

b) Match the headings A–E with Sam, Ruby, Tally and ...

Differenzierung Für lernschwächere S kann ein ▶ Buzz reading vorgeschaltet werden.

Lösung ***A*** *Alfie* • ***B*** *Sam* • ***C*** *Ruby* • ***D*** *doesn't fit* • ***E*** *Tally*

c) True or false?
Dieser Aufgabenteil kann als Lese- oder Hörverstehensübung (L oder ein/e S liest die Sätze vor, der Rest der Klasse hat die SB geschlossen.) durchgeführt werden. Die S erhalten ▸ Right/wrong cards, mit deren Hilfe sie anzeigen, ob eine Aussage richtig bzw. falsch ist.

L: *Please listen to these sentences. Show the green card if the sentence is true and the red card if the sentence is false.*

Alternative — Anstelle der *right/wrong cards* bietet L den S *Part 2* der ▸ KV 2: Young Londoners an, auf der die S in Stillarbeit kennzeichnen, welche Äußerung falsch bzw. richtig ist.

● Differenzierung — Die falschen Antworten werden von den lernstärkeren S korrigiert (Lösung in blau).

Lösung
1 false (Sam likes London very much.)
2 true
3 true
4 false (Ruby likes shopping centres and markets. / Ruby thinks markets are cheaper.)
5 true
6 false (Tally doesn't go to concerts alone. / Tally is only allowed to go to concerts with her mum or dad.)
7 false (Alfie says that Londoners are very friendly.)
8 false (Alfie thinks that London has downsides: It's noisy and very expensive.)

2 What do you know about London now?

Pick a) or b).

Wortschatz — °copy • °complete • **its** football • **Box "I – my / you – your / he – his / she – her / it – its / we – our / you – your / they – their"** (SB-Seite 152) • °list • °compare

Einstieg — L macht den S klar, dass sie selbst wählen können, welchen Aufgabenteil sie bearbeiten möchten: **a)** für die lernschwächeren S oder **b)** für die lernstärkeren S.

a) ○ Copy and complete the sentences ...

Lösung
1 Wembley is famous for its football *stadium*.
2 Sherlock Holmes is a London *detective*.
3 London buses are free for *children under 16*.
4 Camden has a famous *market*.
5 Chelsea and Fulham are London football *clubs*.
6 Buckingham Palace is the home of *the Queen*.
7 Big Ben is the name of a big *bell*.
8 The London Eye is *135* metres high.

b) ● What information about London was new for you? Write a list.

Lösung — individuelle Lösungen

Partner check: Compare your list with a partner. Did he/she write the same things?
Die S, die denselben Aufgabenteil bearbeitet haben, tauschen ihre Ergebnisse in PA aus. Als zusätzliche Kontrollmöglichkeit schreibt L die Lösungen verdeckt an die Tafel (s. auch ▸ Partner check, ▸ Lerntempoduett).

Lösung — individuelle Lösungen

▸ WB 3–5, p. 4–5 ▸ DFF 1.7 ▸ INKL p. 11

Zusatz — Die Partner/innen stellen in einer Kurzpräsentation ihre Gemeinsamkeiten und Unterschiede der Lerngruppe vor.

THEME 2 Amazing London – for teens

Inhalt Werbeplakate den Themenbereichen *music, shopping, sport* und *transport* zuordnen • ein Poster mit Tipps für einen besonderen Tag in London gestalten

S. 12–13

1 London adverts

Wortschatz **advert • which adverts** • °musical • °book • °dressing room • °tunnel • °travelcard • °stall • °boyband • °Olympic • °scene • °Olympic Games • **Europe**

Einstieg
L: *Do you remember what teenagers can do in London?*
S: *Teenagers can go shopping / visit concerts / go to football matches / ...*
L: *How do they get there?*
S: *They can travel there by bus/train/taxi/tube ...*
L: *That's right! Let's have a look at some adverts in your book on page 12. – What are the adverts about?*
S: *The adverts are about music, shopping, sport and transport.*

Which adverts (A–G) are about music, shopping, sport or transport? ...
Die Ergebniskontrolle erfolgt im Plenum.

Lösung music: *A, E* • shopping: *D, G* • sport: *B, F* • transport: *C*

More practice 1 p. 93 **Which advert is best?**

Wortschatz °below • °each • °pop (music) • °around London

Read the sentences below. Then pick the best advert (A–G) ...

Lösung ***1*** *E* • ***2*** *F* • ***3*** *D* • ***4*** *C* • ***5*** *A* • ***6*** *G* • ***7*** *B*

▶ INKL p. 12

2 YOUR TASK London plans

Wortschatz °tip • °step • °notes • °draw, *simple past:* °drew • °caption • °circle • °arena

Material Internetzugang, Plakate, Plakatstifte, Kleber, Bildmaterial (aus Prospekten, Katalogen), Feedback-Karten

Einstieg Hinweis: Die Suche nach geeignetem Bildmaterial ist als vorbereitende Hausaufgabe geeignet.

SB bleibt geschlossen. L führt in das Thema der Seite ein.

L: *A great day in your town or village! A new pupil in your class wants to know what he or she can do. Give him or her some tips. What can he or she do? Where can he or she go?*
S: *In my town or village you can go shopping / go to the cinema / meet your friends at the swimming pool / ...*
L: *Very good ideas! In your books you'll find an activity where you have to give young people tips for a great day in London. Open your books at page 13, please.*

Alternative Als vorbereitende Übung zum Projekt YOUR TASK *London plans* bietet es sich an mit den S über die Werbeplakate auf SB-Seite 12 ins Gespräch zu kommen. In einem *class survey* wird ermittelt, welche Werbeanzeige die S am besten finden. Hierzu kommen die S einzeln an die Tafel und kennzeichnen z. B. durch einen Strich, welche Anzeige (A–G) ihnen am besten gefällt.

Differenzierung Mit den lernstärkeren S kann es auch zu einer ausführlicheren Versprachlichung der Vorlieben kommen: Dafür bietet L den S die Struktur an der Tafel an:

I like the advert about ... best because ...

Folgendes L/S-Gespräch könnte sich entwickeln:

L: *Let's have a look at the adverts on page 12 again. Is there an advert you like best? Where would you like to go?*
S1: *I like the advert about the musical Billy Elliot best because I like musicals. I would like to go there one day.*
S2: *I like the adverts about Camden Market and Oxford Street best because I like shopping very much.*
S3: *I like the advert about "One Direction" best because I love this boyband.*

L: *Which advert is the class' favourite one? Please come to the front and mark the letters A–G with a short line. – Well, we can see that our class' favourite advert is the one about ...*

You are going to give young people tips for a great day in London ...
Step 1: Find ideas: What can tourists in London do? ...

Lösung individuelle Lösungen

Step 2: Agree with partners in a group. Work ... More help p. 93
Write why it's a good idea.
In der More help-Übung auf SB-Seite 93 erhalten S auf mittlerem Lernniveau Redemittel (in einem *sentence switchboard*), die ihnen helfen, ihre Ideen zu begründen.

Lösung individuelle Lösungen

Step 3: Find out more ...
Hinweis: Jede S-Gruppe benötigt einen Internetzugang.

Lösung individuelle Lösungen

Step 4: Make your posters ...

Lösung individuelle Lösungen

Step 5: Reading circle ...
▶ Reading circle (im Plenum).

Lösung individuelle Lösungen ▶ Folie 2 ▶ INKL p. 13

Zusatz Einige (freiwillige) S präsentieren ihr Plakat im Plenum in Form eines Kurzvortrags (monologisches Sprechen). Um die Sprechaktivität der S zu erhöhen, können auch immer zwei Gruppen sich gegenseitig ihre Ergebnisse vorstellen. Die Mit-S geben im Anschluss ein ▶ Feedback. Hierzu sind Feedbackkarten, die L (evtl. gemeinsam mit den S) im Vorfeld erstellt, hilfreich. Sie geben den S eine Orientierung, worauf sie bei einem Vortrag achten sollen und geben Hilfestellung beim Versprachlichen der Tipps. Die S können z.B. die Plakatgestaltung beurteilen, auf die Lautstärke und den Redefluss des Vortragenden / der Vortragenden achten, ob Augenkontakt hergestellt wird, welche Körpersprache eingesetzt wird etc. Auf den Karten sollten mehr positive als negative Aussagen stehen, damit das Feedback insgesamt einen positiven Impuls gibt. Eine Regel könnte auch sein: *Name two good things and give one tip.*

STORY Clever Sherlock!

Inhalt tagebuchähnlicher, illustrierter Text im *simple past* • Freizeitgestaltung

Storyline Im Mittelpunkt der Story steht Sam Holmes, der von allen Sherlock genannt wird. Er erzählt, dass er Dinge mag, die andere Jugendliche als langweilig empfinden, so z. B. Bücher, Geschichte und Museen. Sam und seine Freunde Ruby, Tally und Alfie wollen gemeinsam etwas unternehmen. Ihre Vorstellungen sind jedoch sehr unterschiedlich. Sam möchte ins Museum, Ruby lieber einkaufen. Als sie sich schließlich auf einige Aktivitäten einigen, erleben sie eine Katastrophe nach der anderen, doch Sam hilft durch seine klugen Einfälle immer wieder aus den verzwickten Situationen heraus.

S. 14–15

1 Before you read

Einstieg **SB bleibt geschlossen.** Unterrichtsgespräch über Sam Holmes, seine Freunde und zum Thema Freizeitgestaltung am Wochenende.

L: *Do you remember Sam Holmes?*
S: *Sam Holmes is a young reporter at buzz-magazine. / He writes for a magazine. / He lives in London. / He likes living in London.*
L: *And what about his friends? Do you remember them?*
S: *His friends are Ruby, Tally and Alfie. They live in London too.*
L: *What can they do in London?*
S: *They can go shopping / go to concerts /...*
L: *What do you do at weekends?*
S1: *I meet my friends /...*
S2: *I visit my grandma/grandpa/grandparents...*
S3: *I go shopping / to the cinema / to the swimming pool /...*
L: *And what did Sam and his friends do on Saturday? Let's have a look. Open your books at pages 14 and 15.*

Look at the pictures. Where do the friends go? What do they do?

Lösungsbeispiel They go to the Tube / *the Natural History Museum / Harrods / Hyde Park. • They go to a park. • They play football.*

▸ 🎧 3

Clever Sherlock!

Wortschatz **clever • call • geek • museum •** °geeky **• natural • natural history • dinosaur • answer • disaster • begin,** *simple past:* **began • security • next • drink,** *simple past:* **drank • kick • idiot • keep,** *simple past:* **kept • loud • police** *(pl)* **• Box "police"** (SB-Seite 153) **• like a million dollars • at last • earthquake • especially**

Material CD, KV 3 (Klassensatz)

Die S lesen und hören den Text von CD (▸ Mitleseverfahren). Danach wird der Hör- bzw. Leseauftrag im Plenum besprochen.

Alternative L kann vor dem Lesen/Hören die neuen Vokabeln *geek (a boring person), disaster (sth. that happens suddenly like a tsunami)* und *earthquake (when parts of the earth are shaking)* vorentlasten (▸ Semantisierung). Die *simple past*-Formen von *begin, drink* und *keep* können ebenfalls vorab eingeführt werden.

● Differenzierung **SB bleibt geschlossen.** Lernstärkere S hören den Text nur von der CD und schulen so verstärkt ihr Hörverständnis. Sie bringen die Zwischenüberschriften der Geschichte während des Hörens in die richtige Reihenfolge. L setzt dazu ▸ KV 3: Clever Sherlock, *Part 1,* ein. Die Kontrolle erfolgt mithilfe des Buches.

▸ INKL pp. 17–19

2 ◯ What places are in the story?

Lösung — *a Tube station • a shop • a park • a museum*

3 Who thought this in the story? ...

◯ Differenzierung — Für lernschwächere S kann ein ▶ Buzz reading vorgeschaltet werden.

Lösung — ***1*** *Sherlock •* ***2*** *Ruby •* ***3*** *Alfie •* ***4*** *Tally •* ***5*** *Alfie •* ***6*** *all of them*

More practice 2 p. 93 About the story

Wortschatz — °main • °point

a) Which sentences give the main points of the story?

Lösung — About me: *A* • Disaster on the Tube: *B* • Shopping disaster: *A* • Disaster in Hyde Park: *B* • In the museum, at last: *A*

b) What do you think was Sherlock's best idea? Talk to other students ...
Die S befragen ihre Nachbarn.

Alternative — Die S tauschen sich z. B. in einer ▶ Milling-around activity mit mindestens fünf Mit-S aus und notieren sich die Ergebnisse in der ▶ KV 3: Clever Sherlock, *Part 2*. Im Anschluss berichten die S über ihre Ergebnisse im Plenum.

Lösung — individuelle Lösungen

---

4 ● Why and what?

Copy and complete the sentences with the right endings. More help p. 94
Die lernstärkeren S bleiben auf der SB-Seite 15 und vervollständigen selbstständig die vorgegebenen Satzanfänge. Mithilfe der More help-Übung auf der SB-Seite 94 ordnen lernschwächere S nur die vorgegebenen Satzteile einander zu.

Lösung/Lösungsbeispiel

1 *D (... he likes things like books, history and museums.)*
2 *F (... Sherlock wanted to go to the Natural History Museum.)*
3 *E (... he was too slow.)*
4 *C (... Alfie had a rucksack and they weren't with an adult.)*
5 *A (... they heard a noise like a police car.)*
6 *B (... they had no money and the museum was free.)*

More practice 3 p. 94 Alfie's story

● You're Alfie. Read the paragraph *Disaster on the Tube* again. Then ...

Wortschatz — °paragraph • °experience

Gemeinsames ▶ Klären der Arbeitsanweisung. L weist S auf den Tippzettel hin.

Lösungsbeispiel — We went to the Tube station in Fulham. *We ran to our train but I was too slow. The train left and I was still on the platform. My friends got out at the next station and waited for the next train. Ten minutes later the next train came and I got on. I was happy to see my friends.*

More practice 4 p. 95 **Find the right order**

Here's a short version of the story. What's the right order of the sentences?

Wortschatz °the right order • °version

Lösung *C • E • B • G • I • A • H • D • F*

▶ WB 6–8, p. 6 ▶ DFF 1.5

SKILLS TRAINING Writing course (1)

Inhalt Ideensammlung für eine Textproduktion • Text über *„Your neighbourhood"* (DOSSIER)

S. 16

Collect ideas before you write

1 Ideas for a text about your neighbourhood

Wortschatz **busy • far • plane • transport**

Einstieg **SB bleibt geschlossen.** Auf dieser Seite werden die S an die Textproduktion herangeführt. Dazu erfahren sie, dass die Nutzung schon vorhandener Texte für das eigene Schreiben sehr nützlich sein kann. Am Beispiel der Beiträge von vier Jugendlichen zum Londoner Stadtteil Fulham werden die S angeleitet einen Text über ihre eigene Nachbarschaft zu schreiben.

Die S haben zu Beginn der Unit vom Londoner Stadtteil Fulham bereits gehört bzw. bei der *London bus tour* einen kurzen Blick auf Fulham werfen können. Im folgenden L/S-Gespräch wird zuerst darauf hingewiesen, dass die S einen Text schreiben sollen und dann das Vorwissen über Fulham in Erinnerung gerufen. Detailliertere Hinweise zur Textproduktion können die S auch im *Skills file 8* auf der SB-Seite 133 finden.

L: *You're going to write a text about your neighborhood. You can collect ideas from other texts. Let's find out what other young people think about their neighbourhood. Have you ever heard of Fulham? Where's Fulham?*
S1: *Fulham is a neighbourhood of London. / There are two football clubs in Fulham, Fulham and Chelsea. / There's a big football stadium. / ...*
L: *Would you like to live in Fulham?*
S1: *Yes. I like football and Chelsea is a great football club. I could often go to the stadium and watch football there. / ...*
S2: *No. I don't want to live there. I'm not interested in football. / ...*
L: *OK. Open your books at page 16, please.*

a) First collect ideas from texts in your book. For example read ...
Gemeinsam werden die kurzen Texte aus dem *buzz magazine* gelesen. Die unbekannten Wörter *(far* (L: *London is far away from Berlin.))* und *planes* (Bildkarte; L malt ein Flugzeug an die Tafel; L bewegt sich wie ein Flugzeug) werden geklärt (▶ Semantisierung).
Im Anschluss beantworten die S im Plenum die Einstiegsfrage aus dem SB.

Lösungsbeispiel *Darren likes Fulham because there's a river, an amazing market and there are lots of nice cafes. • Ruby likes Fulham because she can go shopping in the Westfield shopping centre and she can watch great football at Fulham stadium.*

b) WORDS Work with a partner. Collect words for your neighbourhood ...

Lösung individuelle Lösungen

Write as many words as you can.
More help p.95 **Ideas for a text about your neighbourhood.**
Die S bearbeiten diese Aufgabe in PA. Bei der Partnerfindung sollte darauf geachtet werden, dass sich lernhomogene Paare finden. Die Paare entscheiden selbst, ob sie Wörter in Form von Listen oder in Gedankennetzen sammeln und suchen zunächst in den zuvor gelesenen Texten nach Ortsangaben, um dann in einem weiteren Schritt ihre eigenen Ideen mit aufzunehmen.

In der More help-Übung auf SB-Seite 95 erhalten lernschwächere S weiteres Wortmaterial, aus dem sie 20 Wörter auswählen, um ihre Listen bzw. Gedankennetze zu erweitern.

Mithilfe der *Wordbank 1* (SB-Seite 146) können die S ihre Ideen ebenfalls ergänzen bzw. kontrollieren, ob sie die Wörter aus der More help-Übung richtig zugeordnet haben oder nicht. *Wordbank 1* bietet den S zusätzlich sprachliche Mittel an, die ihnen bei der Ausformulierung ihrer eigenen Texte hilfreich sein können.

Lösung individuelle Lösungen

c) Collect sentences for your text. Read these sentences from the *buzz* texts ...

Lösung individuelle Lösungen

2 NOW YOU

Wortschatz °dossier

Now tell Ruby and Darren from *buzz* ... Write about 40 words (● 60 words) ...
More help p.95 **a) Read this example text.**
b) Now tell Ruby or Darren ....
Die S verfassen ihren Text in EA. Durch die vorbereitenden Übungen haben lernstärkere S genügend Wortmaterial und Strukturhilfen erhalten, mit deren Hilfe sie ihre eigenen Texte verfassen können.

Die zweispaltige More help-Übung auf SB-Seite 96 ist für lernschwächere S geeignet, da sie ihren eigenen Text mithilfe eines vorgegeben Textes verfassen können. Sie ergänzen die vorgegebenen Textpassagen in orange durch ihre eigenen. Die fertigen Texte werden im DOSSIER abgelegt.

Lösungsbeispiel *I live in Rottweil. It's not far from Stuttgart and the Lake of Constance. The best thing about Rottweil is the carnival. People from Rottweil call it "Fasnet". There are lots of nice shops here. And there's a swimming pool near our house. But there aren't any cafes near us. I think Rottweil is great.*

► WB 9, p.7 ► DFF 1.1, 1.4 ► INKL p.20

SKILLS TRAINING New words

Inhalt Worterschließungstechniken • Wortbildungsregeln (*drive→driver*; *sun→sunny*; zusammengesetzte Wörter)

S. 17

Understanding new words

1 Word building

Wortschatz **worker** • °someone who works • °skills file • **world** • **diver** • **sun** • **postcard**

Material A4-Blätter, Magnete, E/D-Wörterbücher

Einstieg **SB bleibt geschlossen.** L macht im Plenum zunächst bewusst, dass man mit bekannten Wörtern unbekannte Wörter erschließen kann. Dazu wählt L Begriffe aus, welche die S noch nicht kennen, sich aber mit bekannten Wörtern selbst erschließen können. L schreibt die unbekannten Wörter auf DIN A4-Blätter und heftet sie mit Magneten an die Tafel.

L: *Look at these words. You don't know them yet. But you know words which help you to understand them.*

farmer	skateboarder	gardener

Die S unterstreichen den Teil des Wortes, der ihnen bereits bekannt ist und leiten daraus eine Übersetzung ab.

Differenzierung Lernstärkere S formulieren einen Satz, der das „neue" Wort umschreibt. Als Formulierungshilfe schreibt L die Satzstruktur: *A … is someone who …* an die Tafel. Z. B.:

S1: *Farm is in farmer. A farmer is someone who lives/works on a farm.*
S2: *Skateboard is in skateboarder. A skateboarder is someone who skateboards.*
S3: *Garden is in gardener. A gardener is a person who works in a garden (for pay).*

Als Überleitung zum SB sagt L:
L: *Sometimes you don't need a dictionary to find out the meaning of a new word. It's easier to think of words you know. Let's try that for other new words. Open your books at page 17, please.*

Im *Skills File 2* auf der SB-Seite 125 finden die S weitere Worterschließungstechniken.

a) Look at the words in black. Match each word with a photo A–D.
Die Aufgabe wird im Plenum besprochen.

Lösung singers: *B* • runners: *C* • footballers: *A* • divers: *D*

b) What could these words mean? Talk to a partner …
Die S arbeiten mit ihrem Sitznachbarn / ihrer Sitznachbarin zusammen und führen abwechselnd den Dialog. In EA überprüfen sie ihre Ergebnisse mit dem Wörterbuch und korrigieren sie ggf.

Alternative In einer ▶ Milling-around activity tauschen sich die S mit wechselnden Mit-S über die Begriffe aus und notieren sich hierzu ihre Ideen.

Differenzierung Lernstärkere S umschreiben die neuen Wörter auf Englisch (s. Lösungsbeispiele in blau).

Lösungsbeispiel
1 *Driver: I think it comes from "drive". So in German it's "Fahrer/in".*
(It's someone who drives.)
2 *Reader: I think it comes from "read". So in German it's "Leser/in".*
(It's someone who reads a book.)

3 *Listener: I think it comes from "listen". So in German it's "Hörer/in".*
(It's someone who listens.)
4 *Worker: I think it comes from "work". So in German it's "Arbeiter/in".*
(It's someone who works.)
5 *Writer: I think it comes from "write". So in German it's "Schreiber/in".*
(It's someone who writes.)
6 *Skiver: I think it comes from "skive". So in German it's "Schwänzer/in".*
(It's someone who skives school.)
7 *Dancer: I think it comes from "dance". So in German it's "Tänzer/in".*
(It's someone who dances.)
8 *Talker: I think it comes from "talk". So in German it's "Redner/in".*
(It's someone who talks.)

c) Look at these examples: sun → sunny, cloud → cloudy, ...
Bevor die S die Aufgabe in EA bearbeiten bespricht L mit ihnen die Beispiele im Buch und notiert diese an der Tafel mit der deutschen Übersetzung (s. TA unten). Die S übertragen den TA und führen ihn fort. Diese und die folgenden *Exercises 1d)* und *2* werden von den S im ▸ Lerntempoduett besprochen.

L: *"Sun" is in "sunny". What could "sunny" mean in German?*
S: *Sonnig.*
L: *What about the other examples?*

Die S nennen die Beispiele und bieten die deutsche Übersetzung an.

Differenzierung: Die lernstärkeren S umschreiben die neuen Wörter auf Englisch.

sun	→	sunny	=	sonnig	(sunny: The sun is shining. It's a sunny day.)
cloud	→	cloudy	=	wolkig	(cloudy: There are lots of clouds. It's cloudy.)
rain	→	rainy:	=	regnerisch	(rainy: There's lots of rain. So it's rainy.)
...	→	sleepy:	=	...	
...	→	hilly	=	...	

L: *Now it's your turn. Look at exercise 1c), please.*

Lösung/Lösungsbeispiel
sleepy → sleep: schläfrig (When I'm sleepy I go to bed.)
hilly → hill: hügelig (There are many hills.)

Zusatz: Lernstärkere S finden weitere Wörter, die in dieses Muster passen und formulieren Beispielsätze wie:

wind → windy: There's a lot of wind. It's windy.
fog → foggy: There's a lot of fog. It's foggy.
fun → funny: When something is funny I laugh.

d) Some words have two parts. Look at these examples.
Die S bearbeiten die Aufgabe schriftlich in EA. Sie tauschen sich in PA aus. Bei unterschiedlichen Lösungen schlagen sie im Wörterbuch nach.

Lösung
bus driver = *bus (Bus)* + *driver (Fahrer)* → *Busfahrer*
postman = *post (Post)* + *man (Mann)* → *Postbote, Briefträger*
postwoman = *post (Post)* + *woman (Frau)* → *Postbotin, Briefträgerin*

2 From the newspaper

What do these red words mean? Partner check: Compare with a partner.
Die S bearbeiten die Aufgabe zunächst in EA und vergleichen sie anschließend in PA. Bei unterschiedlichen Lösungen schlagen die S im Wörterbuch nach.

Lösung swimmers – *Schwimmer* • divers – *Taucher* • winner – *Gewinner/in, Sieger/in* • TV interview – *Fernsehinterview* • car trip – *Autofahrt* • travel-sick – *reisekrank*

More practice 5 p. 96 Two articles

Wortschatz °already • °muddy • °fun run • °loser • °finish • °well-known • °against • °little-known • °(half-)full • °sleepwalker • °back • °net • °wake-up call • °win • °all through the match • °match

Material D/E-Wörterbuch

There are some new words in these articles ...
Die S wählen je nach Lernstärke zwischen den differenzierten Artikeln einen aus und bearbeiten diesen in EA. Sie kontrollieren ihre Ergebnisse selbstständig mit einem D/E-Wörterbuch oder dem *Dictionary* im SB.

Alternative L bietet den S eine Lösungsstation an, an welcher sie ihre Ergebnisse kontrollieren können.

Lösung **a)** ○
muddy – *matschig* • fun run – *Spaß(wett)lauf* • winner – *Gewinnerin* • bus driver – *Busfahrerin* • losers – *Verlierer* • finish – *Ende, Ziel*

b) ●
well-known – *bekannt* • little-known – *wenig bekannt* • half-full – *halbvoll* • muddy – *matschig* • sleepy – *verschlafen, müde* • sleepwalkers – *Schlafwandler* • net – *(Tor)Netz (Sport)* • wake-up call – *Weckruf* • win – *Gewinn* • losers – *Verlierer*

▶ WB 10, p. 8 ▶ DFF 1.6 ▶ INKL p. 21

SKILLS TRAINING Listening and Speaking

Inhalt Reaktivierung der Wortfelder Mode, Einkaufen und Freizeitaktivitäten • die eigene Meinung äußern • an Diskussionen teilnehmen • *Placemat*

S. 18

▶ 4

1 Is fashion important?

Wortschatz **waste • waste • spend money/time (on),** *simple past:* **spent • a lot of • be right • be wrong** • °role • °repeat • °speech bubble • °feeling

Material A4-Papier, Wandposter, Plakatstifte, Magnete, Bilder von Serena und Andy auf OH-Folie

Einstieg Eine Vorentlastung der neuen Vokabeln vor dem Hörverstehen findet nicht statt, da die S den Inhalt des Gesprächs auch so verstehen können. Sie haben in einer der Stunden zuvor Worterschließungstechniken kennengelernt, welche sie hier anwenden können.

Im folgenden Unterrichtsgespräch äußern die S zuerst ihre Vermutungen, ob Andy und Serena, die beiden Teenager aus dem SB, *shopping* und *fashion* mögen oder nicht (s. a. ▶ Listening tasks, ▶ Pre-listening activity).

L: *Open your books at page 18, please, and look at Andy and Serena. Only look at their photos, don't read what they say. What do you think? Do they like shopping and fashion?* (Die S spekulieren.)
L: *Let's listen to them. Are you right?*

Alternative — Damit die S nicht durch die Sprechblasen abgelenkt werden, kopiert L die Bilder von Andy und Serena auf OH-Folie, wenn möglich farbig. Die S äußern sich zum Bildimpuls.

a) Serena and Andy are talking about shopping and fashion ... More help p. 96
Der Hörtext ist im SB in Auszügen (s. Sprechblasen) abgedruckt. In der More help-Übung auf S. 96 ist der Dialog in seiner gesamten Länge abgedruckt. Lernschwächere S können den Dialog so während des Hörens mitlesen.

Als Vorbereitung auf die Auswertung erarbeitet L mit den S geeignete Redemittel und stellt diese an der Tafel / auf einem Wandposter zur Verfügung (s. unten).

Do you agree with Andy or Serena?

I agree with ...	*I don't agree with ....*
I think you're wrong/right.	*I think ...*

Im Anschluss tauschen sich die S darüber aus, ob sie mit Andy oder Serena übereinstimmen. Hierzu finden sich die S in einen ▸ Double circle ein (je nach Gruppengröße auch zwei möglich); s. auch ▸ Listening tasks und ▸ Post-listening.

b) Work with a partner. Take roles. Listen ...
Um die Unterrichtsorganisation bei dieser Übung zu erleichtern, arbeiten die S mit ihren Sitznachbarn zusammen. Die S einigen sich, wer welche Rolle übernimmt und sprechen die Sätze in den Sprechblasen nach. Danach tauschen sie die Rollen (▸ Listening tasks, ▸ Post-listening). Um den vollständigen Dialog zu nutzen, schlagen die S die More help-Übung auf SB-Seite 96 auf.

More practice 6 p. 97 Emma and Habib are good friends.

Eine Schreibaufgabe für alle S. Auch als HA einsetzbar.

Copy and complete the dialogue with words from the box.

Lösung — ***1*** *interested* • ***2*** *waste* • ***3*** *wrong* • ***4*** *if* • ***5*** *expensive* • ***6*** *have* • ***7*** *rubbish*

---

2 PLACEMAT What things are most important for teenagers.

Wortschatz — °agree on • °rest

Material — vorbereitete *placemats* auf A3-Blättern, Plakatstifte, zerschnittene Postkarten, Plakate, Magnete, vorbereitete Papierstreifen, Plakat

Einstieg — **SB bleibt geschlossen.** L schreibt *What things are most important for teenagers?* an die Tafel.

O Differenzierung — Lernschwächere S sammeln zuerst Themen an der Tafel, die für Teenager wichtig sein könnten: z. B. *music, TV, friends, family, money, mobiles, sport.*

L bespricht mit den S die einzelnen Schritte der schon aus Band 2 bekannten kooperativen Lernform ▸ Placemat. L zeigt auf ein vorbereitetes *placemat*.

L: *Think about three things that are most important for teenagers. Write them down in your corner. Talk about the ideas. Then agree on three things and write them in the middle of the placemat.* (Hierzu macht L drei Spiegelstriche in das mittlere Feld.) *When you have finished tell the class about your group's ideas. Now you're going to work in groups of four with a placemat. Open your books at page 18, please.*

Die S finden sich in 4er-Gruppen zusammen und bearbeiten die einzelnen Schritte der Übung *(Step 1–4)*.

Die ► Gruppenbildung kann mithilfe von zerschnittenen Postkarten spielerisch erfolgen. Jeder S erhält einen von vier Teilen der Postkarte. Die S finden ihre Gruppenmitglieder, indem sie die Teile zu einem Ganzen zusammenfügen.

L sollte für jeden Arbeitsschritt ein Zeitlimit setzen.

Die Präsentation der Ergebnisse erfolgt im Plenum. Um herauszufinden, welches die beliebtesten Ideen der Gruppe sind, wird während der Präsentationen ein Plakat mit der Überschrift *„The most popular ideas in our class"* an der Tafel angebracht. Hierzu kommt immer ein/e S jeder Gruppe nach vorne und notiert deren Ideen auf dem Plakat bzw. setzt ein vereinbartes Symbol hinter bereits genannte Begriffe. Zum Schluss wird ausgewertet, welche Idee am häufigsten genannt wurde.

Lösung individuelle Lösungen ► WB 11–12, p. 9 ► Folie 3 ► DFF 1.9 ► INKL p. 22

SKILLS TRAINING Viewing

Inhalt Kurzfilm: Abenteuer auf dem *Camden Market (The funny ringtone)*

Storyline Die vier Freunde Sam, Tally, Ruby und Alfie gehen zu Tallys Onkel, der ein Café betreibt. Dort entscheiden sie sich, dass sie zum *Camden Market* fahren wollen. In *Camden Market* probieren sie verschiedene Kleider an, machen Fotos mit ihren Handys und wechseln zu einem anderen Teil des Markts. Es ist viel los. Plötzlich entreißt jemand Ruby die Tasche mit dem Handy ihrer Mutter darin. Was nun? Sherlock hat einen seiner klugen Einfälle, der ihnen hilft, Rubys Tasche wiederzufinden.

S. 19

1 Before you watch

Wortschatz °viewing • °share

Material Handy

Einstieg **SB bleibt geschlossen.** In einer *Pre-viewing*-Phase (► Viewing) werden die S auf den Film eingestimmt. L benötigt dabei die Hilfe der S. Sie möchte einen neuen Klingelton für Telefonanrufe abspeichern. Hierzu spielt L den S verschiedene Klingeltöne vor. Falls notwendig schreibt L folgende Formulierungshilfen z. B. *That's too boring! / This one is OK! / That's funny!* an die Tafel.

L: *My dear class! I need your help! I want a new ringtone for my mobile phone. It should be a funny one. What about this one?* (L spielt verschiedene Klingeltöne ab, welche die S kommentieren.) *Is this one funny?*
S: *No, that's too boring! / This one is OK! / That's funny!*
L: *Thank you! This one is really funny! Today we're going to watch a film with the title "A funny ringtone". What could a funny ringtone be good for? Let's have a look at some photos of the film. Open your books at page 19, please.*

a) Look at the photos from the new DVD in exercise 2. Think about ...
Die S bearbeiten diesen Aufgabenteil in EA und machen sich ggf. zu den einzelnen Fragen Notizen in ihr Heft (Auftakt zu einer ► Think-Pair-Share-Aufgabe).

Lösungsbeispiel

1 *The DVD is in London. In picture A there's a Tube sign. / Sam, Tally, Ruby and Alfie live in London.*
2 *The four friends Sam, Tally, Ruby and Alfie are in the film.*
3 *The teenagers will go to a cafe and then to a market.*
4 *They will buy something. / They will have fun. / Somebody is going to take Ruby's bag in the market.*

b) Pair: Talk about the questions in a) with a partner.
Mithilfe der Sprechblasen im SB und der Notizen aus der Teilaufgabe a) führen die S ein Gespräch mit einem Partner / einer Partnerin, den/die sie z. B. durch die ▸ Bus stop-Methode finden.

c) Share: Tell the class what you and your partner think.
Im Vorfeld machen sich die Paare Gedanken darüber, was sie der Gruppe mitteilen möchten und notieren sich hierzu ggf. Stichpunkte.

2 The funny ringtone

Wortschatz **ringtone** • °time

Material DVD, KV 4, OH-Folie (mit korrekter Bildfolge aus dem Film)

a) Watch the film. Then put the photos in the right order.
Im Anschluss tauschen sich die S im ▸ Partner talk aus und einigen sich auf eine Reihenfolge der Bilder. Danach erfolgt die Ergebniskontrolle im Plenum.

Alternative **SB bleibt geschlossen.** Jede/r S erhält die ▸ KV 4: The funny ringtone mit den Bildern zum Film in vermischter Reihenfolge. Die S schneiden die Bilder aus und ordnen die Bilder während des Films in der richtigen Reihenfolge an. Anschließend Überprüfung der Reihenfolge am OHP. Die S nummerieren die Bilder und kleben sie ins Heft. In einem weiteren Schritt ordnen die S den einzelnen Bildern Bildunterschriften zu. Lernstärkere S finden eigene Überschriften.

Die Auswertung erfolgt im Plenum.

Lösung *C • E • A • D • F • B*

b) Watch the film a second time. Then answer these questions ...
Die S beantworten die Fragen schriftlich in EA oder PA.

Lösung *Sam/Sherlock, Tally, Ruby and Alfie go to the cafe. • Tally and Sam/Sherlock drink smoothies, Ruby drinks a cup of tea. They go to the Tube station / Camden Market. • Ruby has a problem.*

c) Now watch the film again and check your answers.

Lösung individuelle Lösungen

3 What can you remember?

Wortschatz **a cup of** tea

Ask your partner three questions about the film. Can he/she answer them?

Differenzierung Lernstärkere S finden weitere Fragen.

Lösungsbeispiel

Who lives in London SW6?	*Sam/Sherlock, Tally, Ruby and Alfie live in London SW6.*
Who gives Ruby her phone?	*Ruby's mother gives her phone to Ruby.*
Who has a smoothie?	*Tally and Sam/Sherlock have a smoothie.*
Who has a cup of tea?	*Ruby has a cup of tea.*

Who buys clothes at Camden Market?	*Sam/Sherlock buys his clothes at Camden Market.*
Who puts on a hat?	*Alfie puts on a hat.*
Who loses something?	*Ruby loses her bag.*

▶ INKL p. 23

FOCUS ON LANGUAGE

Inhalt Aussagen und Verneinungen mit *have to / can / should*

Storyline Alfie erzählt über seine frühere Schule, die strengere Regeln als seine jetzige Schule hatte.

S. 20–21

1 Tips for visitors to London

Wortschatz °focus on language • **safe** • **have to do** sth. • **not have to do** sth. • **subway** • **pickpocket** • **escalator** • °language file

Material Bilder (Taschendieb, Unterführung, Rolltreppe)

Einstieg **SB bleibt geschlossen.** Anknüpfend an den Film *The funny ringtone* werden folgende neue Vokabeln im unten beschriebenen Unterrichtsgespräch vorentlastet (▶ Semantisierung).

L: *Do you remember what Ruby's mother said on the phone to Ruby when she heard that the friends wanted to go to Camden Market?*
S: *She said, "Watch your bags at the market."*
L: *You're right. What happened with Ruby's bag?*
S: *Somebody took it.*
L: *That's right. You have to be very careful because of pickpockets. Pickpockets are people who take things from pockets or bags.*
L: *Do you remember how the friends travelled to Camden Market?*
S: *They went there by Tube.*
L: *You're right again! If you want to travel by Tube you have to use escalators to get to the platform. Sometimes you have to walk through subways too.*
In your book there are some tips for visitors to London. Open your books at page 20, please.

Zusatz Als visuelle Unterstützung verwendet L entsprechendes Bildmaterial (▶ Flashcards) oder skizziert die Begriffe an der Tafel.

a) ◎ Match the parts of the brochure (1–3) with the pictures (A–C).
Einzelne S lesen den Text abschnittsweise vor. Die S ordnen in Stillarbeit die Textpassagen den Bildern zu. Die Besprechung erfolgt im Plenum.

Lösung ***1** B • **2** C • **3** A*

b) Look again at these sentences from the text and complete the FOCUS-box.
Die S lesen die Sätze und erkennen die Regel selbstständig. Sie übertragen die FOCUS-Box in ihr Heft. Mithilfe des *Language file 7* auf SB-Seite 143 können die S dann ihre Ergebnisse selbstständig kontrollieren und ggf. korrigieren.

Lösung
- Mit *have to* sagst du, was jemand tun muss.
- Mit *don't have to* sagst du, was jemand nicht zu tun braucht.

2 School rules

Wortschatz °take notes

Material CD

Einstieg **SB bleibt geschlossen.** Im folgenden L/S-Dialog bringen die S ihr Vorwissen über Schule in England ein (*Pre-listening*, s. ▸ Listening tasks).

L: *What do you know about school in England?*
S1: *Pupils have to wear uniforms. / School starts at ... and ends at ... / The pupils have lunch at school. / ...*
L: *Wow! You know a lot about school in England! That's great! As you know Alfie is new in Fulham. He's talking about his old school and his new school in London. Open your books at page 20, please and listen to the CD.*

▸ 🎧 5 **a) Listen. Which school is stricter ...**

Lösung *Alfie's old school is stricter.*

b) Listen again and take notes.
Während die S zuerst die Tabelle in ihr Heft übertragen, überträgt L die Tabelle an die Tafel. Sie wird bei der Besprechung der Übung verwendet.

L: *Before we listen to Alfie a second time copy the table in exercise 2b) in your exercise book.*

Die Besprechung der Übung erfolgt an der Tafel (*While-listening*, s. ▸ Listening tasks).

Lösung

	old school	new school
wear a tie	✓	X
wear a blazer	✓	X
wear normal shoes	✓	X
stay at school all day	✓	X

c) ● Use your notes and complete the sentences.
Post-listening, s. ▸ Listening tasks.

Lösungsbeispiel *At Alfie's old school the students have to wear a tie, but at his new school they don't have to wear a tie. At Alfie's old school the students have to wear a blazer, but at his new school they don't have to wear a blazer. At Alfie's old school the students have to wear normal shoes, but at his new school they don't have to wear normal shoes. At Alfie's old school the students have to stay at school all day, but at his new school they don't have to stay at school all day.*

▸ WB 13, p. 10 ▸ DFF 1.2, 1.3 ▸ INKL p. 14

Zusatz Die S schreiben eigene Sätze über ihre Schulregeln und stellen diese im Plenum vor. L erarbeitet mit den S Formulierungshilfen, die an der Tafel festgehalten werden (siehe TA).

L: *What are the school rules at our school. What do students have to do at our school? What don't they have to do?*
S: *At our school we don't have to wear a uniform. / We have to be friendly. / ...*
L: *Good. Now please copy the heading and write as many sentences as you can in your exercise book.*

School rules at ...
At my school the students have to ... / At our school we ...
We have to ...
We don't have to ...

3 *Can, should* or *have to*?

Material Lösungskärtchen

a) Match the sentences on the left with the speech bubbles.
Die S übertragen die FOCUS-Box in ihr Heft. Mithilfe des *Language file 7* auf SB-Seite 143 können die S ihre Ergebnisse selbstständig kontrollieren und ggf. korrigieren.

Lösung *1 c • 2 d • 3 a • 4 b*

b) Now look again at the tips for visitors on page 20. Tell your partner ...
S, die mit der Bearbeitung der *Exercise 3a)* fertig sind, gehen zum ▸ Bus stop (eine oder mehrere Ecken im Klassenzimmer sind als *Bus stop* gekennzeichnet) und finden dort einen Partner/ eine Partnerin, für diese ▸ Mediation-Übung. Abwechselnd führen sie die Übung durch.

Alternative L bereitet Lösungskärtchen für die einzelnen Sätze vor, so dass sich die S gegenseitig kontrollieren und korrigieren können. Am besten nummeriert L die Kärtchen auf der Rückseite und die S drehen dann die entsprechende Karte um. Wichtig ist bei der ▸ Mediation, dass es sich um eine freie Wiedergabe der wichtigsten Informationen handelt. Hierauf müssen die S hingewiesen werden. Auf den Lösungskärtchen sollten daher die modalen Hilfsverben (*can*/kann, *should*/soll, *have to* / muss) zur Hervorhebung unterstrichen sein.

Lösungsbeispiel

1 *In London musst du vorsichtig sein.*
2 *Du solltest die Unterführungen nutzen.*
3 *Du musst nicht nervös sein.*
4 *Du musst rechts schauen, dann links.*
5 *Auf Rolltreppen solltest du rechts stehen, damit die anderen Leute links an dir vorbeigehen können.*

4 A letter to *buzz*

Wortschatz °form • °verb • **pick** sb. **up** • **dark** • **worry (about)**

Einstieg **SB bleibt geschlossen.** L spricht mit den S über das *buzz magazine.*

L: *You all know "buzz-magazine". Teenagers can write letters to "buzz", when they have problems. Do you have any ideas what problems teenagers write about?*
S: *You can write to "buzz" when you have problems with your friends/parents/teachers ...*
L: *That's right. In your book there's a letter from a nervous friend. What problem does he or she have? Let's have a look. Open your books at page 21, please.*

a) ○ Complete the letter with the correct form of the verb.
//● p. 97 Complete the letter with *has to / have to / don't have to.*
Eine Parallelaufgabe zum Üben der Modalverben. Die lernschwächeren S bearbeiten die Übung in EA (s. SB-Seite 21). Sie erschließen den neuen Wortschatz aus dem Zusammenhang heraus. Auf SB-Seite 97 finden lernstärkere S die schwierigere Übung. Die Lücken im Text sind leer. Im Arbeitsauftrag finden die S die verschiedenen Formen des einzusetzenden Modalverbs. Die Besprechung erfolgt im Plenum.

Lösung *1 has to • 2 have to • 3 has to • 4 don't have to • 5 have to*

b) Complete with *should/shouldn't.*
Die S bearbeiten diese Übung in EA oder PA. Die Besprechung erfolgt im Plenum.

Lösung *1 shouldn't • 2 should • 3 shouldn't • 4 should • 5 should*

5 Tips for visitors in Germany

Copy and complete these tips for British visitors to Germany.

Lösung

A You *have to* wait when the man is red.
B You *can* cross when the man is green.
C "Currywurst" is popular – you *should* try it!
D It's 7 pm. You *have to* pay.

More practice 7 p. 97 Tips for visitors in your town

Wortschatz °your own ideas

Material D/E-Wörterbücher

Write tips for British visitors in your town. Use the ideas ...
Bei der Schreibübung auf SB-Seite 97 formulieren die S eigene Ideen, welche Tipps sie Besuchern über ihren Ort geben können. Sie orientieren sich dabei an den SB-Fragen. Für die Bearbeitung dieser Übung kann L Wörterbücher bereitstellen. Das fertige Produkt nehmen die S in ihr DOSSIER auf.

Lösung individuelle Lösungen

▶ WB 11–12, p. 9 ▶ Folie 4 ▶ DFF 1.8 ▶ INKL p. 15, 16

STOP! CHECK! GO!

Inhalt Übungsaufgaben zu wichtigen Themen und Kompetenzbereichen aus Unit 1. Bei geschlossenen Aufgabenformaten (Unit 1: *Ex 1–4* und *6*) können die S ihre Ergebnisse mithilfe des Lösungsschlüssels auf ▶ KV 5: Answers to STOP! CHECK! GO! überprüfen (auch als ▶ Partner check). Für *Exercise 2c)* gibt es individuelle S-Lösungen. Hier sollte L unterstützen. Die KV bietet eine Auswertung nach Punkten, die in drei verschiedene Smileys (☺/😐/☹) übersetzt werden. Allgemeine Hinweise zu den *Stop! Check! Go!*-Seiten finden sich im Vorwort. Die Hörtexte zu *Stop! Check! Go!* sind für die S auch auf der Audio-CD im Workbook zugänglich.

S. 22–25

1 REVISION My class trip

Wortschatz °revision • °write: she wrote • cousin • °simple past • °fast

A German student is on a class trip to London ...

Lösung ▶ KV 5: Answers to STOP! CHECK! GO!

2 WORDS Travel in London

Wortschatz °as many as you can

a) Copy this table. Then write the words from the box in it.

Lösung ▶ KV 5: Answers to STOP! CHECK! GO!

b) Find a word to complete all three phrases.

Lösung ▶ KV 5: Answers to STOP! CHECK! GO!

c) ● Write some sentences about you and travel ...

Lösung individuelle Lösungen

▶ INKL pp. 24–27

▶ 6

3 LISTENING Travelling in London

Wortschatz °every 3 minutes

a) Listen to the three scenes and match them with the photos ...

Lösung ▶ KV 5: Answers to STOP! CHECK! GO!

b) Listen again and answer the questions.

Lösung ▶ KV 5: Answers to STOP! CHECK! GO!

4 MEDIATION Staying with a family

Wortschatz °usually • °around 7 • °ready

Während eurer Klassenfahrt nach London bist du in ...

Lösung ▶ KV 5: Answers to STOP! CHECK! GO!

5 WRITING My day in London

Look at the pictures. These young people spent a day in London.

Wortschatz °spend (time/a day), *simple past*: spent • °ride • °guitarist • °imagine sth • °decide

a) Molly, the girl in the first picture, wrote about her day ...
b) Now imagine you're Anna or Luke ...
Hilfen für die Textproduktion finden die S im *Skills file* auf den SB-Seiten 132–134.

Lösung individuelle Lösungen

c) Can you use Molly's sentences for your text too?

Lösung individuelle Lösungen

d) Now write your text. Write as many sentences as you can.

Lösung individuelle Lösungen

e) Partner check: Read and correct your partner's text ...

Lösung individuelle Lösungen

6 READING Tally's blog

Wortschatz °unfair • °know, *simple past:* knew • °legend • °lion • °kangaroo • °even • °smell • °mystery • °visit • °sleep late

a) Match three of these sentences with the parts ...

Lösung ▶ KV 5: Answers to STOP! CHECK! GO!

b) Pick the correct answer.

Lösung ▶ KV 5: Answers to STOP! CHECK! GO!

7 My learner log

Wortschatz °learner log • °safety

Copy and complete your learner log. You can put it in your DOSSIER.
Hier nehmen die S mit einigen Vorgaben und Kriterien eine Auswertung der Unit und eine Selbsteinschätzung vor. Sie übertragen die Punkte auf ein Arbeitsblatt und gestalten diese Seite für ihr DOSSIER.

Lösung individuelle Lösungen ► WB (Portfolio), p. 13 ► WB (Revision), p. 14

REVISION

Hinweis Die Wiederholung gehört von Anfang an zu den unverzichtbaren Phasen im Sprachlernprozess. Ohne dass Sprachmittel mehrfach und in versetzten Zeitabständen reaktiviert werden, können sie nicht im Langzeitgedächtnis verankert werden und abrufbereit gehalten werden. Zur besseren Speicherung sind sie möglichst häufig mit bereits vorher erworbenen Strukturen und Wörtern zu vernetzen.

Die Wiederholung besitzt einen hohen Stellenwert bei *EG Highlight*. Sie wird sowohl immanent von dem ersten Band an betrieben, aber auch explizit sichtbar durch die Benennung einzelner Übungen als *REVISION*. Ab Band 3 wird nun noch mehr Wert auf Wiederholung des bereits Gelernten gelegt. Nach den Units 1–3 dienen jeweils zwei *Revision*-Seiten ausschließlich dafür schon Gelerntes wieder abzurufen. Ebenso wie die Übungen zu den neuen Sprachmitteln sind auch die Übungen auf den *Revision*-Seiten abwechslungs- und variantenreich gestaltet und beziehen schüler- und handlungsorientierte Prinzipien ein.

Die Seiten haben einen in sich geschlossenen thematischen Zusammenhang. Sie sind inhaltlich gekoppelt an die vorhergehenden Hauptunits. Im Zentrum der *Revision*-Seiten in Band 3 stehen die *tenses*: *simple past, simple present* und *will-future*. Die Seiten sind so aufgebaut, dass die S sich zuerst mit Hilfen die grammatische Regel vergegenwärtigen. Dazu gibt es immer auch einen Hinweis zum passenden *Language file* im SB, in dem die grammatische Regel ausführlich erläutert wird. Nach der Regelfindung üben die S die thematisierte Struktur innerhalb unterschiedlicher, eher geschlossener Aufgabenformate. Die *Revision*-Seiten enden mit einer offenen Aufgabe, die die selbstständige Anwendung der Struktur in einem gegebenen Kontext vorsieht. Die *Revision*-Seiten sind fakultativ und können von L flexibel eingesetzt werden.

Inhalt Wiederholung des *simple past* • eine E-Mail schreiben

S. 26–27

A visit to a city – using the simple past

1 Emily's postcard from London

Wortschatz °for miles and miles • °fantastic

Einstieg L führt in das Thema ein, in dem sie auf die Illustrationen rechts oben im SB hinweist:

L: *On the right you see lots of things from London. Which ones do you know?*
S: *Big Ben, a London bus, the London Eye* (evtl. nennen die S auch die nicht durch das SB produktiv eingeführten Begriffe: *a London telephone box, the Union Jack, a British guard,* wenn nicht, dann Einführung durch L).
L: *You're right. All these things are on a London postcard. Let's find out who wrote this postcard.*

a) Read the postcard. Do you think Emily liked London? ...
Zur Begründung ihrer Aussage *(Emily liked London.)* nennen die S zwei Sätze aus Emilys Brief, die zeigen, dass Emily London gefällt *(They were great! / It was fantastic.)*.

Lösung *Emily liked London.*

b) The simple past
L klärt zunächst, dass allen S der Ausdruck *(three days) ago* bekannt ist. Dann führt L zum *simple past* hin:

L: *When did Emily come to London? One month ago, two weeks ago, or three days ago?*
S: *She came to London three days ago.*

Frage und Antwort werden als Beispiel an die Tafel geschrieben und mit der Überschrift *simple past* versehen.

O Differenzierung Die lernschwächeren S sollten ausdrücklich darauf hingewiesen werden, dass ... *ago* mit dem *simple past* einhergeht. Zur ausführlichen Wiederholung des *simple past* kann das *Language file 3* auf der SB-Seite 140 herangezogen werden.

Lösungsbeispiele

1 *arrived, visited, walked*
2 were, *went, bought, took, saw*
3 *We didn't do very much in the evening.*
4 *Did you go there last year?*

2 Emily and Ruby

a) Emily is telling a friend about her time in London. Pick ...

Lösung ***1*** *made* • ***2*** *went* • ***3*** *played* • ***4*** *told* • ***5*** *wore* • ***6*** *wanted* • ***7*** *had* • ***8*** *went*

b) Now find the simple past forms of these verbs ...

Lösung ***2*** *arrived* • ***3*** *laughed* • ***4*** *checked* • ***6*** *took* • ***7*** *drove* • ***8*** *left*

3 ● Emily's photos

Einstieg Bevor die S die Aufgabe selbstständig in EA lösen, wird der gelbe Notizzettel im Plenum gelesen. In einem L/S-Gespräch wird darauf eingegangen, dass bei der Verneinung kein *-ed* an das Verb gehängt wird.

Now Emily is showing photos of her trip to London ...
Während der Bearbeitung der Aufgabe im Unterricht stehen ein Aussagesatz und ein verneinter Satz beispielhaft an der Tafel. Wird *Exercise 3* als HA bearbeitet, schreiben sich die S die Sätze als Orientierungshilfe in ihr Heft. Die entscheidenden grammatischen Merkmale des *simple past* werden unterstrichen.

I travelled by bus.
I didn't travel by train.

Lösung

1 I *didn't travel* into London by bus because it was quicker by Tube.
2 I took photos of Buckingham Palace, but I *didn't see* the Queen.
3 I was at Big Ben at 18.20, so I *didn't hear* the famous bell.
4 I *didn't visit* the Tower of London because the tickets were expensive.
5 We went to the zoo, but we *didn't see* the tigers.
6 We didn't go on a boat trip on the river because we *didn't have* time.

4 Now you

Wortschatz °as many as you can • °hotel

a) Write an email to Emily about a visit to a city. Write ...

Alternative Statt in ihr Heft schreiben die S ihre E-Mails auf dem Computer und drucken sie aus.

Lösungsbeispiel

Hi!
I hope you're OK.
Last week I was in *Berlin with my family.*
We stayed with *my aunt Merve.*
On the first day *we visited all the famous places like the Brandenburger Tor, Potsdamer Platz and Reichstag. I took lots of photos. We walked and went by bus or underground. In the evening we went to the cinema and saw a 3D-film – that was great!*
On the second day *I went with dad to the Classic Remise. There you can see lots of really old cars. The people there were very friendly and told us about their cars. Mum and Pinar went shopping in Friedrichstraße.* On the last day *we all went the zoo. That was nice too.*
See you soon! Emre

b) 👥 Partner check: Show your email to a partner ...

Die S korrigieren sich gegenseitig. Bei Unstimmigkeiten kann ein weiteres S-Paar hinzugezogen werden. Besteht weiterhin Unklarheit, wird L befragt.

Alternative

Die S führen die angemerkten Korrekturen am Computer aus und drucken die fehlerfreie Version aus. Die Arbeiten können im DOSSIER abgeheftet werden.

Lösung

individuelle Lösungen

5 An elephant's trip to London

Wortschatz

°rhyme

a) Copy and complete the rhyme.

Lösung

Elephant, elephant, where *did* you *go*?
I *went* to London two hours ago.
Elephant, elephant, what *did* you *see*?
I *saw* lots of people, but they *didn't like* me!
Elephant, elephant, what happened then?
I *asked* a young woman the way to Big Ben.
Elephant, elephant, then what *did* you *do*?
I *took* the wrong Tube and *arrived* back at the zoo.

b) 👥 Say the rhyme with a partner.

Alternative

Die S versuchen den Reim so gut wie möglich auswendig zu lernen, ggf. dürfen sie auch den Text ablesen. Beim Vortragen können die S den Reim rappen, die einzelnen Verse im Chor oder abwechselnd aufsagen oder eigene Vortragsvarianten wählen.

Country life

2

Storyline
Rob Black zieht aus London nach Mickleton in den *Cotswolds*, wo er sich zunächst nicht wohl fühlt, weil er das Landleben langweilig findet. Er lernt jedoch das Nachbarsmädchen Molly Taylor kennen, mit der er u. a. versucht, die Verursacher von illegal abgeladenem Müll zu stellen.

Sprachliche Mittel
Wortfelder: Leben auf dem Land • Leben in der Stadt • Umgangssprache/Jugendsprache • am Telefon • Bildbeschreibungen • Konjunktionen und Zeitangaben

Strukturen: *present perfect* • *adverbs* (lexikalisch)

Kommunikative Kompetenzen
Listening: eine Radiosendung verstehen • Hörtexte (Dialoge) mitlesen können • Aussagen zu einem Hörtext überprüfen können • eine Bildgeschichte verstehen und mitlesen können

Reading: Umgangssprache *(teenager talk)* erkennen • einen Zeitungsartikel verstehen • eine Geschichte verstehen • authentische Kurztexte verstehen

Speaking: ein Telefongespräch führen • ein Tier beschreiben • eine Geschichte nacherzählen und interpretieren • ein Bild beschreiben • einen *Short talk* halten • Umfragen durchführen • sagen, dass man etwas schon einmal oder noch nie gemacht hat

Writing: einen Text durch Konjunktionen und Zeitangaben verbessern • einen Kommentar verfassen • eine Umfrage schriftlich auswerten • eine Geschichte vervollständigen • schreiben, dass man etwas schon einmal oder noch nie gemacht hat

Viewing: einer Radtour folgen • einen Bauernhof in England besuchen

Mediation: Informationen auf Deutsch wiedergeben

Methodische Kompetenzen
Lernstrategien: Notizen vervollständigen • einen Kurzvortrag *(Short talk)* vorbereiten • sprachliche Regelmäßigkeiten entdecken • einem Filmclip Informationen entnehmen • Notizen machen • eine Umfrage vorbereiten • eigene Lernergebnisse am Ende der Unit einschätzen *(My learner log)* • einen Test eigenverantwortlich auswerten *(Stop! Check! Go!)*

Kooperative Lernformen: PA • *Partner talk* • *Role-play* • *Milling-around activity* • *Partner check* • *Appointments*

Interkulturelle Kompetenzen
Cotswolds: Radtour durch *Chipping Campden* • Jugendsprache *(teenager talk)* • Landleben in GB

Dossier
Kommentar für ein Internet-Forum • *My learner log*

LEAD-IN

Inhalt
Reaktivierung und Einführung des Wortfeldes Leben auf dem Land • Radiointerview über das Leben auf dem Land • Kurzfilm: eine geführte Radtour durch die *Cotswolds (Cotswolds Cycle tours)*

Storyline
Die S lernen die vierzehnjährige Molly kennen, die auf einer Farm in der Nähe von Mickleton lebt, einem kleinen Ort in den *Cotswold Hills*, im Westen Englands. Molly spricht in einem Radiointerview über ihren Alltag.

S. 28–29

▶ 7

1 Young lives

Wortschatz
°radio • °she likes living in ...

Material
CD, OH-Folie (Klassensatz)

Einstieg
SB bleibt geschlossen. L malt skizzenhaft eine Landschaft mit Hügeln, einem Fluss und Bäumen an die Tafel.

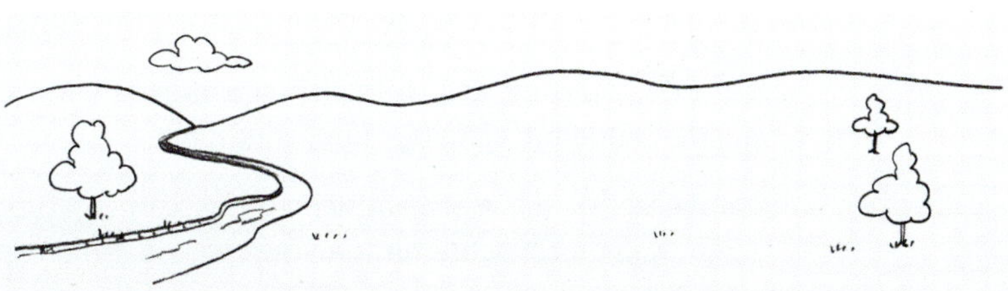

L: *What can you see in this picture?*
S: *I can see hills / a river / trees ...*
L: *And what's missing?*
S: *Maybe (some) cows/sheep/roads/houses/villages/people ...*

L zeichnet die genannten Dinge skizzenhaft. Ggf. können die jeweiligen Wörter dazugeschrieben werden.

Differenzierung — L ergänzt ein Strichmännchen auf der Tafelzeichnung (falls es nicht schon vorher im Unterrichtsgespräch eingezeichnet worden ist).

L: *What do you think: what does it feel like to be there?* (Zeigt dabei auf das Strichmännchen.)
S: *Maybe this person / she / he feels good/free/lonely/bored/happy ...*

L: *Open your books at page 28, please. Look at the pictures and the map on the left page and on the top of the right page. Can you find some of the things we have talked about? What else can you see?*
S: *I can see roads / houses / trees / sheep / a river ...*

Bei ihnen noch unbekannten Begriffen (z. B. *church*), können die S die deutschen Bezeichnungen nennen und entweder ein/e Mit-S oder L ergänzt die englische Übersetzung (Hinweis: auf Nachfrage kann L das englische Wort für Mähdrescher angeben: *harvester*).

a) Listen to the radio programme *Young Lives*. Pick the right answer.
Für die erste Teilaufgabe sollte das einmalige Hören ausreichen.

Differenzierung — Ggf. kann das Interview in einer sehr lernschwachen Gruppe an dieser Stelle ein zweites Mal gehört werden.

Lösung — ***1*** *B* • ***2*** *A*

b) Copy the notes. Then listen again and complete them with ...

Differenzierung — S, die besonders langsam schreiben, können eine Leerfolie auf das Buch zu legen und die Satzteile auf der Folie verbinden.

Lösung — ***1*** *B* • ***2*** *D* • ***3*** *F* • ***4*** *C* • ***5*** *A* • ***6*** *E*

c) Now check your notes with a partner.
Die S sollen beim ▸ Partner check vollständige Sätze bilden. Im Anschluss kann eine zusätzliche Kontrolle im Plenum erfolgen.

Lösung — Molly lives *on a farm.* • She goes *to school in Chipping Campden* • She goes *to school by bus.* • She goes *shopping in Stratford.* • *Her best friend's name is Alex.* • Her dog's name is *Missy.*

▸ DFF 2.5 ▸ INKL pp. 28–29

2 PEOPLE AND PLACES *Cotswolds Cycle Tours*

Wortschatz — **crossroads**, *pl* **crossroads** • **church** • **block of flats** • **high street** • **gate** • **wood** • **pub** • °route

Material — DVD

a) Look at these pictures. Which of the ten things can you see ...
Die Bilder im SB dienen der Vorentlastung des Films, der in *Exercise 2b)* präsentiert wird.

Zur Erleichterung des Unterrichtsgesprächs kann L die folgenden Redemittel an der Tafel vorgeben:

I can see ...
In the picture there is ...

Hinweise für die ▸ Semantisierung des Lernwortschatzes: L (oder S) kann Umschreibungen nutzen, z. B. für *crossroads*: *where (two) streets meet.*

Das gleiche Verfahren ist möglich für *block of flats (many flats in one house)* oder *high street (a street in the city centre with lots of shops)*.

O Differenzierung — Für lernschwächere S ist es ratsam, am Ende der Erarbeitung die zehn Begriffe zur Einprägung des Schriftbildes an die Tafel zu schreiben – dies können auch die S selbst übernehmen.

INFO-BOX **crossroads, *pl***

Das Nomen *crossroads* kann sowohl im Singular wie im Plural verwendet werden:
There's a crossroads down the road.
The two crossroads are very close to each other.

Lösungsbeispiel — *crossroads • a church • an old market • a high street • a gate • a wood • a hill • a farm*

b) Now watch the film. Which of the ten things was *not* in the film?

L klärt die ▶ Arbeitsanweisung und entscheidet, ob nur einige – z. B. lernschwächere – S die Liste mit den zehn Begriffen von der Tafel bzw. aus dem SB ins Heft abschreiben oder ob es sich für die gesamte Lerngruppe anbietet. So müssen die Wörter beim *Viewing* nur noch abgehakt werden.

L: *Let's watch a sightseeing tour by bike.*

Lösung — *a block of flats*

Zusatz — L kann die S im Anschluss fragen, ob sie die Radtour gerne selber mitmachen möchten (*Would you like to go on a tour like this? Why / Why not?*) oder was sie von Becky halten (*What do you think about Becky?*). Die spontanen Äußerungen werden im Plenum diskutiert.

c) Look at the map of Chipping Campden. Which route ...?

Lösung — *Becky took the blue route.* ▶ WB 1–2, p. 15 ▶ Folie 5 ▶ INKL p. 36/6

Zusatz — Die Karte auf SB-Seite 29 kann zur Wiederholung von Wegbeschreibungen verwendet werden. Dazu finden sich die S zu zweit zusammen (▶ Gruppenbildung).

L: *Look at the map. Start at the school. Ask your partner to tell you the way to Campden Wood (or Bantam Tea Rooms, Market Hall etc.). Then swap roles.*

L schreibt die Ziele an die Tafel; ebenso sprachliche Hilfen wie:

Partner A:	Partner B:
Excuse me please, can you tell me the way to ...	OK, no problem.
– the Bantam Tea Rooms	– Go straight down to ...
– the Market Hall	– Turn left/right into ...
– Campden Wood	– Cross the river
– ...	– Walk that way until you come to a crossroads

Zum Abschluss können freiwillige S-Paare ihre Wegbeschreibung im Plenum vortragen.

Variante: Möglich ist auch, die Wegbeschreibung als Rätsel durchzuführen. Dabei erstellen die S alleine oder in PA bzw. Kleingruppenarbeit (je nach Leistungsstärke der Lerngruppe) eine Wegbeschreibung (selbstgewähltes Ziel oder vom Lehrer per Los zugeteiltes). Die Beschreibung wird im Plenum oder einer anderen Gruppe gegenüber vorgetragen. Wer das richtige Ziel als Erstes herausfindet, bekommt einen Punkt für sich bzw. seine Gruppe.

THEME 1 A new life

Inhalt Telefongespräch • bildgestützter Hörtext • Wortfeld Jugendsprache • *present perfect* (lexikalisch)

Storyline Rob Blake, der vor kurzem aus London in die *Cotswolds* gezogen ist, beklagt sich am Telefon bei seinem Londoner Freund Alfie über das langweilige Leben auf dem Land. Alfie erfährt durch Nachfragen dann doch ein paar sehr positive Dinge über Robs neues Leben: Die Familie hat jetzt einen Hund, Wally, Robs Eltern haben Arbeit gefunden und sind glücklich und Rob deutet an, dass ihn ein Mädchen interessiert, das auf der benachbarten Farm lebt, mit dem er aber noch nicht gesprochen hat.

Als Rob an einem anderen Morgen mit Wally den *Heart of England Way* entlangläuft, trifft er zufällig eben dieses Mädchen: Molly. Sie ermahnt ihn, weil er den Hund nicht an der Leine hat und das Tor offen gelassen hat. Anschließend machen sie sich miteinander bekannt. Rob erzählt, dass er aus London ist und sich hier langweilt; Molly, dass sie 14 ist und auf der Farm schon Auto fahren darf.

S. 30–31

▸ 🎧 8

1 In the country

Wortschatz **You're joking! • joke • Come on!** • buy: we've **bought • CCTV (= close-circuit television) • business • start a business** • start: he has **started • Box "I've started"** (SB-Seite 155) **• van •** find: she has **found** • meet: she has **met • It sucks!** *(infml)* **• believe** • see: I've **seen** • speak: I've **spoken • not ... yet • What a pain!** *(infml)*

Material CD

Einstieg **SB bleibt geschlossen.** Hinführung zur Situation. Durch entsprechende Mimik zu begleiten.

L: *Imagine your friend who lives in a bigger city has to move to the country. She says to her parents: This can't be true. You're joking! I don't believe you! But her parents say: yes, it's true. We have found new jobs and we need the money, so we have to move. Then your friend might think: Oh no, that really sucks. I don't want to leave the city!*

L erfragt, ob jemand in der Klasse bereits persönliche Erfahrungen mit einem solchen Umzug gemacht hat oder jemanden kennt, dem es so ergangen ist:

L: *Have you moved to a different place? What was your reaction?*

Zur ▸ Semantisierung der neu eingeführten Begriffe kann z. B. *You're joking!* an die Tafel geschrieben werden und nachgefragt werden:

L: *Does your friend think it's funny to move?*
S: *No, he/she doesn't. He/She thinks it's terrible / it's stupid / it sucks.*

L klärt im Gespräch mit den S, dass diese *phrases* Beispiele von *teenager talk* sind.

L: *Let's see what Rob feels like when his family moves to (a village in) the Cotswolds. Open your books at page 30, please.*

a) ◎ Rob Blake is from London. He's new in the Cotswolds. One...
Der Text kann im ▸ Mitleseverfahren präsentiert werden.

◎ Differenzierung Sollten lernschwächere S Schwierigkeiten dabei haben, ihre Begründungen selbstständig zu formulieren, kann L den Dialog erneut mit verteilten Rollen lesen lassen und noch einmal nachhaken, was Rob stört bzw. was ihm auf dem Land gefällt.

Lösungsbeispiel *Rob isn't happy, because there is nothing to do in the Cotswolds. But he's also a little bit happy, because they have a dog now and because he has seen an interesting girl.*

b) Read the dialogue again and finish these sentences.
Die Kontrolle kann entweder durch Vorlesen der Sätze erfolgen (da die Aufgabe recht einfach ist) oder durch eine vorgeschaltete Partnerkontrolle (▶ Partner check) ergänzt oder ersetzt werden (d. h. dass nur Unklarheiten im Plenum erfragt werden).

Lösung
1 Alfie still lives in *London*.
2 Wally is Rob's new *dog*.
3 Rob's dad has a *CCTV* business.
4 Rob's village is really *small*.
5 Rob has seen a nice girl on *the school bus*.
6 Rob now has to *cut the grass* but he doesn't want to!

c) What's new for Rob and his family? Copy and complete the sentences.
Hinweis: Die S verwenden das *present perfect* an dieser Stelle nur rezeptiv, d. h. lediglich durch Nachahmung.

L sollte mit den S zunächst die inhaltliche Bedeutung der Begriffe im Reservoir klären, bevor sie die Aufgabe lösen.

Lösung
1 Rob's dad *has started* a new business and he *has bought* a new van.
2 Rob's mum *has found* a job at the post office and she *has met* nice people there.
3 Rob *has seen* a girl on the school bus, but he *hasn't spoken* to her yet.

More practice 1 p. 98 **WORDS Teen talk**

Wortschatz °piece • °youth club • °euro, *pl* euros • °half, *pl* halves • °a few • °swap

Material acht kleine Karteikarten für jede/n S, 16 Seiten (A4-Format), Magnete (o. Ä.)

a) Copy each phrase onto a piece of card. Pick the correct ...
L verteilt je acht Karteikarten an jede/n S. Werden in der Klasse Vokabelboxen geführt, so sollten die Karteikarten eine passende Größe haben, damit sie später dazu geordnet werden können.

Zur Kontrolle können die *phrases* und ihre deutschen Entsprechungen (s. Reservoir) in zwei Spalten an die Tafel geschrieben werden. Die S verbinden die korrekten Paare.

Alternative Um Zeit zu sparen, können die 16 Sätze, von freiwilligen S auf A4-Blätter geschrieben, ungeordnet mit Magneten an die Tafel gehängt und von den S dort sortiert werden.

Lösung
All's good. – *Alles ist gut.*
Cool! – *Cool!*
That's good. – *Das ist gut.*
It sucks! – *Das nervt!*
Oh, come on! – *Na, komm schon!*
You're joking! – *Spitzenwitz!*
Sounds good.– *Klingt gut.*
What a pain! – *Voll blöd!*

b) Pick good answers from your cards for these sentences.
Zur Kontrolle: L schreibt die Sätze aus dem SB an die Tafel und die S heften ihre Antworten (Karteikarten) daneben.

Hinweis: Es sind oftmals mehrere richtige Antworten möglich.

Lösungsbeispiel *1 Cool! / Sounds good. / That's good.* • *2 Cool! / It sucks! / All's good.* • *3 You're joking. / What a pain! / Sounds good.* • *4 Cool. / It sucks!* • *5 You're joking.*

c) 👥 **Walk around**
L teilt die Gruppe in *Partner A* und *B* ein (▸ Gruppenbildung) und klärt die ▸ Arbeitsanweisung, damit sich die S mit dem Ablauf dieser ▸ Milling-around activity vertraut machen können.

L: *Partners A please take your books, partners B take your cards.*

Lösung individuelle Lösungen

▸ INKL p. 30

▸ 🎧 9

2 This isn't a park

Wortschatz **close • take it easy!** *(infml)* • °choose

Material CD, Kopien des Hörtextes, OH-Folie, KV 6 (Teil 1), ggf. Karteikarten oder A4-Blätter

Einstieg L: *Do you think Rob is going to talk to the girl on the school bus? What else could happen? Have a look at the pictures on page 31 and guess.*
S: *Roy is talking to her / a girl. She looks angry. Maybe the dog ate the rabbit. Or something happened to the sheep.*

a) ◯ **Look at the pictures. Then listen to part 1 of the story and ...**

◯ Differenzierung Das Hören kann für lernschwächere S wiederholt werden.

Lösung *C • E • A • B • D*

▸ 🎧 10 **b) Now listen to part 1 and part 2 of the story. Choose the ...**
Als Hilfestellung kann L die Sätze gemeinsam mit den S durchgehen und die Varianten probieren, bevor die Lösung für alle festgehalten wird (z. B. an der Tafel).

◯ Differenzierung L kann den Hörtext als Kopie an einzelne, lernschwächere S austeilen (▸ Mitleseverfahren). Sollte die gesamte Lerngruppe lernschwach sein, kann der Text auch auf OH-Folie projiziert werden.

Lösung ***1*** *C* • ***2*** *D* • ***3*** *B* • ***4*** *A* • ***5*** *A* • ***6*** *C*

c) Who asks these questions – Rob or Molly? Listen to part 2 ...
👥 Die Überprüfung der Antworten von Part 2 des Hörtextes können die S auch in PA durchführen (▸ Partner check).

Lösung ***1*** *Rob* • ***2*** *Rob* • ***3*** *Rob* • ***4*** *Molly* • ***5*** *Molly*

d) ◉ **Find the right answers for the five questions in c). Say more than one word.**
More help p. 99 **Find the right answers for the five questions. Be ...**
S, die Hilfe benötigen, finden die richtigen Antworten mithilfe der More help-Zuordnungsaufgabe auf SB-Seite 99.
Bei der Kontrolle im Plenum sollten sowohl S, die die Unterstützung gewählt haben, als auch solche, die die Aufgabe alleine gelöst haben, ihre Antworten vortragen.

Lösung/Lösungsbeispiel ***1*** *Yes, it is.* • ***2*** *I'm 14.* • ***3*** *Yes, I can.* • ***4*** *I'm from London.* • ***5*** *No, not really.*

▸ WB 3–4, p. 16 ▸ INKL p. 31

Zusatz 👥 L kann das erneute Wiedersehen von Rob und Molly im Schulbus, das auf SB-Seite 31 angesprochen wird, zum Anlass nehmen, mit den S (in PA) einen Dialog zu entwerfen, der zu einer Verabredung der beiden führt. Teil 1 von ▸ KV 6: Molly and Rob bietet einen Lückentext als Vorlage. L oder die S selbst entscheiden, welchen Grad an Hilfestellung sie brauchen. Sollte es besonders lernstarke S geben, können diese einen Dialog ganz ohne Hilfestellung entwerfen (d. h. ohne KV). Diese S benötigen Karteikarten oder A4-Blätter als ▸ Prompt cards.

Die Dialoge können im Anschluss im Plenum vorgespielt werden. Sollte genügend Zeit vorhanden sein, können alle S-Paare ihre Dialoge vorspielen (z. B. indem sich alle Paare in einem großen Kreis im Klassenraum aufstellen und immer das Paar spielt, das vor der Tafel steht. Im Anschluss wird im Uhrzeigersinn aufgerückt).

THEME 2 Molly and the sheep

Inhalt Zeitungsartikel (Bericht) • Bericht erstatten *(Role-play)* • Telefongespräch • regelmäßige und unregelmäßige Adverbien (lexikalisch, z.T. Wiederholung)

Storyline In der Lokalzeitung steht ein Artikel über Molly, da sie mutig drei Schafe aus dem Fluss gerettet hat. Die Polizei nimmt das Ereignis zum Anlass, die Anwohner um Hilfe zu bitten, da freilaufende Hunde Weideschafen gefährlich werden können. Rob möchte Molly gratulieren und hinterlässt deshalb am Telefon eine Nachricht für sie.

S. 32–33

1 Molly is in the newspaper

Wortschatz °headline • **save** • **brave** • **calm** • **deep** • **heavy** • work **hard** • **father** • speak: he **spoke** • **daughter** • have: we've **had** • **accident** • **police officer** • **behave** dangerously • **farmer** • °action • **describe**

Material OH-Folie

Einstieg **SB bleibt geschlossen.** L führt in das Thema der Stunde ein und berichtet über einen (fiktiven) Radio- oder Zeitungbericht:

L: *Listen everyone: This morning I heard about a really brave boy. Guess what he did? He saved three kittens (baby cats). The kittens were out in the fields with their mum but they weren't careful – they'd fallen into a small river. The water wasn't deep but kittens can't swim and their mum couldn't help them. But the boy was there! He calmly walked into the water to help the kittens. He had to work really hard because the kittens were so wild and scared. But he was lucky and got them all out of the water. That was really brave!*

L klärt ggf. Verständnisfragen und klärt die Bedeutung des neu eingeführten Vokabulars.

L: *Let's find out about a brave girl. Open your books at page 32, please.*

a) Before you read: Look at the photo and the headline. Who ...
Weisen die S nicht selbst auf die Schlagzeile *Well done Molly!* hin, sollte L das tun, damit das Wort *headline* semantisiert wird.

Lösungsbeispiel *It's about Molly and her sheep. I think it's a happy story because it says "Well done Molly" and because she looks happy in the picture.*

b) Who was it? Match the people and animals (1–3) with ...
Nach dem Lesen im Plenum und Klären möglicher Verständnis- bzw. Vokabelfragen bearbeiten die S in EA oder PA die Aufgabe.

Hinweis: Zum ersten Satz (*Molly Taylor* ...) passen insgesamt drei Teilsätze aus dem Reservoir.

Mithilfe dieser Aufgabe können die Adverbien (regelmäßige auf *-ly* und unregelmäßige wie *hard, well*) kontextgebunden wiederholt bzw. neu eingeführt werden. Zur Vertiefung kann L mit den S das *Language file 9* auf SB-Seite 144 durcharbeiten.

Lösung

1 Molly Taylor *quickly phoned home / did well / worked hard.*
2 Molly's dad *spoke proudly about his daughter.*
3 Dogs *behave dangerously.*

Zusatz

Zur Vertiefung kann L im Anschluss den Gebrauch der Adverbien üben. Dazu bieten sich z. B. die Beispielsätze aus dem *Language file 9* (SB-Seite 144) an. L legt eine vorbereitete OH-Folie auf oder schreibt die Sätze mit Lücken für die Adverbien an die Tafel (ggf. mit Reservoir):

Don't walk so ...! She spoke ... and ... Drive ...	calmly • carefully • clearly • slowly

Die Sätze werden im Plenum ergänzt.

Auch die übrigen schon bekannten Adverbien können in diesem Zusammenhang wiederholt werden. Dazu kann L die im *Language file 9* gelisteten Adverbien (oder andere den S bekannte) in einem Lückentext präsentieren (z. B. als HA, als GA oder zum ▸ Binnendifferenzierten Arbeiten):

Betty and Samira saw the old man ... (clear). He looked ... (nervous) from left to right. The road in front of him was full of cars. The man couldn't walk ... (quick) across the road. The girls came nearer. "Hello, Sir, can we help you?" they asked ... (nice). The old man said, "Yes, please, that's very kind of you. Those cars won't stop long enough for me." He looked ... (angry) at the cars. So Samira and Betty helped the old man ... (careful) across the road.

More practice 2 p. 99 **The story**

Material

KV 6 (Teil 2) bzw. leere/vorbereitete Textstreifen (neun pro S/Kleingruppe), OH-Folie

Eine zusätzliche Aufgabe für alle S, um das Textverständnis zu sichern und die im Text vorgekommenen Adverbien kontextgebunden zu festigen. L kann die Klasse in Kleingruppen (▸ Gruppenbildung) einteilen, die einen oder mehrere Teile der Aufgabe gemeinsam bearbeiten.

a) What are the missing words in sentences 1–9?

○ / ● Differenzierung

In lernschwächeren Gruppen kann L zur Unterstützung und Vorentlastung von Teilaufgabe c) pro S/Kleingruppe neun Textstreifen mit jeweils einem der Lückensätze austeilen oder die vorbereitete ▸ KV 6: Molly and Rob (Teil 2) einsetzen. Lernstärkere S erhalten Blankostreifen und schreiben die Lösungssätze vollständig auf. Dieser Schritt kann auch als vorbereitende HA erfolgen.

Lösung

1 daughter • 2 father • 3 Police officer Butler • 4 calmly • 5 hard • 6 proudly – well • 7 brave • 8 deep – dangerous • 9 heavy – wet

b) Now look back at page 32 and check your answers.
Zur Kontrolle sollten die vollständigen Sätze zum Schluss noch einmal im Plenum vorgelesen werden, wobei gleichzeitig die Aussprache der neuen Wörter (s. *Exercise 1*) geübt wird.

Lösung

1 Molly, the *daughter* of farmer John Taylor, saved three sheep.
2 John Taylor, Molly's *father,* was proud of her.
3 *Police officer Butler* spoke to the newspaper.
4 She walked *calmly* into the water.
5 She worked *hard.*
6 Her father spoke *proudly* and said Molly did *well.*

7 Molly was *brave* when she walked into the water.
8 The water wasn't too *deep* or *dangerous* for Molly.
9 The sheep were *heavy* because they were *wet*.

c) Look again at your sentences and tell a partner the story of Molly and the sheep:
Die S-Paare wechseln sich ab. Je nach Leistungsstärke der Lerngruppe benötigen die S unterschiedlich viel Zeit bei der Vorbereitung für die Nacherzählung.

Hinweis: Die S müssen sich zunächst Gedanken über die Reihenfolge der Sätze aus Teilaufgabe a) machen. Dabei können die Satzstreifen erneut eingesetzt werden. In EA oder PA legen sich die S die Satzstreifen zunächst in der richtigen Reihenfolge hin, bevor sie ihren ▸ Short talk halten. Nicht alle Sätze müssen verwendet werden.

Lösungsbeispiel Molly, the daughter of farmer John Taylor, saved three sheep. She walked *calmly into the water. The water wasn't too deep or dangerous for Molly. She worked hard. The sheep were heavy because they were wet. John Taylor, Molly's father, was proud of her. Police officer Butler spoke to the newspaper. Molly was brave when she walked into the water.*

More practice 3 p. 100 **NOW YOU**

What can *you* do well? Write as many sentences as you can.
Eine Schreibaufgabe für lernstärkere S zur Festigung des Gebrauchs von *well*.

Zur (mündlichen) Vorbereitung bietet es sich an, zunächst Vokabelkenntnisse zu Hobbys und Schulfächern o.Ä. zu wiederholen. Durch ein Brainstorming als Einstieg (TA: *I can … well*) sammeln die S im Plenum eine Reihe von Beispielen, die L oder ein/e freiwillige S ungeordnet an der Tafel sammelt. Die Themengebiete sollten möglichst wenig eingeengt werden (wie z.B. *I can write well*), um allen S die Möglichkeit zu geben, etwas beizutragen.

Die Aufgabe kann auch als HA durchgeführt werden. Mögliche Korrektur im ▸ Partner check, bevor freiwillige S ihre Sätze im Plenum vorlesen.

Lösungsbeispiel individuelle Lösungen

---

c) You saw dogs in the fields near Mickleton! Pick dog A or B. Then tell …
Die Partner/innen wechseln sich ab. Abschließend werden einige Dialoge im Plenum vorgeführt.

Differenzierung L gibt zusätzlich Redemittel für die Antworten an der Tafel bzw. per OH-Folie vor:

My name is …
Yes, it's …
My address is …
Yes. The dog was … It had …

Lösungsbeispiel

Police: What's your name?
You: *My name is Amanda Schmidt.*
Police: Can you spell that, please?
You: *Yes, it's A-M-A-N-D-A-S-C-H-M-I-D-T.*
Police: What's your address in Germany?
You: *My address is Hauptstraße 5 in 12345 Berlin.*
Police: Thanks. Can you describe the dog, please?
You: Yes. The dog was *black and white / brown and black*. It had *long legs, a long tail and short white ears / long black ears, short legs and a very short tail.*

▸ WB 5–6, p. 17 ▸ Folie 6 ▸ DFF 2.6 ▸ INKL p. 32

Zusatz Die S können den Dialog weiterführen und erweitern und z.B. das Ende des Telefongesprächs (Dank der Polizei für die Information und Verabschiedung am Telefon) ergänzen. Geeignet für *fast finishers* bzw. als HA für alle. Die erweiterten Dialoge können von freiwilligen S-Paaren im Plenum präsentiert werden.

▶ 🎧 11

2 Can I take a message?

Wortschatz **message** • **take a message** • **Is that** the Taylors? • **Who's speaking**? • **This is** Rob Blake. • **right now** • °notepad

Material Zeitung, ggf. Mobiltelefon, CD

Einstieg **SB bleibt geschlossen.** L kann, um an die vorangegangene Stunde anzuknüpfen, die Situation pantomimisch nacherzählen: Eine Zeitung hervornehmen, kurz hineinschauen, einen Artikel lesen und sich darüber freuen. L greift anschließend (gespielt) zum Telefon und tut, so als würde sie jemanden anrufen, um ihr/ihm von dem Ereignis in der Zeitung zu berichten.

L lässt die S kommentieren, was sie gesehen/verstanden haben:

L: *What happened just now? Describe what I just did.*
S: *You read about something nice/great in a newspaper. You want to ring a friend and tell him/her about it ...*
L: *Now open your books at page 33, please, and listen to Rob.*

a) Read and listen to the dialogue. Can he speak to her?
▶ Mitleseverfahren

● Differenzierung Lernstärkere S können den Text auch bei geschlossenem Buch hören.

Lösung *No, he can't.*

b) Listen again. Then copy and complete the Taylors' notepad.
Beim zweiten Hören sind die SB geöffnet.
Hinweis: Da auch bei *Exercise 3* ein *notepad* verwendet wird, ist es sinnvoll, ein (über)großes *notepad* an die Tafel zu malen und die Lösung dort exemplarisch aufzuschreiben.

○ Differenzierung Falls die S mit dem Notieren von Robs Nachricht Schwierigkeiten haben, kann L folgende Hilfen an die Tafel schreiben:

Rob asked if ...
He wanted to say "...".

Lösungsbeispiel

Messages

Who phoned?	*Rob Blake*
Wanted to speak to:	*Molly*
Message:	*(Rob) asked if Molly is OK.*
	(He) wanted to say "Well done".

3 ROLE-PLAY Talking on the phone

Wortschatz °host

Material Mobiltelefon, *prompt cards* (A5-Karteikarten, bei Bedarf in Klassenstärke)

Einstieg **SB bleibt geschlossen.** Ein Einstieg ist nicht unbedingt erforderlich, sofern das Rollenspiel (▶ Role-play) direkt an die vorangegangene Übung anschließt. Sollten die beiden Übungen nicht in einer Stunde bearbeitet werden, könnte L ein Mobiltelefon hochhalten, um an die vorherige Übung zu erinnern und überzuleiten.

L: *Now, we're going to practice talking on the phone. Please open your books at page 33.*

a) How can you say these things in English on the phone? Write ...

Alternative

👥 Die Aufgabe kann auch in PA bearbeitet werden. Die S-Paare teilen sich die Sätze untereinander auf (*Partner A* die geraden, *Partner B* die ungeraden Sätze) und schreiben die Übersetzungen in ihre Hefte. Im ▸ Partner check überprüfen sie ihre Sätze. Freiwillige S-Paare präsentieren ihre Lösung als Dialog im Plenum.
Hinweis: Bevor die S den Dialog vortragen, müssen sie klären, wer Anrufer und wer Empfänger ist und wer welchen Satz spricht.

Lösungsbeispiel

1 *Hello. Who's speaking?*
2 *This is ...*
3 *Can I talk to Adam, please?*
4 *Adam/He can't come to the phone right now.*
5 *Can I take a message?*
6 *I'll give him your/the message.*

b) 👥 Partner B: Go to page 90. You are the babysitter for the Smiths ...
Partner A: You're in England. You phone your host mother ...

Hinweis: Das ▸ Role-play besteht aus zwei Teilen. Die S wechseln in Teilaufgabe c) ihre Rollen und bleiben auf den zugewiesenen Seiten (*Partner A:* SB-Seite 33, *Partner B:* SB-Seite 90). Daher sollte L genügend Zeit für das ▸ Klären der Arbeitsanweisung einplanen und den S Zeit zur Vorbereitung auf die jeweils neuen Rollen geben. Nach Teilaufgabe b) gibt es eine Pause und L kündigt den Rollenwechsel etc. an.

Die Partner/innen bereiten sich zunächst alleine auf das Rollenspiel vor und nutzen dafür die Redemittel aus dem SB.

○ / ● Differenzierung

Lernschwächere S notieren sich ggf. Hilfen/*phrases* auf ▸ Prompt cards. Lernstärkere S sprechen/spielen den Dialog möglichst ohne Aufzeichnungen. Alle S sollten genügend Zeit zum Üben ihrer Sätze bekommen.

Die S-Paare können ihre Dialoge auf ein Smartphone aufzeichnen, um so Motivation und Kontrolle zu verbinden.

Wenn dieser Dialog benotet werden soll, wäre es sinnvoll, dies bereits bei Aufgabenstellung anzukündigen. Das Verfahren muss den S klar sein, z. B. ob der Dialog vor der gesamten Lerngruppe oder lediglich vor L vorgetragen wird; u. U. könnte L auch die Smartphone-Aufnahme bewerten.

Lösungsbeispiel

Partner A: Hello. This is *Paul Mayer.* Can I *talk* to Mrs Smith, please?
Partner B: *(I'm sorry, Paul,) Mrs Smith can't answer the phone right now. Can I take a message?*
Partner A: *(Yes, please.)* I won't *be home* at 4 o' clock. I'm going *(to go) on a* trip. I'll be *back* at 8 o'clock.
Partner B: *OK, thank you. (I got that.) Goodbye.*
Partner A: Thank *you. (Goodbye.)*

Messages (Partner B)

Who phoned? *Paul Mayer*

Wanted to speak to: *Mrs Smith*

Message: *Paul won't be home at 4 pm. He's going on a trip. He'll be back at 8 pm.*

c) **Partner A: Copy the notepad. Then swap roles. Now you're the babysitter ...**
Partner B: Swap roles. You are staying in England with ...
S. Hinweise zu Teilaufgabe b).

Am Ende überprüfen die S ihre *notes* im ▸ Partner check.

Lösungsbeispiel

Partner B: Hello. This is *Chloe Bauer*. Can I *talk to* Mr Smith, please?
Partner A: *(Hi, Chloe. I'm sorry), but Mr Smith can't come to the phone right now. Can I take a message?*
Partner B: *(Yes, please.)* I'll be *outside school* at 6 o'clock. Can Mr Smith *meet* me there *(at the big gate)*, please?
Partner A: *OK, thank you. (I got that.) Goodbye.*
Partner B: *Thank you and* goodbye.

Messages (Partner A)

Who phoned? *Chloe Bauer*

Wanted to speak to: *Mr Smith*

Message: *Chloe will be outside school at 6 o'clock.*
Can you meet her there (at the big gate)?

▸ WB 7, p. 18 ▸ DFF 2.3 ▸ INKL p. 33

STORY The country detectives

Inhalt Geschichte (bildgestützt) • Ereignisse berichten

Storyline Mollys Vater liegt krank im Bett und so bittet Molly Rob, ihr beim Umsetzen der Schafe auf eine andere Weide zu helfen. Dort entdeckt Robs Hund Wally illegal abgeladenen Müll in den Büschen. Rob schlägt vor, dass sein Vater Überwachungskameras auf der Farm installiert. Durch die Kameras entdecken Molly und er am Abend einen Fuchs, der gerade ein Huhn auf der Farm gerissen hat. Als die beiden den Fuchs verjagen wollen, bemerken sie ein unbekanntes Auto, dem Molly mit ihrem Auto heimlich die Abfahrt von der Farm blockiert. Später klingelt die Polizei bei den Taylors, weil es ein (ziviler) Polizeiwagen war, den Molly am Wegfahren gehindert hat. Es stellt sich heraus, dass auch die Polizei den Leuten auf der Spur ist, die illegal immer wieder Müll auf dem Gelände hinterlassen.

S. 34–35

▸ 12

1 I need help

Material *Right/wrong cards* (Klassensatz)

Einstieg **SB bleibt geschlossen.** L schreibt *Rob* und *Molly* an die Tafel und fordert die S dazu auf, zu spekulieren, wie es weitergeht:

L: *What do you think is going to happen with Rob and Molly? Do you think there will be a love story or a detective story?*

Alternative Haben die S ▸ Right/wrong-cards, kann L diese hier einsetzen und herausfinden, wofür sich die Mehrheit in der Klasse entscheidet.

Andere oder weitergehende Ideen der S sollten auch auf Deutsch akzeptiert werden und u. U. gemeinsam übersetzt werden.

L: *Let's see what happens to Rob and Molly. Open your books at page 34, please.*

Listen to the phone call. Are these sentences true or false?
Es ist für das bessere Verständnis sinnvoll, die beiden falschen Sätze korrigieren zu lassen (s. Lösungen in blau)

Lösung

1 *true*
2 *false (Molly's dad isn't feeling well. He's in bed.)*
3 *true*
4 *false (Rob is happy, because he likes Molly. / because he can help Molly.)*

▶ 🎧 13

The country detectives

Wortschatz

across the fields • **smile** • **bush** • **suddenly** • **nose** • **full (of ...)** • **catch**, **caught**, **caught** • **light** • ***monitor*** • **office** • **fox** • **mouth** • **quiet** • **park** (a car) • **write down**, **wrote**, **written** • **mother** • people **who** leave rubbish • **article** • put: he has **put**

Material

CD, OH-Folie (Bilder zur Story)

Einstieg

Wird die Story direkt im Anschluss an den Hörtext bearbeitet, sollte L noch einmal auf die in *Exercise 1* geäußerten Vermutungen bezüglich *love story* oder *detective story* zurückkommen.

L: *What do think now? Is it (going to be) a love story or a detective story?*
S: *I still think it's (going to be) a love story. / I'm sure it's going to be a detective story. / ...*

Von einer semantischen Vorentlastung (▶ Semantisierung) sollte L dieser Stelle eher absehen, um die ▶ Worterschließungstechniken beim bzw. im Anschluss ans Lesen zu fördern. Lediglich *suddenly* könnte vorgegeben werden, da es mehrfach vorkommt (auch in den anschließenden Übungen) und nicht direkt abgeleitet werden kann.
Zum Beispiel könnte L das Wetter des Tages zum Anlass nehmen: *It's sunny now. But it can change really suddenly and start raining.*
Die fünf Bilder in den fünf Abschnitten der Story (SB-Seite 34–35) können genutzt werden, um die Story inhaltlich vorzuentlasten. Falls die S damit vertraut sind, können sie W-Fragen zu jedem Bild beantworten (hier: *who* und *what*) und versuchen, einen Zusammenhang zwischen den Bildern herzustellen.

Alternative

SB bleibt geschlossen. L präsentiert die fünf Bilder von SB-Seite 34–35 zum Einstieg auf einer OH-Folie. Weiteres Vorgehen wie oben.

L hält die Vermutungen zu den Bildern an der Tafel fest (s. TA), damit sie im Anschluss an den ersten Lesedurchgang von den S ergänzt bzw. korrigiert werden können (am besten durch andersfarbige Kreide). Das Globalverstehen kann auf diese Weise ebenfalls gesichert werden.

picture	who?	what?
1	– Rob and Molly, – two dogs (Wally and Missy) – sheep	– sheep are going through a gate
2	– Wally (a dog)	– Wally / the dog finds rubbish (bags)
3	– Rob and Molly	– they can see a fox with a chicken (on a CCTV monitor)
4	– Rob	– he's hiding – he's watching a car
5	– two police officers – a woman (Molly's mum)	– they're talking at the (front) door

Der Text wird im ▸ Mitleseverfahren erschlossen. Dabei kann L den Text zunächst ganz vorspielen und dabei mitlesen lassen (bietet sich an aufgrund der Spannung).

[O] Differenzierung In lernschwächeren Klassen hält L nach jedem Abschnitt an und gleicht den Text mit den vorher gesammelten Vermutungen Bild für Bild ab.

Der Text sollte mehrfach gehört werden. Eine (Vor-)Leseübung schließt sich an. Diese kann in GA oder PA durchgeführt werden. L kann den S die Möglichkeit geben, sich gegenseitig beim Vorlesen aufzunehmen (mithilfe von Smartphone/Mobiltelfon). L achtet auf die korrekte Aussprache. U. U. liest ein/e Freiwillige/r vor der gesamten Lerngruppe vor.

Anschließend werden die zusätzlichen Texte (Zeitungsausschnitt und *chatroom dialogue*) gemeinsam (vor)gelesen. ▸ Folie 8

Zusatz L kann die beiden Texte am Ende der Story dazu nutzen, die Eindrücke der S zur Handlung noch einmal zu fokussieren. Beim Zeitungsausschnitt können sie z. B. den letzten Satz vollenden *(... police)* und evtl. eine Begründung formulieren *(... they should phone the police. Because the situation might be dangerous.)*.

Beim *chatroom dialogue* können die S ihre Ideen zu dem *"well ..."* von Rob äußern:

L: *What do you think Rob means when he says "well"?*
S: *I think he loves Molly. / I think, he really likes her.*

Außerdem könnte L als zusätzliche Perspektive ein fiktives Gespräch von Molly mit ihrer Mutter einleiten, in dem sie sich über die Aktion unterhalten. Die S bereiten das Gespräch in PA vor. Freiwillige S führen es vor der Klasse vor, andere geben es schriftlich ab.

L: *Imagine you are Molly's mum and you want to find out what happened to Molly and Rob in the night.*

2 [O] You're a reporter! [//● p.100]

[O] Put sentences A–H in the right order and tell the story for a newspaper.
[//● p.100] a) Finish the sentences with the right words.
[//● p.100] b) Now put sentences A–H in the right order and tell the story for ...

Eine Parallelaufgabe zum Üben der Berichtsform. Die lernschwächeren S setzen die vorgegebenen Sätze in die richtige Reihenfolge und berichten einem Partner / einer Partnerin von dem Ereignis (▸ Partner talk).

Die lernstärkeren S bearbeiten auf SB-Seite 100 zunächst Teilaufgabe a) und beenden die Sätze mit den richtigen Wörtern aus dem Reservoir. In Teilaufgabe b) bringen sie die Sätze anschließend in die richtige Reihenfolge. Die S überprüfen sich im ▸ Partner check. L setzt dafür den situativen Rahmen und führt folgendermaßen ein:

L: *Your partner is a reporter from the newspaper and you tell him/her about what happened at the Taylor's (last night).*

Lösung [//● p.100] **a)** ***A*** *dog* • ***B*** *Rob* • ***C*** *home* • ***D*** *idea* • ***E*** *car* • ***F*** *night* • ***G*** *farm* • ***H*** *rubbish*
[O] und [//● p.100] **b)** *B • A • H • G • F • E • C • D*

More practice 4 p. 100 Who was it?

Material KV 7

Eine zusätzliche Schreibaufgabe für alle S, um das Textverständnis zu festigen. Die Aufgabe kann auch als nachbereitende HA durchgeführt werden.

a) Copy the sentences and write the missing name(s).

Lösung

1 *Molly's dad* wasn't well and had to stay in bed.
2 *Rob* and *Wally* ran along the track to Molly's farm.
3 The sheep ran into the next field and *Molly* and *Missy* came behind them.
4 *Rob's dad* and *Rob* put up CCTV cameras on the Taylors' farm.
5 *Rob* and *Molly* saw the fox.
6 *The fox* had a chicken in its mouth.
7 Much later *Molly's mum* went to the door.
8 Two *police officers* spoke with her.
9 The *police officers* couldn't go home because *Molly's* car was at the end of the track.

b) Look back at the story and check your answers.
Die S können Antworten in EA oder PA überprüfen.

Lösung individuelle Lösungen

Zusatz Zur Wiederholung oder als HA kann L die ▸ KV 7: The country detectives einsetzen. Hinweis: Die KV 7 kann auch als Differenzierung für lernschwächere S bei More practice 5 p. 101 eingesetzt werden (s. u.).

---

3 NOW YOU What do *you* think

Einstieg **SB bleibt geschlossen.** Stummer Impuls: L schreibt *Molly* und *Rob* an die Tafel mit einer Lücke zwischen den Namen. In diese Lücke malt sie einen Blitz für Streit. Wenn die S mit *no!* reagieren, ergänzt sie ein Herz mit einem Fragezeichen.

Hier kann an die für *Exercise 1* (SB-Seite 34) gesammelten Vermutungen angeknüpft werden, da es erneut um eine Einschätzung des Verhältnisses von Rob und Molly geht.

Dann leitet L zur Aufgabe über:

L: *Let's find out what you think about Molly and Rob. Open your books at page 35, please.*

a) Read the sentences. Pick A or B, or write your own idea C.

Lösung individuelle Lösungen

b) Compare with other students in your class. Did you have the same answers?
Die Auswertung kann in einer ▸ Milling-around activity (z. B. ▸ Market-place activity) stattfinden. Die S können sich so (ggf. auch auf Deutsch) über ihre Eindrücke zur Geschichte austauschen. Neben vielen ähnlichen Antworten wird es auch individuelle, unterschiedliche Antworten geben, die die S auf Nachfrage begründen können.

Lösung individuelle Lösungen

More practice 5 p. 101 ● An exciting night!

Wortschatz °diary

Material KV 7

Einstieg **SB bleibt geschlossen.** L stimmt zunächst auf die Situation ein. Die Bedeutung von *diary* sollte L vorab klären, damit allen S klar ist, um welche Textform es sich handelt.

L: *What do you do after an exciting day or night?*
S: *I tell my friend(s) about it. / I call my friend/mom/dad/grandma ... / I write about it into my diary / blog ...*

L: *Rob and Molly both have a diary where they write down what happens. (A diary is a book in which you write things that happened to you during the day ...) Open your books at page 101, please.*

Imagine that you're Rob or Molly. Write your diary about the night ...
Diese Schreibaufgabe eignet sich als HA vor allem für lernstärkere S.

O Differenzierung — Lernschwächere S können die ▶ KV 7: The country detectives als Schreibaufgabe bzw. schriftliche HA bearbeiten.

Lösungsbeispiel

Rob's story

Saturday night was very exciting! I watched a DVD with Molly and then we checked the CCTV monitor. Suddenly we saw *a fox*. We ran to the chickens and suddenly we saw *car lights*. Molly parked the car at the end of *the track, in front of the gate*, so the big black car couldn't *drive away*. I wrote down *the number*. Then I went back to *the farm* and waited for Molly. Later two *police officers* came to the door. They spoke with *Molly's mum*. They couldn't go home because *of Molly's car*.

Molly's story

Saturday night was very exciting! I watched a DVD with Rob and then we checked the CCTV monitor. Suddenly we saw *a fox*. We ran to the chickens and suddenly we saw *car lights*. I parked the car at the end of *the track, in front of the gate*, so the big black car couldn't *drive away*. Rob wrote down *the number*. Then Rob went back to *the farm* and waited for me. Later two *police officers* came to the door. They spoke with *my mum*. They couldn't go home because *of my/the car*.

▶ WB 8, p. 19 ▶ Folie 8 ▶ INKL pp. 37–39

SKILLS TRAINING Speaking

Inhalt — Reaktivierung und Erweiterung von Wortschatz zum Thema Leben auf dem Land / Leben in der Stadt • Reaktivierung und Erweiterung von Wortschatz zum Thema Bildbeschreibung • Bildbeschreibungen schriftlich vorbereiten *(Note-making)* • kurze Präsentation vorbereiten und halten *(Short talk)*

S. 36

Talking about a picture

1 In the town or in the country?

Wortschatz — **foreground • background • horse** • °general • °comment • °prepare (for)

Material — A4-Blatt (Klassensatz), *prompt cards* (Klassensatz), OH-Folie

Einstieg — **SB bleibt geschlossen.** L leitet eine einfache Zeichnung an, bei der die S zeichnen sollen, was L ihnen erzählt. Die S können sich so an die bereits bekannten Begriffe *on the right* und *on the left* erinnern. Bei den neuen Begriffen *in the foreground* und *in the background* zeigt die L durch Gesten, dass etwas vorne bzw. hinten positioniert ist. Im Anschluss malt die L kurz die fünf beschriebenen Dinge, wie vorher erzählt, an die Tafel und beschriftet sie, sodass die S jeweils einen korrekten Satz als Beispiel haben. Der Ball im Vordergrund sollte also vergleichsweise groß, die Sonne eher klein gezeichnet werden:

L: *Please, take out a piece of paper and draw what I tell you to draw. In the foreground of the picture, on the left, draw a flower.* (Pause lassen zum Zeichnen) *And now on the right draw a person. In the middle draw a ball.* (Pause) *Let's go to the background of the picture – draw a sun there, on the left and a tree, on the right. Let's see, if you got it right* (L zeichnet Lösung an die Tafel und beschriftet die Gegenstände). *What is it? Can you guess?*
S: *I think it's a park.*

◻ Differenzierung — In lernschwächeren Gruppen kann L noch einmal mit den S die einzelnen Sätze vorsprechen und ggf. weitere Gegenstände in *foreground* oder *background* der Zeichnung einzeichnen lassen. Freiwillige S dürfen an die Tafel.

L: *We are going to describe more pictures now. Please open your books at page 36.*

a) Pick a picture (A or B) and describe it. Make notes.
Die Teilaufgaben a)–c) bereiten die S schrittweise auf die Präsentation einer Bildbeschreibung als ▸ Short talk vor. Das ▸ Klären der Arbeitsanweisung ist daher zu Beginn der Erarbeitung sehr wichtig. Die S können die *Wordbank 2*, SB-Seite 147, zur Unterstützung heranziehen. *Skills file 9*, SB-Seite 135 enthält ausführliche Informationen zum Anfertigen von Bildbeschreibungen.

Die Auswertung erfolgt durch das Vorlesen der *notes* im Plenum, ggf. kann vorher ein ▸ Partner check stattfinden.

● Differenzierung — Bei lernstärkeren Gruppen kann die Auswertung auch erst in Teilaufgabe c) beim Austausch mit dem Partner / der Partnerin stattfinden.

Lösungsbeispiel

Picture A:
1 *This is in a town.*
2 *I can see a van in the background.*
3 *Some people are waiting for the bus.*
4 *I like life in town because you can meet all your friends.*

Picture B:
1 *This is in the country.*
2 *There are two men in the foreground.*
3 *The men are chatting together.*
4 *I don't like the country because it's boring.*

b) Use your notes and prepare a short talk about your picture ...
Die S werden unterschiedlich viel Unterstützung bei der Vorbereitung der *short talks* benötigen. L kann daran erinnern, dass die vier Gliederungspunkte aus Teilaufgabe a) den ▸ Short talk gliedern helfen. Der Tippzettel von Teilaufgabe c) kann hier schon vorbesprochen werden.

◻ Differenzierung — Der Einsatz von ▸ Prompt cards kann vor allem lernschwächeren S helfen (s. a. Einsatz der ▸ Read-and-look-up technique).

c) Now tell a partner about your picture.
In PA (▸ Gruppenbildung) sprechen sich die S abwechselnd ihre Bildbeschreibungen vor. Wer kann, möglichst auswendig. *Prompt cards* bzw. der Tippzettel aus dem SB helfen dabei. Freiwillige Paare führen ihre *short talks* im Plenum vor.

Lösung — individuelle Lösungen ▸ WB 9–10, pp. 20–21 ▸ DFF 2.1 ▸ INKL p. 40

Zusatz — Um das Thema Bildbeschreibung zu vertiefen und den Unterricht etwas aufzulockern, erarbeiten die S in Gruppen von vier bis fünf Personen ein sogenanntes „Standbild" – entweder im Kontext Stadt oder im Kontext Land – und präsentieren es im Plenum. Die Mit-S sollen die dargestellte Situation möglichst genau beschreiben. Die Beschreibung kann an der Tafel bzw. auf OH-Folie festgehalten werden.

Die S bereiten ihre Szene zunächst in GA (evtl. als HA) vor. Aufgabe ist es, eine Szene so darzustellen, dass sie von den Mit-S in Anlehnung an das SB beschrieben werden kann. Um dies sicherzustellen sollten die Gruppen ihre Szene vorher auf Englisch verschriftlicht haben, damit die Mit-S auch alles benennen können.

Die jeweilige Gruppe macht zu Beginn der Darstellung durch eine einfache Zeichnung an der Tafel deutlich, ob sie sich in der Stadt (viele Häuser) oder auf dem Land (Bäume, Blumen ...) befindet. Dann stellen sich die S in ihrem Bild auf. L fordert nun die Mit-S auf, das Standbild zu beschreiben:

Beispiel: *This is a town. There are two girls on the left, two boys in the background and one boy in the middle. Two girls are reading. Two boys are chatting. One boy is waiting for the bus* (hier könnte der Junge ein selbstgezeichnetes Bild von einer Bushaltestelle in der Hand halten). Zum Schluss geben die Zuschauer noch einen Kommentar über das Leben in der Stadt bzw. auf dem Land.

O Differenzierung Lernschwächere S bekommen die Beschreibung einer Szene durch L vorgegeben (z. B. auf einer ▸ Prompt card). Sie stellen die Szene dar. Die Szene wird von den Mit-S beschrieben oder L kontrolliert, ob die Szene richtig dargestellt wurde.

SKILLS TRAINING Writing Course (2)

Inhalt Orte beschreiben, an denen man gerne lebt *(ideal places)* • Konjunktionen und Zeitangaben • Kommentare in Internetforen (DOSSIER)

S. 37

Linkers and time phrases

1 O Alfie's ideal place

Wortschatz °linker • °time phrase • °forum • **everywhere • usually • ideal**

Material drei A3-Blätter

Einstieg **SB bleibt geschlossen.** L bereitet drei gut sichtbare Zettel vor (am besten im A3-Format), auf die sie Folgendes schreibt: Blatt 1: *I like London.* • Blatt 2: *It rains a lot.* • Blatt 3: *But.* Zwei S werden nach vorne gebeten (möglichst weit auseinanderstehend) und bekommen jede/r einen Zettel mit den ersten beiden – vollständigen – Sätzen.

L: *Here, we have two sentences. But they stand alone – they are lonely.* (L macht ein trauriges Gesicht). *Let's help them to get together.*

Ein weiterer S bekommt den Zettel mit *But* und wird gebeten, sich zwischen die beiden anderen zu stellen.

L: *This word links the other two sentences, it's a linker. Now, they aren't alone anymore.* (fordert die drei S auf, sich einzuhaken, um die Einheit zu demonstrieren)

Das Ganze kann durch ein TA vertieft werden (evtl. auch für das Heft):

no linker: I like London. It rains a lot.

with a linker: I like London. But it rains a lot.

O Differenzierung In lernschwächeren Gruppen können vorab die (bereits bekannten) *time words* aus der E-Mail im SB reaktiviert werden *(every evening, at the weekend, ...).*

a) Alfie wrote this comment on the internet forum ...
Da es sich hier um einen Text aus einem Internetforum handelt, sollten die S ihn zunächst in EA lesen und die Frage im Anschluss mündlich im Plenum beantworten.

Lösungsbeispiel *Alfie thinks London is a great place. / ... is an amazing city for sport. / ... his ideal place to live.*

b) Copy the table. Write the red words in Alfie's comment in ...
Die Tabelle kann auch an die Tafel geschrieben werden und nach der Erarbeitung von den S selbst oder von L ergänzt werden. L fragt nach (u. U. auf Deutsch), wozu diese Satzergänzungen da sind und weist die S auf die Tipp-Box auf SB-Seite 37 hin. Das Thema kann mithilfe der *Skills file 8*, SB-Seite 133, vertieft werden.

Lösung

Time words	*Linkers*
two years ago	*But*
At first	*because*
now	*Also*
When	*So (2x)*
usually	*And*
every evening	
at the weekend	

2 Rob's ideal place

Wortschatz **move (to)**

Einstieg **SB bleibt geschlossen.** L knüpft an das Vorwissen der S an, indem sie von Alfie in London zu Rob in den Cotswolds überleitet und die S vermuten lässt, was Rob wohl in dem Forum schreiben würde.

L: *Alfie likes London. What about his friend Rob? Where does he live? Do you remember? Does he like it there?*
S: *Rob lives in the country. / in the Cotswolds. / ... At first he didn't like life in the country. / Now he likes his life in the Cotswolds. / ...*
L: *Let's find out more about Rob's ideal place. Open your books at page 37, please.*

a) Now read Rob's comment on the internet forum. It doesn't ...
▸ Klären der Aufgabenstellung bevor die S die Aufgabe schriftlich in EA bearbeiten.

Die Auswertung kann in PA (▸ Partner check) erfolgen. U. U. ist es sinnvoll, den Text außerdem von Freiwilligen im Plenum vortragen zu lassen (als Leseübung und als zusätzliche Kontrolle, da die S möglicherweise *for example* und *also* vertauschen können).

Lösung *1 last August.* • *2 At first* • *3 But* now • *4 For example* • *5 Also* • *6 every Saturday* • *7 because* • *8 So*

b) Is Rob happy in the Cotswolds now?

Lösung *Yes, he is.*

3 NOW YOU More help p. 101

Wortschatz **uncle**

Material OH-Folie

Einstieg **SB bleibt geschlossen.** L stimmt die S zunächst auf das Thema ein:

L: *You've just read Rob's and Alfie's texts on the internet forum "My ideal place". Now you might think: I don't agree – my ideal place is completely different. Or you think: Oh yes, I agree with them, this is so true. So you might want to write on the forum what you think about this. Has anyone of you done this before? Have you written your opinion on a forum? What was it about?*

Ggf. kann die Antwort auch auf Deutsch akzeptiert werden, da den S nicht zu allen persönlichen Themen genügend englischer Wortschatz zur Verfügung steht. L kann die Beiträge auf Englisch an der Tafel notieren.

Now write your comment for the internet forum *My ideal place* ...
More help p. 101 **Now write your comment (40–60 words) for the internet forum ...**
L klärt die ▶ Arbeitsanweisung zunächst im Plenum. Welche *ideas* werden im SB vorgeben? Wie lassen sich die *linkers* und *time phrases* aus *Exercise 2* wiederverwenden?

Lernschwächere S bearbeiten die Aufgabe mithilfe von More help p. 101 auf SB-Seite 101. L sollte dazu vor Beginn der Bearbeitung auf die Tipp-Box auf der SB-Seite hinweisen: Hier wird an den ersten Teil des *Writing course* angeknüpft.

L kann das „Düsseldorf"-Beispiel mithilfe einer OH-Folie oder an der Tafel präsentieren und gemeinsam mit den S die Textteile markieren bzw. streichen, die die S durch ihre eigenen Angaben überschreiben können/sollen.

Lösung/Lösungsbeispiel individuelle Lösungen

More help p. 101 *Mölln* is a *small town* in the *north* of Germany. *My family lives / my friends* live there, and I think it's a great place to live. I like the *lake*. Also, you can go *to bigger cities* on the bus. That's great when I want to visit *my family / my best friends*. So *Mölln* is my ideal place to live.

▶ WB 11, pp. 22 ▶ DFF 2.4 ▶ INKL p. 41

SKILLS TRAINING Reading and Mediation

Inhalt Anzeigen zu lokalen Angeboten (in den *Cotswolds*) • Sprachmittlung

S. 38

1 READING

Wortschatz °mediation • °notice • °home • °offer sb. sth. / sth. to sb. • °biscuit • °serve • °variety (of) • °hot chocolate • °soft drink • °including • °local • °month • °slice • °cream tea • °bed and breakfast • °accommodation • °detail • °mobile • °bicycle • °service • °repair • °carry out • °on site • °per bike • °collection • °delivery • °available • °community • °up-to-the-minute

• °event • °entertainment • °if interested • °16 or over • °actor • °Christmas pantomime • °village hall • **little**

Hinweis: Der für diese Aufgabe gelistete fakultative Wortschatz sollte nicht vor dem Lesen semantisiert werden. Bei der folgenden Aufgabe soll nur das Globalverständnis überprüft werden.

Material vorbereiteter Zettel (A4- oder A5-Format), Magnete

Einstieg **SB bleibt geschlossen.** Um den Kontext der Aufgabe vorzuentlasten und den Begriff *notice* einzuführen, bereitet L einen Zettel vor, der an einem Schwarzen Brett hängen könnte (z. B. „Kaninchenjunge abzugeben, bitte melden unter Tel. 0177/7777777.") und hängt ihn mit Magneten an die Tafel.

Differenzierung In lernstärkeren Gruppen kann L den Aushang auch auf Englisch anbieten (*„pet rabbit needs new home, please call 01639 4922"*).

Stummer Impuls. Anderenfalls hakt L nach:

L: *Where can you find such a text?*
S: *In a supermarket. / On a tree. / On a board. / ...*
L: *You're right. This is a notice and you can find it in a lot of places. Open your books at page 38, please and have a look at the notices there.*

Read sentences 1–5 and the notices A–F below. Then pick the best notice ...

Hinweis: Ggf. erinnert L daran, welche bereits bekannten ▸ Lesetechniken die S hier anwenden können (z. B. *Scanning*), um die Aufgabe zu lösen.

Lösung ***1*** *D* • ***2*** *C* • ***3*** *E* • ***4*** *B* • ***5*** *A* • *(not needed: F)*

2 MEDIATION On holidays in the Cotswolds

Einstieg Da die Übung wahrscheinlich direkt im Anschluss an *Exercise 1* durchgeführt wird, bietet sich hier eine Überleitung an wie z. B.:

L: *Now, we know what the notices are about. Sometimes you know more about something than your friends do. And sometimes you understand English better than some of your friends. So imagine the following:*

a) You're on holidays in the Cotswolds with a friend. But your ...
Hinweis: L sollte darauf achten, dass die S ihre Antworten zunächst als Notizen aufschreiben, da die Antworten (auf Deutsch) sonst zu kurz ausfallen könnten. Um das Thema Mediation noch zu vertiefen, kann L mit den S die *Skills file 11* auf SB-Seite 137 durcharbeiten.

Lösungsbeispiel

1 *Sie haben von 10–17 Uhr geöffnet.*
2 *Es gibt nicht nur Tee, sondern auch Kaffee, heiße Schokolade und kalte Getränke, wie z. B. Apfelsaft aus der Gegend hier.*
3 *Es gibt hausgemachte Suppe und Sandwiches.*
4 *Ja, es gibt einen Garten.*
5 *Ja, man kann hier übernachten. Um mehr zu erfahren, soll man fragen.*

b) Tell your friend the most important information about *Mobile Bicycle* ...

Lösungsbeispiel *Ich erzähle dir mal etwas zu dem Fahrraddienst hier. Sie kommen zu einem hin. Das meiste wird vor Ort gemacht oder man kann das Rad auch abholen und bringen lassen. Der Service kostet ab £15 pro Rad.*

▸ DFF 2.7 ▸ INKL p. 42

Zusatz Um die ▸ Sprachmittlung auch in die andere Richtung zu üben, kann L die S in leistungsgemischten Gruppen (▸ Gruppenbildung) Anzeigen auf Deutsch entwerfen lassen. Diese können auch lustig gemeint sein. Jede Gruppe überlegt sich mindestens drei Fragen auf

Englisch zu ihrer Anzeige, die eine andere Gruppe einem ausgewählten „englischen" Gast-S auf Englisch beantworten soll.

SKILLS TRAINING Viewing

Inhalt Kurzfilm: Besuch auf einer Farm (*Chill in the country*) • auf einer Farm aushelfen

Storyline Alfie erzählt seinen drei Freunden, dass er am Wochenende seinen Großvater auf dem Land besuchen wird. Der Großvater ist Bauer und lebt auf einem Bauernhof. Alfie schwärmt so sehr vom *chilling in the country*, dass seine Freunde das nächste Mal mitfahren wollen. Auf dem Hof angekommen legen sie zunächst eine Teepause ein. Als der Großvater ihnen erklärt, dass es diverse kleine Jobs für sie zu tun gibt, sind sie erst nicht begeistert. Doch sie arbeiten fleißig den ganzen Tag und sind am Abend so müde, dass sie beim Monopoly-Spielen einschlafen. Beim Frühstück am nächsten Morgen bedankt sich Alfies Großvater bei den Vieren für ihre Hilfe und lädt sie gleich zum nächsten Wochenende wieder ein ...

S. 39

1 A visit to granddad's farm

Wortschatz **grandad**

Einstieg **SB bleibt geschlossen.** L zeichnet zur Einstimmung vier Strichmännchen vor einer Hochhaus-Skyline links an die Tafel. Auf die rechte Seite zeichnet sie eine Farm mit einem Baum und evtl. einem Tier oder einem Bauern mit Mistgabel (s. Skizze):

L: *What can you see in the two pictures?*
S: *On the left I can see a city / four people / big houses ... On the right I can see a farm / a place in the country / a sheep / a farmer / ...*
L: *Do you remember our four friends from the London film in Unit 1? Today they're visiting a farm. Now let's find out more. Open your books at page 39, please.*

In this film our four friends from Unit 1 visit a farm ...
Die *Pre-viewing*-Aufgabe (▸ Viewing activities) dient dazu, an bereits Bekanntes aus Unit 1 anzuknüpfen und auf das neue Thema einzustimmen.

Lösungsbeispiel
1 *Alfie, Sherlock, Tally and Ruby*
2 *They live in London. • It will be new for them on the farm that there is a garden / that the air is fresh / that there is work to do / ...*
3 *Yes, because it's different. / No, because it's boring.*

2 Chill in the country

Einstieg **SB bleibt geschlossen.** L schreibt die Überschrift der Aufgabe an die Tafel (stummer Impuls). Falls die S nicht von selbst reagieren, fragt die L nach:

L: *How can the four friends chill in the country?*
S: *Sit under a tree, chat with their friends, eat fruit, go for a walk ...*

Ggf. notiert/skizziert L die vorgeschlagenen Aktivitäten an der Tafel.

a) Watch the film.
b) Now work with a partner. Copy and complete the captions …
L klärt die ▶ Arbeitsanweisung: Die S-Paare einigen sich zunächst, ob beide alle sechs *captions* abschreiben oder sie sich die Arbeit aufteilen (L steuert ggf.). Im Anschluss überprüfen die S ihre Antworten im ▶ Partner check und u. U. mit einem anderen S-Paar.

Lösungsbeispiel

1. The four friends plan a visit to *Alfie's grandad / grandad's farm.*
2. The kids arrive at *the farm.*
3. The kids *have tea and chill/talk.*
4. But first they have to *do some jobs.*
5. In the evening they *play a game and watch TV.*
6. The next morning they *have breakfast and go home.*

3 NOW YOU What do *you* think?

Material *Right/wrong cards* (Klassensatz, in rot/grün)

Einstieg L: *Would you like to go to Alfie's grandad's? If "yes" show me your green card, or if "no" show me your red card.*

a) Read the five sentences below.
b) Now talk about the sentences with a partner. Do you agree?
● Say why you agree or don't agree.
Die S-Paare im folgenden ▶ Partner talk können auch leistungsheterogen sein (▶ Gruppenbildung). Die Differenzierung aus dem SB lässt sich z. B. durchführen, indem der/die lernschwächere S die einfache Aussage macht und der/die lernstärkere S diese ergänzt bzw. eine andere zutreffende Aussage mit Begründung gibt.

Hinweis: Um die S bei der Verwendung der Vergangenheitsform zu unterstützen, kann L z. B. Redemittel zur Verfügung stellen (als TA).

Lösungsbeispiel Hinweis: Das Lösungsbeispiel für die reguläre Aufgabe ist der erste Teil des Satzes vor *because*, für die ●-Aufgabe ist es der gesamte Satz.

1. *That's true because they said so.*
2. *I don't agree because it was hard work.*
3. *That's rubbish because he was very nice to kids.*
4. *I don't agree because they only slept.*
5. *I agree because they liked it there.*

▶ INKL p. 43

FOCUS ON LANGUAGE

Inhalt Aussagen, Fragen und Verneinungen im *present perfect* • regelmäßige und unregelmäßige Formen des *past participle*

S. 40–41

1 Molly's questionnaire

Wortschatz **questionnaire** • ride: I **rode**, I've **ridden** • **move house** • **once** • **twice** • °report • °mistake • **person**

Material CD, KV 8 (Klassensatz)

Einstieg L führt die neuen Vokabeln durch Veranschaulichung ein (▶ Semantisierung). Dafür knüpft sie an gängige Unterrichtssituationen an:

L: *I have told you once* (unterstützt durch Geste), *no, I have told you twice to be quiet. Maybe I should make a questionnaire and ask the other teachers: Have you ever told the students to be quiet? Have you ever asked the students to stop eating during class? ...*

Die Begriffe *once* und *twice* werden mit Gesten begleitet, *questionnaire* wird durch eine skizzenartige Darstellung des angesprochenen Fragebogens an der Tafel erklärt (Überschrift: *a questionnaire*). Für die Spalte mit den befragten Lehrern können Kollegen eingetragen werden, welche die Gruppe ebenfalls unterrichten.

a) Copy Molly's questionnaire.

Alternative L teilt ▸ KV 8: Focus on language (Teil 1) mit dem vorbereiteten Fragebogen aus.

▸ 🎧 14 **b) Listen to Molly. Complete the answers for her three partners.**
Die S überprüfen einander im ▸ Partner check.

Lösung

	me	*Partner 1: Hana*	*Partner 2: Ali*	*Partner 3: Noah*
Have you ever...				
– visited a farm?	*lots of times*	*yes*	*yes*	*yes*
– ridden a donkey?	*once*	*no*	*no*	*no*
– been on a plane?	*twice*	*lots of times / five times*	*no*	*twice*
– moved house?	*no*	*yes*	*yes*	*once*

c) Now read her report. Find three mistakes in it.

Lösung
mistake 1: *Three students / All of the students have visited a farm ... Noah has visited a farm too.*
mistake 2: *We haven't all been on a plane: Ali has not been on a plane.*
mistake 3: *Three students have moved house.*

2 The present perfect

Wortschatz °regular, °irregular

Einstieg **SB bleibt geschlossen.** Die Formen des *present perfect* werden ausgehend von ihrer Verwendung (induktiv) eingeführt. Dabei stehen die Signalwörter (*ever, never, once, twice, lots of times*) im Mittelpunkt. L fängt eine Fragekette an und fragt ggf. bei den positiven Antworten nach (*once / twice* mit Gesten).
L kann *Have you ever ...* als visuelle Stütze an die Tafel schreiben.

L: *Have you ever climbed a mountain, S1?*
S1: *No, never. Have you ever climbed a mountain, S2?*
S2: *Yes, I have.*
L: *Oh, that's interesting. How often? Once? Twice? Lots of times?*
S2: *Once. Have you ever ...*

a) Complete the rule.
Gemeinsam vervollständigen die S im Plenum den FOCUS auf SB-Seite 40 und übertragen das Ergebnis in ihre Hefte. Zur Festigung der Regel kann L mit den S das *Language file 4* auf SB-Seite 141 durcharbeiten.

Lösung

Das *present perfect* besteht aus zwei Teilen:

I / You **have**	+	**visited** a farm once. / never moved house.
He / She / It **has**		**been** on a plane once. / ridden a donkey twice.
We / They **have**		

Regelmäßige Verben erhalten die Endung -ed.
Einige Verben haben unregelmäßige Formen.
Diese musst du lernen, z. B. be – been, ride – ridden.
Statt have kann auch die Kurzform 've stehen.

b) Copy and complete the table for regular verbs.
Diese Aufgabe eignet sich auch als schriftliche HA.

Lösung I work – *I've worked* • I start – *I've started* • I finish – *I've finished* • I text – *I've texted* I open – *I've opened* • I cook – *I've cooked*

c) Look at the list of irregular verbs on page 200 and complete the table.
Diese Aufgabe eignet sich auch als schriftliche HA.

Lösung I buy – *I've bought* • I meet – *I've met* • I speak – *I've spoken* • I have – *I've had* • I am – *I've been* • I ride – *I've ridden* • I see – *I've seen* • I find – *I've found*

▶ Folie 7 ▶ INKL p. 34–35

3 Molly and Rob

Wortschatz °a few

Einstieg L: *Molly has seen foxes lots of times, but Rob hasn't seen a fox before his night with Molly. Rob has lived in London, but Molly hasn't lived in London. Let's have a look what else Rob and Molly have done or haven't done.*

a) Read the sentences and pick the right form of the verb.

Lösung
1 I know that Rob *has* seen a fox once.
2 And I know that Molly *has* saved sheep from a river.
3 Molly and Rob *have* been to Stratford lots of times.
4 Rob and his sister *have* lived in a block of flats.
5 And Molly? No, she *hasn't* lived in a block of flats.

b) ◎ NOW YOU What about you? Write six sentences ... //● p.102
Bei dieser Parallelaufgabe wird die Verwendung des *present perfect* mit den Signalwörtern *once / a few times / lots of times / never* geübt. Die lernstärkeren S müssen auf SB-Seite 102 auch selbstständig die (unregelmäßige) dritte Form *(past participle)* des vorgegebenen Verbs bilden. Den lernschwächeren S auf SB-Seite 41 wird die Form vorgegebenen.

Lösungsbeispiel ***1*** *I've never ridden a pony.* • ***2*** *I've spoken to a star once.* • ***3*** *I've been to a beach lots of times.* • ***4*** *I've had a disaster a few times.* • ***5*** *I've found money on the street once.* • ***6*** *I've never worked on a farm.*

More practice 6 p. 102

Chores

Einstieg

SB bleibt geschlossen. L stimmt kurz auf das Thema der Aufgabe – *doing chores* – ein:

L: *Well, when I come home after school there's a lot to do for me in the house. I have some chores to do, like cleaning the kitchen or cooking lunch. What chores do you do at home?*
S1: *I help in the kitchen.*
S2: *I walk the dog. / ... do the shopping. / ...*
L: *That sounds great! Now let's find out what chores Molly, Rob and Rob's sister Jodie have done over the last few days. Open your books at page 102, please.*

The table shows you how often Molly, Rob and his sister Jodie ...
Diese zusätzliche Schreibaufgabe richtet sich an alle S. L sollte nach der ▸ Klären der Arbeitsanweisung mit den S zunächst die Tabelle mit den *chores* durchgehen und sicherstellen, dass die S nicht versehentlich die Tabelle abschreiben.

a) Look at the table. Then copy and complete the sentences.

Lösung

1 Molly has helped a lot. • *2 Rob* and *Julie* haven't helped a lot.

b) Now copy and complete the sentences.

Lösung

1 Molly has *hoovered* the house.
2 And she has *filled* the dishwasher.
3 She has *washed* the car too.
4 Molly and Rob have *cleaned* the kitchen.
5 And they've *cooked* lunch.
6 And what about Jodie – has she *helped* at home? – No, she hasn't. Not once.

4 YOUR TASK Find out about students in your class

Material

KV 9 (Klassensatz), KV 8 (Teil 2) (Klassensatz)

Einstieg

SB bleibt geschlossen. L klärt mit den S zunächst den Sinn und Zweck von Fragebögen, nämlich Daten zu erheben. Dazu fragt L bei einigen S nach, ob sie die eine oder andere Aktivität schon einmal gemacht haben, um dann übertrieben hektisch festzustellen, dass das einzelne Nachfragen einfach zu lange dauert. Ein geeigneter Fragebogen hätte die Befragung besser strukturiert und ruhiger ablaufen lassen:

L: *I would like to know more about you and what you've done or seen or who you have met. S1, have you ever flown a kite? And you, S2? And you S3? And you S4? Now, this takes too long to ask each one of you. And I can't even remember all your answers ... I think it's better to make a questionnaire first. What do you need for a questionnaire?*
S: *We need questions / a piece of paper / ideas ...*

L und die S sammeln gemeinsam einige Fragen, die L an der Tafel festhält. Dadurch werden auch eher lernschwächere S angeregt, eine eigene Frage zu formulieren. Ansonsten verwenden sie bei Teilaufgabe a) die im SB vorgeschlagenen Fragen.

a) Make a questionnaire with four questions. ◎ **Use ...** ◉ **Make ...**
Die S bereiten die Umfrage schriftlich vor.
Hinweis: Die Teilaufgabe a) dieser Lernaufgabe wird auf zwei Lernniveaus angeboten.

Alternative

L teilt ▸ KV 9: Your task aus, die die S als Vorlage für ihre Fragebögen nutzen können. Die S wählen je nach Leistungsvermögen eine Vorlage mit *(Part 1)* oder ohne Vorgaben *(Part 2)*.

b) Walk around: Ask the questions and make notes ...
▶ Milling-around activity. L kann zur Unterstützung ein Reservoir mit möglichen Antworten an der Tafel vorgeben.

c) Look at your notes and write what you have found out. Write ...
Die S schreiben ihre Ergebnisse mit Hilfe der Vorgaben im SB in EA auf. Sie können sich in PA (▶ Partner check) überprüfen.

Differenzierung In lernstärkeren Gruppen können freiwillige S ihre Ergebnisse als ▶ Short talks im Plenum präsentieren.

Lösung individuelle Lösungen

▶ WB 12–15, pp. 23–24 ▶ DFF 2.2

Zusatz Die ▶ KV 8: Focus on language (Teil 2) kann zur weiteren Einübung des *present perfect* verwendet werden, indem die Formen in einer kleinen Geschichte angewendet werden. Die Übung ist für lernstärkere S.

STOP! CHECK! GO!

Inhalt Allgemeine Hinweise zu den *Stop! Check! Go!*-Seiten befinden sich auf HRU-Seite 40 und im Vorwort. Bei den geschlossenen Aufgabenformaten (Unit 2: *Ex 1–4*) können die S ihre Ergebnisse mithilfe des Lösungsschlüssels auf ▶ KV 10: Answers to STOP! CHECK! GO! überprüfen (auch als ▶ Partner check).

S. 42–45

1 WORDS Town and country words

Wortschatz °diagram

Einstieg L zeichnet eine Skyline und ein Schaf an die Tafel und erfragt Assoziationen, die sie jeweils zu den Zeichnungen schreibt.

L: *What can you see here?*
S: *I can see a sheep and a town/city.*
L: *What comes to your mind when you think of sheep and a big town?*
S: *I think of a farm, Rob and Molly, the country / a big city, London, noise, many shops, people ...*

a) Copy the diagram. Then put the words from the green ...

Lösungsbeispiel ▶ KV 10: Answers to STOP! CHECK! GO!

b) Can you find more words for your diagram?

Lösungsbeispiel ▶ KV 10: Answers to STOP! CHECK! GO!

c) Partner check: Compare your diagram with other students.

Lösung individuelle Lösungen

2 WORDS How many differences can you find?

Wortschatz °at least • °column

Material ein Tablett, ein Tuch, ca. zehn Dinge des täglichen Gebrauchs, am besten direkt aus dem Klassenzimmer, vorbereitete Tabelle (Klassensatz)

Einstieg **SB bleibt geschlossen.** Mit Hilfe eines Kimspiels (▸ Kimspiele) trainieren die S ihre Beobachtungs- und Merkfähigkeit. Außerdem können so die Ortsbeschreibungen (*on the right/ left, next to* etc.) wiederholt werden.

L: *How well can you remember things? Have a look at these things for one minute. I will then take away one thing and ask you what is missing and where it was.*

(L bedeckt nach einer Minute das Tablett mit dem Tuch und entfernt einen Gegenstand, ohne dass die S sehen können, welchen. Dann wird das Tablett wieder freigelegt und die S müssen versuchen, den fehlenden Gegenstand zu identifizieren und zu beschreiben, wo er auf dem Tablett lag.)

S: *The ... is missing. It was on the left / on the right / next to / behind / in front of the ... .*

a) Make a list of eight things in the picture and write where they are.

Alternative Um Zeit zu sparen, kann L den S für die EA eine vorbereitete Tabelle austeilen.

Lösungsbeispiel ▸ KV 10: Answers to STOP! CHECK! GO!

b) Now talk to your partner about your pictures. Find at least ...
Freiwillige S-Paare präsentieren die gefundenen Unterschiede im Plenum.

Lösungsbeispiel ▸ KV 10: Answers to STOP! CHECK! GO! ▸ Folie 9 ▸ INKL p. 36/5, 44–47

3 LANGUAGE A visit to *Cotswolds Farm Park*

Wortschatz °owner • °just

What's the missing word: *has* or *have*?

Lösung ▸ KV 10: Answers to STOP! CHECK! GO!

4 Telephone language

Wortschatz °telephone

Material OH-Folie

Einstieg **SB bleibt geschlossen.** L kopiert die Anzeige neben der Übung vorab auf OH-Folie und projiziert sie als stummen Impuls. Falls die S von sich aus nichts sagen, fragt L nach:

L: *What's this? When do you need the service?*
S: *It's an advert. / When you have a problem with your bike, they come to you. / They help you with your bike. / ...*
L: *Let's find out more about this service. Open your books at page 44, please.*

a) You're a tourist. You phone *Mobile Bicycle*. What do you ...

Lösungsbeispiel ▸ KV 10: Answers to STOP! CHECK! GO!

b) Practise the dialogue with a partner. Swap roles.

● Differenzierung Lernstärkere S können aufgefordert werden, den Dialog möglichst frei zu sprechen.

Alternative Der Dialog wird von den S an die Tafel geschrieben und vorgelesen. Beim zweiten Durchgang wischt L einzelne Wörter oder Phrasen weg und die vorlesenden S versuchen sich an die Wörter zu erinnern. Das Prinzip kann solange fortgeführt werden, bis die S sich an zu wenig erinnern oder sie den Dialog auswendig aufsagen können.

Lösung individuelle Lösungen

5 A picture story

Einstieg **SB bleibt geschlossen.** L knüpft an die bereits bekannte Geschichte der Unit (s. *The country detectives*, SB-Seite 34–35) sowie an das Vorwissen der S bezüglich Robs Vater an und erinnert daran, dass sich auch andere Landwirte für CCTV-Systeme interessieren:

L: *Who's Mr Blake? What's his job?*
S: *He's Rob's dad. He has a CCTV business.*
L: *That's right. Do you remember: there were other farmers who also wanted to install security cameras. Let's have a look what happens on another farm in the Cotswolds. Open your books at page 44, please.*

a) Look at the pictures A–F and put them in the right order.
b) Partner check: Now compare your answers with a partner.

Lösung ***1*** *C* • ***2*** *A* • ***3*** *D* • ***4*** *B* • ***5*** *F* • ***6*** *E*

c) WRITING Copy and complete the story in A–F.
Die Aufgabe eignet sich als HA. L sollte aber vorher die Sätze zum ersten Bild (Bild C) gemeinsam mit den S klären und in die Hefte schreiben lassen (▸ Klären der Arbeitsanweisung).

O Differenzierung In lernschwächeren Gruppen sollte L zu Beginn gemeinsam mit den S Beispiele für *time phrases* sammeln und ins Heft (als Reservoir) übertragen lassen. Ggf. kann L gemeinsam mit den S *Skills file 8*, Teil 3 (SB-Seite 133) wiederholen.

Lösungsbeispiel *One day in September, Mr Jones, a farmer, found a sheep in his field. It couldn't stand because its leg was sore. The next day Mr Jones' dog found rubbish in the field next to the sheep. In the evening Mr Jones and his family talked about the problem. Mr Jones phoned Rob's dad. "I'm busy", said Rob's dad, "but I can come on Saturday." On Saturday Rob's dad came with his cameras and Mr and Mrs Jones put CCTV cameras in the fields. In the night Mr and Mrs Jones watched the monitors. Suddenly they saw two people and a car.*

d) WRITING ● Finish the story. For help, look at the story ...
L kann zur Einstimmung mit den lernstärkeren S noch einmal das Ende der Story von SB-Seite 34–35 rekapitulieren und Stichpunkte zum Inhalt an der Tafel sammeln (z. B. *phone police, block track/car with tractor, ...*).

Lösungsbeispiel Mrs Jones *called the police and told them about the two people and the car. (At the same time)* Mr Jones drove his tractor *and blocked the path until the police came.* "OK. We'll take these men", *said the police officers.*

▸ 15

6 LISTENING Is it better to live in the country or in the city?

Material CD

Einstieg **SB bleibt geschlossen.** L nutzt die Überschrift als Einstieg (TA) und macht zunächst ein Stimmungsbild, indem sie die S auffordert, auf die Türseite des Raumes zu gehen, wenn sie lieber auf dem Land leben würden, bzw. auf die Fensterseite, wenn sie lieber in der Stadt leben würden. Einzelne S können (freiwillig) ihre Entscheidung begründen.

L: *We've already talked about living in the country or in the city. Now, I'd like you to get up and stand at the door if you think it's better to live in the country or over there at the windows, if you think it's better to live in the city.*

a) You're going to listen to a radio programme. Before you ...
b) Now listen and find out: Where do the callers live? ...
L kann als Unterstützung die Abkürzungen für alle sichtbar an der Tafel notieren.

◻ Differenzierung: Lernschwächere S können als Vorbereitung auf das *Listening* hinter die Namen jeweils beide Abkürzungsmöglichkeiten vorschreiben, damit beim Hören nur noch das Gehörte eingekreist werden muss, z. B.: *Anna: co / ci, ☺ / ☹*

Lösung: ***Anna*** *co, ☹* • ***Thomas*** *ci, ☺* • ***Nina*** *co, ☺* • ***Karan*** *ci, ☺* • ***Joe*** *co, ☺*

c) Listen again and write down why they like it or ...

◼ Differenzierung: Zusätzlich können die S die Namen der Orte herausfinden (Anna: *a small place 25 miles east of Stratford*, Thomas: *Liverpool*, Nina: *Little Witley*, Karan: *Birmingham*, Joe: *countryside after 40 years in Liverpool*).

Lösungsbeispiel:

Anna: ... bus to school – an hour, *nothing to do for teenagers*
Thomas: *easy to meet people, shops, cinemas, concerts*
Nina: *walking the dog, space, riding horses at the next farm*
Karan: *easy to go places, easier to find a job*
Joe: *animals*

7 APPOINTMENTS Have you ever met a famous footballer?

Wortschatz: °appointment • °add • °yourself

Material: eine große Pappuhr, ein großer Wecker oder eine Wanduhr, falls sie einfach verstellbar ist

Einstieg: **SB bleibt geschlossen.** Die L stellt die Uhr auf fünf vor zwölf und zeigt sie den S.

L: *Oh dear, it's almost twelve! I have an appointment at twelve.* (geht zu einem S) *You're here already! But I'm not late, am I? Our appointment was at twelve, wasn't it? I have to tell you that you all have appointments today, but you have to organize them.*

Sollten die S kooperative Lernform ► Appointments noch nicht kennen, führt L sie hier ein (► Klären der Arbeitsanweisung).

a) Copy the table. Think of three more questions ...
b) Answer the questions for yourself. Then make an ...
c) ◼ Tell another partner / the class what you ...

Lösung: individuelle Lösungen

8 My learner log

Copy and complete your learner log. Then put it in your DOSSIER.
Hier nehmen die S mit einigen Vorgaben und Kriterien eine Auswertung der Unit und eine Selbsteinschätzung vor. Sie übertragen die Punkte auf ein Arbeitsblatt und gestalten diese Seite für ihr DOSSIER.

Lösung: individuelle Lösungen

► WB (Portfolio), p. 25 ► WB (Revision), p. 26 ► WB (Test preparation), pp. 27–28

REVISION

Hinweis — Allgemeine Hinweise zu den *Revision*-Seiten befinden sich auf HRU-Seite 42 und im Vorwort.

Inhalt — Pläne machen (u.a. fürs nächste Wochenende) • *weather forecast* • Wiederholung des *will*-Futur • Wiederholung des *simple past*

S. 46–47

Plans for next weekend – using the future tense

1 Plans

Wortschatz — °Horray! • °American

Material — vorbereitete OH-Folie

Einstieg — **SB bleibt geschlossen.** Kurzes Brainstorming zum Thema *holidays:*

L: *What are your plans for the summer holidays?*
S: *Camping / Going to the swimming pool / Visiting my grandma / ...*

L schreibt die Nennungen an die Tafel und ergänzt dabei mündlich:

L: *So you'll go camping / go swimming / visit your grandma / ... Those are great plans. Now let's find out about Andy from Leeds, in England. He has plans too. Open your books at page 46, please.*

a) Read this email from your English friend Andy. What does he want to do in August?
Gemeinsames (Vor-)Lesen im Plenum. L klärt im Anschluss mögliche Verständnisfragen. *Scanning* (▶ Lesetechniken) beim zweiten Lesen.

Lösungsbeispiel — *He wants to visit his friend Burak in Germany. / He wants to come to Germany in August and visit his friend Burak.*

b) The future
Zunächst ▶ Klären der Arbeitsanweisung und ggf. gemeinsames Rekapitulieren der Zeitform mit Hilfe des *Language file 5*, SB-Seite 142.

Je nach Leistungsstärke der Klasse bearbeiten die S die Aufgabe in EA oder in Kleingruppen. ▶ Partner check bzw. ein ▶ Correcting circle bieten sich vor der gemeinsamen Auswertung im Plenum an.

L kann den Text dafür auf OH-Folie präsentieren und die S/Kleingruppen bitten, gefundene Beispiele für das *will*-Futur farbig zu unterstreichen.

Lösungsbeispiel
1 *... I'll stay at home today. • ... I'll be good and tidy my room. • ... I'll go into town with some friends ... we'll watch the new Sherlock Holmes film. • ... I'll start my new job. • I'll get up early ... • ... I'll have more money in summer ...*
2 *I hope it won't be too American! • I hope it won't rain! • ... I won't have the money.*
3 *Will you stay at home, or will you visit your grandma again?*

2 100 weekend activities

Material — A4-Blätter (Klassensatz)

a) ◎ What will you do next weekend? Write ten sentences with the words ...

Lösung — individuelle Lösungen

b) Think: Write sentences with the same verbs, but with different endings.

Hinweis: Dieser Aufgabenteil ist der Auftakt zu einer ▸ Think-Pair-Share-Aufgabe. L klärt vorab mit den S die ▸ Arbeitsanweisung für diese kooperative Lernform.

O Differenzierung In lernschwächeren Gruppen sollte L gemeinsam mit den S vorab in einem Brainstorming weitere Wochenendaktivitäten rekapitulieren (ggf. auf Deutsch).

Lösung individuelle Lösungen

c) Pair: Compare with a partner.
In der Partnerphase können die S z. B. Sätze korrigieren oder Dopplungen streichen.

Alternative Die S-Paare schreiben ihre gemeinsam überprüften Sätze auf ein von L ausgeteiltes A4-Blatt.

Lösung individuelle Lösungen

d) Share: Write your ideas on the board. Do you have ...
Gemeinsames Zählen der verschiedenen Vorschläge. L entscheidet, ob Doppelungen mitgezählt werden oder nicht – damit die hundert Vorschläge zusammenkommen.

Alternative Die S heften ihre beschriebenen Blätter an die Tafel.

Lösung individuelle Lösungen

3 The weather

Wortschatz °weather forecast

Material OH-Folie (vorbereitete)

Einstieg **SB bleibt geschlossen.** Um den Wortschatz für diese Übung zu reaktivieren (*weather words*), setzt L eine Tafelzeichnung (bzw. OH-Folie) ein mit einfachen Zeichnungen für *cloudy, rainy, sunny, windy, foggy, warm, cold*:

O / ● Differenzierung In lernstärkeren Gruppen ergänzen die S selbstständig die gesuchten Wörter. In lernschwächeren gibt L die gesuchten Wörter vermischt vor (TA) und entwickelt ggf. ein L/S-Gespräch, in dem die Begriffe auftauchen (▸ Semantisierung), z. B.:

L: *It was really cold this morning* (L zeigt durch Gesten, wie sie gefroren hat, dann auf das passende Bild). *But it was sunny – it wasn't raining at all ...*

L: Let's find out about the weather in Leeds. Open your books at page 47, please.

a) ◻ Look at the online information. What will the weather be like in Leeds ...
Zu Beginn klärt L mit den S, an welchem Wochentag die Aufgabe beginnt *(Today: Monday, tomorrow: Tuesday).*

Lösung *1 cloudy – won't • 2 warmer • 3 sunny • 4 windy • 5 rainy – will • 6 colder*

b) Andy will do his paper round on Friday. What can you say ...

Lösungsbeispiel Friday will *be warmer than Thursday*. It will *be very windy*. It won't *rain*. I think it will be a *good* day for Andy's paper round because *the weather will be fine/nice/super.*

4 NOW YOU

a) Read Andy's email in exercise 1 again. What questions does he ask you?
L oder freiwillige S schreiben die gesuchten Fragen an die Tafel.

Lösung *When will your summer holidays begin? • Do you have plans for this weekend? • Will you stay at home, or will you visit your grandma again?*

b) Write to Andy and answer his qustions. Write at least six sentences.
▸ Klären der Arbeitsanweisung. Die S notieren sich zunächst Antworten auf Andys Fragen aus Teilaufgabe a). Der Tipp-Zettel auf SB-Seite 47 erinnert daran, dass die S die gesammelten Freizeitaktivitäten aus *Exercise 2* als „Reservoir" für diese Aufgabe verwenden können.

Lösungsbeispiel

Hi Andy
Thanks for your email. I hope we'll meet *in August.*
My holidays start *10 August, so maybe you could come* 15 August?
You ask for my plans *for this weekend.*
On Saturday I'll *go to the cinema with my friends.*
On Sunday *I'll visit my grandma again.*
How's your new job? *I hope you like it.*
Best wishes, Andreas

● Maybe you can also write what you did yesterday (1–2 sentences). Then you'll need ...
L unterstützt die S ggf. bei der erneuten Wiederholung des *simple past.*

Lösung individuelle Lösungen

c) Partner check: Show your email to a partner and check your partner's email ...
▸ Partner check.

Lösung individuelle Lösungen

3 Liverpool – the world in one city

Storyline Die S verfolgen das Schicksal von Ben, einem Jungen aus Liverpool. Ben möchte sein Taschengeld aufbessern und verkauft an seiner Schule, der *South Liverpool High School*, illegal Süßigkeiten an andere Schüler. Dafür wird er vom Schulleiter bestraft. Letztendlich bringt er sein Verkaufstalent aber in einen Wettbewerb zwischen verschiedenen Schulen in Liverpool ein, bei dem Bens Team im *Beatles*-Kostüm *Cupcakes* aus Bio-Vollkornmehl verkauft und den zweiten Platz belegt.

Sprachliche Mittel

Wortfelder: Essen und Getränke • Höflichkeitsformen • Länder • *business words* • Geld

Strukturen: *if-clauses 1* • *comparisons (as ... as)* • *simple past* (Wiederholung)

Kommunikative Kompetenzen

Listening: Informationen über Liverpool verstehen • Bilder einer gehörten Geschichte zuordnen • einem Hörtext Detailinformationen entnehmen • einen Dialog verstehen • Informationen zu einer Bootstour verstehen

Speaking: über Essgewohnheiten in der Schule sprechen • einen Businessplan entwickeln und vorstellen • Höflichkeitsformeln nutzen

Reading: einen Brief der Schule verstehen • einen Dialog in der Schule verstehen • wesentliche Informationen mithilfe von Notizen erfassen

Writing: sich Notizen zu einem Lesetext machen • einen Kommentar gliedern • seine persönliche Meinung in einem Kommentar ausdrücken

Viewing: einen Filmclip zu den *Beatles* verstehen • einen Filmclip zu Sportarten verstehen

Mediation: Informationen über eine Bootstour ins Deutsche übertragen • Sachverhalte anders ausdrücken (Paraphrasieren) • Höflichkeitsformen wahren

Methodische Kompetenzen

Lernstrategien: einen Businessplan entwickeln • Informationen in Notizen festhalten • einen Kommentar strukturieren • Sachverhalte anders ausdrücken (Paraphrasieren) • auf Höflichkeit achten • eine kurze Präsentation erstellen und halten • sprachliche Regelmäßigkeiten entdecken • Lernfortschritte erkennen und eigene Lernergebnisse am Ende der Unit einschätzen *(My learner log)* • einen Test eigenverantwortlich auswerten *(Stop! Check! Go!)*

Kooperative Lernformen: PA • GA • *Partner check* • *Milling-around activity* • *Think-Pair-Share* • *Info-gap activity*

Interkulturelle Kompetenzen Liverpool mit seinen Sehenswürdigkeiten und seiner Geschichte kennenlernen • von den *Beatles* erfahren • ein Wettbewerb an einer englischen Schule

Dossier einen Kommentar schreiben • *My learner log*

LEAD-IN

Inhalt Landeskundliches Orientierungswissen über Liverpool • Kurzfilm über die *Beatles*

S. 48–49

▶ 16

1 About Liverpool

Wortschatz °untold • °maritime • °entry • °(sound) file • **China** • **ship** • **slave** • **Europe** • **America** • **Australia** • °international • °slavery

Material vorbereitetes OH-Folienbild des Schriftzuges *Liverpool* in mehrere Puzzle-Teile zerlegt, Signaltongerät (Wecker, Glocke o. Ä.), OH-Folie (mit Mindmap zu Liverpool), CD, KV 11

Einstieg **SB bleibt geschlossen.** L beginnt mit einem Unterrichtsgespräch über Liverpool; dazu legt L nacheinander eine in mehrere Puzzleteile zerlegte OH-Folie auf. Auf jedem Puzzleteil steht ein Buchstabe des Städtenamens.

L: *In this lesson we're going to talk about a city. Which city is it?*

L legt Teil für Teil den Schriftzug von Liverpool auf. Bevor ein weiterer Buchstabe hinzugefügt wird, macht L eine Pause, damit die S Zeit zum Überlegen und Raten bekommen.

Die S versuchen zu erraten, um welche Stadt es sich handelt – bis schließlich der gesamte Städtenamen ablesbar ist.

Alternative L schreibt nach und nach (mit Ratepausen) die einzelnen Buchstaben von „Liverpool" an die Tafel, bis die S auf den Städtenamen kommen.

L: *You're right! We're going to talk about Liverpool. Let's find out more about this interesting city. Open your books at pages 48 and 49, please, and look at the photos. What can you see, for example, in picture E?*

L schreibt die folgenden neuen Begriffe bei der ▸ Semantisierung an die Tafel.

S: *A poster of a museum. / There are black people on it. / ...*
L: *Many black people had a hard life 200 years ago. Do you know why?*
S: *They had to work on fields. / Farmers bought them. / ...*
L: *That's right. They were slaves. Ships brought them from Africa to Europe and America. And this museum is about slavery.*

L: *Let's talk about picture F. What can you see?*
S: *We can see a big gate. / ...*

L vervollständigt die Bildbeschreibung von Bild F mit:
L: *People from China live here. This is Chinatown.* (L betont die Aussprache von *China* und *Chinatown*.)

Die Beschreibung der übrigen Bilder erfolgt in Form einer ▸ Milling-around activity. Auf Anweisung von L *(Please talk about the pictures to a partner.)* und einem Signalton (z. B. Wecker, Glocke) beschreiben sich die S mit wechselnden Partnern/Partnerinnen die Bilder ihrer Wahl. Auf einen erneuten Signalton hin (nach ca. 30 Sek. oder länger, je nach Leistungsvermögen der Gruppe) finden die S jeweils einen neuen Partner und reden mit diesem über ein anderes Bild. Gegebenenfalls kann L die S auch dazu ermuntern ihre Meinung zu den einzelnen Bildern zu formulieren: *You can also say if you think this place is interesting or not.*
Ein erneutes Tonsignal beendet die Gesprächsphase und fordert die S dazu auf, sich wieder im Raum zu bewegen, sich einen neuen Partner / eine neue Partnerin zu suchen und über ein neues Bild zu sprechen. Dies geschieht, bis alle Bilder beschrieben sind. Die ▸ Milling-around activity kann alternativ auch von L gesteuert werden, indem L nach jedem Signalton das zu beschreibende Bild explizit benennt: *Please talk about picture B.*
Während die S mit den Bildbeschreibungen beschäftigt sind, oder im Anschluss, zeichnet L eine ▸ Mindmap an die Tafel oder alternativ auf OH-Folie (evtl. schon vorbereitet).

L: *Let's see what you found out about Liverpool. Look at this mindmap. What can you find in Liverpool, what can't you find?* Die S antworten mit *You can find* bzw. *You can't find* (ggf. TA).

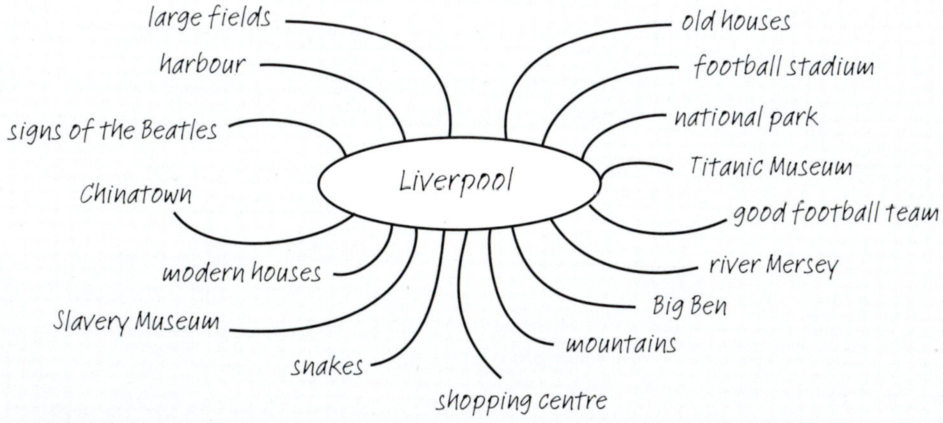

Differenzierung In lernstärkeren Gruppen können die S in PA eine ▸ Mindmap (mit oder ohne *distractors*) selbstständig erstellen. Sie tauschen diese mit anderen Partnern/Partnerinnen aus. Die Mit-S formulieren – ähnlich wie im Beispiel oben – Sätze mit *You can find ... / You can't find ...*

Lösungsbeispiel *You can't find large fields. You can find a harbour. You can find signs of the Beatles. You can find Chinatown. You can find modern houses. You can find the Slavery Museum. You can't find snakes. You can find a shopping centre. You can find mountains. You can't find Big Ben. You can find the river Mersey. You can find a good football team. You can find a Titanic Museum. You can't find a national park. You can find a football stadium. You can find old houses.*

a) Listen to six sound files. Match them with six of ...
Es bietet sich an, dass L die CD nach jedem Text kurz anhält, damit die S den Buchstaben des passenden Bildes nennen können.

Lösung ***1*** *A* • ***2*** *H* • ***3*** *F* • ***4*** *E* • ***5*** *D* • ***6*** *B*

b) Listen again and answer these questions.
Zur Lösung der Aufgabe übertragen die S die Nummerierung in ihre Hefte und notieren jeweils den Buchstaben der richtigen Antwort dazu.

Lösung ***1*** *B* • ***2*** *C* • ***3*** *A* • ***4*** *C* • ***5*** *C* • ***6*** *B* ▸ WB 1, p. 29 ▸ Folie 10 ▸ INKL p. 49

Zusatz L kann das über Liverpool erworbene Wissen der S rekapitulieren lassen. Dazu verteilt L ▸ KV 11: Liverpool und sagt:

L: *Let's see what you remember about Liverpool. Look at the photos, fill in the right words in the sentences and then match the sentences with the photos.*

Die S ergänzen die Textlücken auf der KV, schneiden im Anschluss Fotos und Texte aus und ordnen sie einander zu.
Kontrolle nach der ▸ Bus stop-Methode in PA. L kann die Lösungswörter zur Kontrolle an die Tafel schreiben.

Zusatz Das *Text file 3* auf der SB-Seite 121 bietet weiterführende Informationen zum Schicksal der berühmten *Titanic*, die auf ihrer ersten Fahrt nach New York im Jahre 1912 unterging.

2 PEOPLE AND PLACES The Beatles

Material (untypische) Fotos von den *Beatles*, KV 12, DVD

Einstieg **SB bleibt geschlossen.** L hängt kommentarlos Fotokopien der vier *Beatles* auf. Die Fotos sollten die Musiker in möglichst untypischen Situationen, also nicht in ihrer Rolle als Musiker, zeigen. Gemeinsam spekulieren die S über die Personen auf den Bildern.

L stellt unterstützende Fragen: *What do you think: Where are they from? / How old are they? / What's their job? / Do you think they look cool or boring? / ...*

Falls die S nicht darauf kommen, wer die abgebildeten Musiker sind, kann L fragen: *Have you ever heard of the song "Yesterday" or "Let it be"? Have you heard of John Lennon?*

Nennen die S die *Beatles*, kann L Vorwissen abfragen: *What are their most popular songs? / What are their names? / What else do you know about them? / ...*

L kann die Ergebnisse an der Tafel festhalten. L sollte nicht unbedingt korrigierend eingreifen, sondern auch Diskussionen unter den S zulassen. So können die S, nachdem sie den Film über die *Beatles* auf der DVD gesehen haben, ihre eigenen Aussagen über die *Beatles* selbstständig korrigieren.

L leitet zur DVD über: *Let's find out more about the Beatles.*

Alternative **SB bleibt geschlossen.** L beginnt das Gespräch mit einer Frage zu den Musikvorlieben der S. Dabei werden die wahrscheinlich bekannten Bezeichnungen der unterschiedlichen Musikstilrichtungen den S vergegenwärtigt:

L: *Do you listen to classical music, to pop music, to R&B, to reggae, or to rap?*

Nachdem die S eine erste Einschätzung ihrer Vorlieben abgegeben haben, finden sie sich in Arbeitsgruppen von ca. 4–5 S zusammen. L verteilt die ▶ KV 12: Favourite music. Die S nehmen zu den Fragen zum Thema Musik schriftlich Stellung. Es können auch unterschiedliche Meinungen der Gruppenmitglieder festgehalten werden.

Im Plenum werden im Anschluss die verschiedenen Äußerungen mündlich zusammengefasst.

L leitet dann zu den *Beatles* über: *Liverpool is famous for one band. Do you know which one?*

L/S: *The Beatles.*
L: *Let's watch a film about them.*

a) What are the names of the four Beatles?
Beim ersten Sehen überprüfen die S ggf. ihre Hypothesen aus dem Einstieg. Anschließend notieren die S die Vornamen der *Beatles* im Heft.

O Differenzierung In lernschwächeren Lerngruppen zeigt L den DVD-Clip zwei- bis dreimal, damit sich die S einzeln auf die Lösungen der Teilaufgaben 2a), b) und c) konzentrieren können.

Lösung *John* Lennon • *Paul* McCartney • *George* Harrison • *Ringo* Starr

b) When did the Beatles sing together?
Die S notieren die richtige Lösung in ihre Hefte.

Lösung *In the 1960s.*

c) What are the full song titles?
Die S notieren die vervollständigten Songtitel in ihre Hefte.

Lösung She *loves* you, yeah, yeah, yeah! • Eight days a *week* • Let it *be* • Baby, you can drive my *car*

Im Anschluss an die Bearbeitung der Aufgaben nehmen die S Stellung zu den *Beatles* und ihrer Musik. Sie können auch ihre Eltern dazu befragen und zur nächsten Englischstunde die Meinungen der Eltern zusammentragen.

L: *What do you think about the music of the Beatles? Do you like it?* (individuelle S-Antworten). *You can also ask your parents if they know and like the Beatles.*

▶ WB 2–3, p. 29 ▶ INKL p. 49

Zusatz In Klassen, die gern singen bzw. Musik hören, kann zum Schluss ein Songtitel der *Beatles* komplett abgespielt werden. Die S können den Refrain mitsingen.

THEME 1 Ben is in trouble

Inhalt Bildergeschichte • Reaktivierung und Erweiterung von Wortschatz zum Thema Kaufen/Verkaufen • Reaktivierung und Erweiterung von Wortschatz zum Thema (ungesunde) Nahrungsmittel • Schulbrief von Schulleiter

Storyline Ben, ein Schüler der *South Liverpool High School*, verkauft verbotenerweise *junk food* an Mitschüler/innen und wird dabei erwischt. Nach einer mündlichen Abmahnung durch den Schulleiter erhält zusätzlich auch Bens Vater einen Brief des Schulleiters. Daraufhin wird Ben von seinem Vater befragt und getadelt.

S. 50–51

▶ 🎧 17

1 Trouble at school

Wortschatz **sell, sold, sold • a packet of** crisps **• cost, cost, cost • bicycle • back • chocolate bar**

Material eine Tüte Chips, ein Schokoriegel, eine Flasche Cola, CD

Einstieg **SB bleibt geschlossen.** Unterrichtsgespräch über *junk food* zur Erfassung der Vorkenntnisse der S und zur ▶ Semantisierung neuen Wortschatzes.

L: *Let's talk about snacks today. What do you eat in your break?*
(individuelle S-Antworten)
L: *Look, what I've brought! I have a packet of crisps, a chocolate bar and cola* (TA der neuen Begriffe).

L präsentiert der Klasse eine Tüte Chips, einen Schokoriegel und eine Cola, hält sie nacheinander hoch und sagt:

L: *What do you think about my snacks?*
(individuelle S-Antworten)
L: *Well, they're yummy, but not good for me. They're junk food.* (TA *junk food*).

L richtet sich an die S und führt so thematisch zur SB-Übung über:

L: *What's your favourite junk food?*
(individuelle S Antworten).
L: *Where do you buy junk food in our town/city?*

Die S benennen Geschäfte, Imbisse etc. im Ort. L fordert die S auf, ganze Sätze zu verwenden. Dazu kann bei Bedarf der Satzanfang an der Tafel: *I buy junk food at …* als Formulierungshilfe dienen.

L: *Does our school sell junk food?* (Die S antworten.)
L: *Why / why (not)?* (Die S antworten ggf. auch auf Deutsch.)
L: *What about South Liverpool High School? Can you buy junk food there? Let's find out. Open your books at page 50, please.*

a) 👥 Talk to a partner about the pictures …
More help p. 103 Talk to a partner about the pictures …
1 First talk about the questions: …
2 Then talk about the order of the pictures.
L bittet einzelne S, die Bilder zu beschreiben. Bei Bild D ggf. ▶ Semantisierung von *behind his back*. Auf SB-Seite 103 finden lernschwächere S zusätzliche Hilfen in Form von Redemitteln für die Bildbeschreibung.
Im zweiten Schritt spekulieren die S in welcher Reihenfolge die Bilder zu der Hörgeschichte passen könnten.

Lösung individuelle Lösungen

More help p. 103

Lösung *1* In picture C a *boy* is coming to school. He has a big *bag*. His bag is *bigger* than the other students' bags. What's *in* his bag?
In picture D there are some *kids* and a *teacher*. She's talking to the students. Maybe they have done something wrong?
2 individuelle Lösungen

b) Now listen to the story and check.

Lösung *C • A • D • B*

c) ◻ **Read sentences 1–4. Match them with …**

Lösung *1* B • *2* A • *3* D • *4* C

d) ◻ **Listen again and finish these sentences.** //● p.104

Es handelt sich um eine Parallelübung zur Überprüfung des Hörverstehens. Lernstärkere S arbeiten auf SB-Seite 104 und ergänzen dort die Sätze selbstständig ohne *Multiple-Choice*-Auswahl. Die lernschwächeren S bleiben auf SB-Seite 50.

Lösung *1* B • *2* C • *3* B • *4* C • *5* A • *6* A

//● p.104

1 Ben does not want to meet *the teachers.*
2 He tries to sell *crisps.*
3 One packet of crisps costs *55p.*
4 When the teacher comes Ben puts his bag behind *his back.*
5 Ms Hall takes Ben to the *principal's office.*
6 At this school you aren't allowed to *sell* crisps and chocolate bars. ▶INKL p.50

●/◻ Zusatz

In Gruppen von vier bis sechs lernstärkeren S wird die Geschichte als Rollenspiel vorbereitet. Sinnvoll ist es, ein/e S als *narrator* einzusetzen, der/die einzelnen Szenen einleitet. L kann die für den Einstieg mitgebrachten *junk food*-Artikel als Requisiten zur Verfügung stellen. Die S bereiten ein Gespräch vor und präsentieren es der Klasse.

Lernschwächere S bereiten sich auf die Beurteilung der unterschiedlichen Vorführgruppen vor. Dazu weist L auf die Grundsätze beim ▶ Feedback hin. Folgender TA dient der Orientierung:

I think your dialogue	*was*	*interesting* *funny* *realistic* *easy to understand* …
Next time	*you could*	*speak louder* *speak more clearly* *act better* …

2 A letter from school

Wortschatz °meaning • **less** • **yours sincerely** • **more and more** • **as much as … • possible** • **son** • bring: he **brought** • **against** • °opposite • **etc.**

Material OH-Folienbild von Bild B (SB-Seite 50)

Einstieg L verweist auf Bild B auf der SB-Seite 50.

Alternative L projiziert eine vorbereitete OH-Folie von Bild B auf SB-S. 50 an die Wand.

L fordert die S auf, die Situation auf dem Bild zu beschreiben. L fasst anschließend die S-Kommentare zusammen und semantisiert dabei neuen Wortschatz (▶ Semantisierung):

L: *The principal is angry because Ben brought junk food to school and sold it to his classmates. That's not ok – it's against the school rules.*

Ein TA kann die Schreibweise der neuen Vokabeln sichern:

Ben brought junk food to school and sold it.
That's against the school rules.

L: *What should the principal do now?*
What do you think?
S: *I think the principal should phone Ben's parents / write a letter to the parents / ...*
L: *Let's find out what really happened. Look at page 51, please.*

a) The principal asks Ben's dad to do two things ...

Lösung *talk to Ben • come to school*

b) Find these words in the letter. Then pick ...
Diese Übung dient der ▶ Semantisierung des neuen Wortschatzes.

Lösung ***1*** *E* • ***2*** *F* • ***3*** *C* • ***4*** *B* • ***5*** *D* • ***6*** *A*

3 Trouble at home

Wortschatz **What sort of ...? • make money**

Material Lösungsblätter mit Dialog von *Exercise 3*

L: *Well, Ben brought junk food to school and wanted to make money. That was against the school rules. He told Ben's dad in a letter. What can Ben's father do now?*
S: *Ben's father can talk to Ben / talk to the principal / ask Ben why he did it / ...*
L: *Ben's dad really talks to his son. Open your books at page 51, please.*

Read what Ben's father said. Then put Ben's answers ...
Die S arbeiten in EA. Sie schreiben dazu sukzessive die Fragen von Bens Vater in ihre Hefte ab, suchen die jeweilige Antwort von Ben dazu und schreiben auch diese ab. So entsteht der Dialog.

Zusatz Die S überprüfen den Dialog mithilfe eines von L zur Verfügung gestellten Lösungsblattes.

Lösung
Dad: Ben, what happened at school?
Ben: *Oh, Dad. It was nothing. I sold some food at school.*
Dad: What sort of food?
Ben: *Er ... crisps.*
Dad: Why did you sell junk food?
Ben: *I wanted to make some money.*
Dad: But it's against the school rules!
Ben: *I know! I'm really sorry, Dad.*
Dad: You must never do this again, Ben!
Ben: *OK, Dad.*

● Zusatz Lernstärkere S setzen den Dialog zwischen Vater und Sohn in PA fort. Dazu schreiben sie ihre Fortsetzung auf und spielen sie ggf. der Klasse vor.

4 WORDS

Wortschatz **biscuit • cereal bar • energy • energy drink • hot dog**

Material Signaltongerät (Wecker, Glocke, o. Ä.)

Einstieg
L: *Ben did something stupid: He sold junk food at school. Why did he do it?*
S: *He wanted to make money.*
L: *That's right. He wanted to make money. What sort of junk food did he sell?*
S: *He sold crisps, chocolate bars, cola, ...*
L: *Look at the pictures in exercise 4 on page 51. What did Ben sell?* (Die S nennen evtl. *energy drink.*) *What sort of food and drink can we find here?*

a) Match the pictures with words in the box ...
Die S bearbeiten die Übung mündlich.

Lösung *B chips* • *C energy drinks* • *D fruit* • *E hot dogs* • *F chocolate bars* • *G biscuits* • *H sweets*

More practice 1 p. 104 **WORDS**

Wortschatz °meals

a) Copy the network. Then write food and drink words ...

Lösungsbeispiel ... for breakfast: *bread • cheese • fruit • jam • juice • milk • tea • toast • water*
... for lunch: *chicken • chips • fruit • hot dogs • ice cream • lasagne • potatoes • salad • sausages • soup • vegetables • water*
... in the evening: *bread • cheese • fruit • juice • milk • tea • toast • vegetables • water • chicken • chips • hot dogs • lasagne • potatoes • salad • sausages • soup*
... between meals: *biscuits • cake • cereal bars • chocolate bars • crisps • fruit • ice cream • energy drinks • tea*
... at school: *bread • cheese • fruit • jam • juice • milk • toast • vegetables • water • energy drinks • cereal bars • chocolate bars*

b) Now complete these sentences. Give as many examples ...

Lösungsbeispiel
1 I should eat less *biscuits, cake, chips, chocolate bars, crisps, hot dogs, ice cream, jam, lasagne, sausages, sweets, ...*
2 I should drink less *energy drinks, juice, ...*
3 I should eat more *bread, chicken, fruit, potatoes, salad, vegetables, fish, ...*
4 I should drink *more water, milk, tea, ...*

b) Walk around: Talk to other students ...
L fordert die S auf in Form einer ▸ Milling-around activity mit wechselnden Partnern/Partnerinnen über die Lebensmittel zu reden, die man an der eigenen Schule erwerben und/oder zu sich nehmen kann/darf und ihre Meinung dazu zu äußern. Geben Sie den S kurze Vorbereitungszeit; Ideen, über welche Lebensmittel auch noch gesprochen werden kann, bietet die *Wordbank 3* auf der SB-Seite 148. Auf einen Signalton von L finden die S jeweils einen neuen Partner / eine neue Partnerin und tauschen sich ca. 15 Sekunden – je nach Leistungsvermögen – aus. Ein Tonsignal beendet die Gesprächsphase und fordert die S dazu auf, sich wieder im Raum zu bewegen und einen neuen Partner / eine neue Partnerin zu finden. Jede/r S sollte mit ca. sechs unterschiedlichen Partnern/Partnerinnen gesprochen haben.

O Differenzierung In lernschwächeren Gruppen kann L die Beispielsätze an die Tafel schreiben, so dass sie während der Übung als Modell präsent sind.

Lösungsbeispiel
A: *We can buy pizza at school. I think that's great because I like pizza.*
B: *Yeah, me too. I often buy it.*
A: *We can't buy energy drinks at school. I think that's bad.*
B: *Really? I think that's good, because energy drinks are very unhealthy.*

More practice 2 p. 105 **Food at your school**

What did you learn in your walk around? Report ...

Lösung individuelle Lösungen

▸ WB 4–5, p. 30 ▸ INKL p. 51

THEME 2 Good at selling things

Inhalt Dialog zum Thema Geschäftsidee • eine Geschäftsidee entwickeln und präsentieren

Storyline Bens Lehrerin für Wirtschaftslehre schlägt ihm vor, an einem Verkaufswettbewerb teilzunehmen, bei dem es darum geht, mit einer Gruppe eine gute Geschäftsidee zu entwickeln und umzusetzen. Die Gruppe, die in diesem Wettbewerb am meisten Umsatz erzielt, bekommt eine Reise nach London geschenkt und wird im Fernsehen präsentiert.

S. 52–53

1 What's wrong?

Wortschatz **be good at** sth. • °business studies *(pl)* • **Miss** • **active** • **term** • **salesperson,** *pl* **salespeople** • **serious** • hear: I've **heard** • **competition** • **take part in** sth. • **information about**

Material Flashcards mit den Wörtern: *student, salesperson, son, teacher, slave, father, principal*

Einstieg **SB bleibt geschlossen.** L hängt die vorbereiteten ▸ Flashcards an die Tafel und schreibt Bens Namen dazu. L fordert die S auf, aus der Kartenauswahl die Wörter auszusuchen, die auf Ben zutreffen. Dazu kommen einzelne S nach vorne, wählen eine Karte und setzen sie unter Bens Namen *(student, son, salesperson)*. An dieser Stelle kann L, falls die S den Begriff nicht selbst erschließen können, *salesperson* semantisieren (▸ Semantisierung). Im Anschluss fässt L zusammen:

L: *Ben likes to sell things to make money, so he's a salesperson. But he's a student too. In some schools you can learn how to sell things. The subject is called "business studies". Let's find out about Ben and his class "business studies". Open your books at page 52, please.*

a) [O] How does Ben feel? And can Mrs Fox ...?

Die S lesen den Dialog. L sichert das Globalverständnis und fragt die S, welche Idee die Wirtschaftslehrelehrerin für Ben hat. An dieser Stelle kann der Ausdruck *take part in a competition* semantisiert werden (▸ Semantisierung).

[O] Differenzierung Lernschwächere Lerngruppen geben die verstandenen Inhalte auf Deutsch wieder.

Im Anschluss beantworten die S die Teilaufgabe 1a).

Lösungsbeispiel *Ben isn't doing well at school and this makes him sad. His business studies teacher can help him, because she has a good idea for him.*

Die S bearbeiten die folgenden Übungen in EA schriftlich in ihren Heften. Kontrolle nach der ▸ *Bus stop*-Methode zu zweit oder im Plenum.

b) Which sentences of Mrs Fox tell you ...

Lösung

1 *I'd like to talk to you, please.*
2 *You aren't as active in class as you were last term.*
3 *I hear that you're the best salesperson in the school!*
4 *If you take part in the competition, I'll help you as much as I can.*
5 *You'll find more information if you look in the school newsletter.*

More practice 3 p. 105 **Ben and Mrs Fox**

Read these sentences. Are they true, ...

Lösung ***1*** *true* • ***2*** *false* • ***3*** *not in the dialogue* • ***4*** *false* • ***5*** *not in the dialogue* • ***6*** *true*

---

c) WORDS
Look again at the dialogue in 1a) and find the missing ...

Lösung

1 Ben, I'd like to talk *to* you, please.
2 Ben isn't *as* active in class *as* he was last term.
3 Mrs Fox says that Ben could be good *at* business.
4 *If* Ben sells things at school, he'll be *in* trouble.
5 But if Ben takes part in the competition, Mrs Fox will help him *as* much *as* she can.
6 Ben will find more information, *if* he looks *in* the school newsletter.

►WB 6, p. 31 ►INKL p. 52

2 A competition

Wortschatz **the most** money • **on TV** • **the USA**

Einstieg L führt zur Übung hin: *Ben's business teacher tells Ben to look at the school newsletter to find out about the competition. Let's have a look at the information in the newsletter.*

Die S lesen die Anzeige und bearbeiten die Teilaufgaben a) und b) schriftlich in ihrem Heft. Kontrolle nach der ► *Bus stop*-Methode zu zweit sowie im Plenum.

a) Read about the competition. What must students do?

Lösungsbeispiel *Students must work in a team. They must have 75 pounds. They must make as much money as they can. They must talk to Mrs Fox about their ideas for a business.*

b) Sentences 1–6 are wrong. Read the newsletter again ...

Lösung

1 You take part *in a team.*
2 You *begin with* £75.
3 Teams who make *the most money* win the competition.
4 If you take part, you'll *be on TV.*
5 If you win, your team will go to *London (for a weekend).*
6 *Talk to Mrs Fox* if you want to take part.

3 YOUR TASK Are you good at business?

Wortschatz °present • °step • **badge** • **balloon** • **plant** • **cost** • **total** • **per** balloon • **profit** • °presentation • **euro (€)** • **Box "Pounds and euros"** (SB-Seite 160)

Material Posterpapier (ein Blatt pro 3–4 S), dicke Filzstifte, Schmierpapier, Karteikarten in Klassenstärke

Einstieg **SB bleibt geschlossen**. L: *The competition sounds interesting, doesn't it? Do you have an idea what Ben wants to sell?*
Die S beraten in PA in einer Murmelphase. L sammelt anschließend die Ideen als TA (Überschrift: *Ideas for the business competition)* und leitet dann zum SB hin:

L: *Open your books at page 53, please. Look at the picture next to exercise 3. What do people want to sell?*

L nutzt diese Phase zur ► Semantisierung von *badge, balloon* und *plant* (Festhalten als TA).

L: *I have an idea. We'll have a business competition too. Afterwards we vote for the best business plan. The winner wins one day without English homework.*

Step 1–3 More help p. 105
L spricht mit den S die Arbeitsschritte *Step 1* bis *Step 3* wie im SB beschrieben durch und demonstriert dabei die Aussprache von *cost, total, per* und *profit*. L verweist auf die Hilfen für die Postergestaltung und für die Präsentation auf More help p. 105. L organisiert die Gruppeneinteilung (► Gruppenbildung), verteilt das Posterpapier, Schmierpapier und die Stifte.

Die S arbeiten in Dreier- bis Vierergruppen. Es bietet sich an, eine/n S pro Gruppe als „Sprachwächter“ zu benennen, der/die darauf achtet, dass möglichst viel Englisch gesprochen wird.

Auf Schmierpapier halten die Gruppen ihre Ausgaben und Einnahmen wie in *Step 2* beschrieben fest.

Bei *Step 3* fordert L die S auf, ihren *business plan* mit dicken Filzstiften auf einem Poster festzuhalten und erläuternde Sätze dazu zu verfassen (wie im Beispiel im SB). Zusätzlich verteilt L Karteikarten und schlägt den S vor, dass sie sich zu ihrem Teil des Vortrages Notizen machen.

Die Poster werden an der Tafel ausgehängt. Nachdem alle Präsentationen erfolgt sind, wird der beste Plan ausgewählt. Dazu können alle S nach vorne kommen, sich die Poster noch einmal ansehen und abschließend mit einem unter das Poster gemalte Kreuz ihren Favoriten markieren.

▶WB 7, p. 31 ▶Folie 11 ▶DFF 3.1, 3.2, 3.4 ▶INKL p. 53

STORY Something special

Inhalt eine Geschichte zum Thema *business competition*

Storyline Ben hat zu Hause Cupcakes gebacken und dabei die Küche in Unordnung hinterlassen. Sein Vater ist ärgerlich. Als Ben ihm erklärt, dass er die Cupcakes für einen Wettbewerb gebacken hat, verlangt der Vater, dass Ben den Wettbewerb vergessen und härter für die Schule arbeiten soll. Am nächsten Tag ist Ben frustriert, da er kaum Cupcakes verkaufen konnte. Seinem Vater tut seine schroffe Ablehnung vom Vortag leid und er gibt Ben den Tipp, seine Cupcakes zu etwas Besonderem zu machen. Als Ben ein *Beatles*-Poster sieht, kommt ihm eine Idee. Zusammen mit seinem Team verkauft er im Rahmen des Wettbewerbs auf dem Marktplatz Bio-Cupcakes mit *Beatles*-Konterfeis und gewinnt damit den zweiten Platz.

S. 54–55

1 Before you read

Wortschatz **look around • flour • break, broke, broken • egg •** ***cupcake*** **• impressed • at 16 • sit down, sat, sat • grandfather • negative • enough • mean, meant, meant •** send: they **sent • represent**

Einstieg **SB bleibt geschlossen.** ▶ Semantisierung von Wortschatz; L erinnert an die von den S im Rahmen von *Themes 2* erstellten *business plan*-Poster:

L: *You had very good business plans. What did you want to sell?* (Individuelle S-Antworten.)
L: *What do you think is Ben's business plan? What does he want to sell?* (Individuelle S-Vermutungen.)

L: *Open your books at pages 54 and 55, please. Look at the pictures. What does he want to sell?*
S: *Perhaps he wants to sell muffins.*
L: *Well, he wants to sell cupcakes.* (L nimmt *cupcakes* als TA auf.)

L: *Let's have a closer look at the pictures.* (▶ Semantisierung von weiterem Wortschatz mithilfe der Bilder. Neue Wörter als TA.)

L: *Look at Ben. His sweatshirt is dirty. The kitchen looks messy. There's flour everywhere: flour on Ben's clothes, flour on the table. And look! What's that on the table? It's a broken egg. Ben can't use the broken egg. He must throw the broken egg away. The kitchen looks terrible. What about Ben's father?*
S: *He's angry because the kitchen is so dirty.*
L: *Look at picture 3. How does Ben look?*

S: *He looks sad / fed up / unhappy / ...*
L: *Why? Look at picture 2.*
S: *The other kids are laughing about his cupcakes.*
L: *But look at his dad in picture 3. What's he doing?*
S: *He's eating a cupcake.*
L: *What does he think about it?*
S: *He likes the cupcake. / He thinks it's good. / ...*
L: *That's true. He's impressed. He's impressed that the cupcake is so good and he's impressed that his son can make cupcakes. But the kids at school weren't impressed. The cupcakes weren't good enough for them. Good, but not good enough. Look at picture 4. What are Ben and his friends doing there?*
S: *They're looking at Ben's mobile.*
L: *Why are they looking at his mobile? Let's find out and read the story. But first match the sentences with the pictures.*

Match the captions with pictures 1–5.

Lösung *a 2 • b 4 • c 3 • d 1 • e 5*

▸ 18 **Something special**

Material CD

Die S lesen den Text und hören ihn ggf. parallel von CD. ▸ INKL pp. 57–59

2 **What's the right answer?** // ● p. 106

Wortschatz °correctly • **fantastic**

Es handelt sich um eine Parallelübung zur Überprüfung des Leseverstehens. Lernstärkere S arbeiten auf SB-Seite 106 und ergänzen dort die Sätze selbstständig ohne *Multiple-Choice*-Auswahl, lernschwächere S bleiben auf der SB-Seite 55 und wählen aus jeweils vier Möglichkeiten die richtigen Satzenden aus.

Lösung *1 C • 2 A • 3 D • 4 C*

// ● p. 106 *1 ... was messy. • 2 ... important. • 3 ... could be better. • 4 ... poster.*

More practice 4 p. 106 **Tell the story**

Lösung *B • F • E • D • A • C*

▸ 19 **3 The end of the story**

Wortschatz °organic

Material CD

Einstieg ▸ Semantisierung von Wortschatz:

L: *What was Ben's team's idea? Look at the picture of Ben and his team in picture C. Why are the cupcakes special?*
S: *They have photos of the Beatles on them.*
L: *And they're organic. That's like "Bio" in German. What do you think – did they win? Let's listen to the radio programme about the competition!*

a) ◻ Listen to the radio programme. Who won ...

Lösung *Woodlands High School*

b) Listen to the programme again. Put pictures ...

Lösung *B • A • C • D*

c) Listen again. More help p. 106
Note what the three teams sold ...
L schreibt Formulierungshilfen als TA:

... School sold ...
They made £ ... profit.

Lernschwächere S benutzen die Tabelle in More help p. 106 zur Unterstützung. Sie übertragen die vorgegebene Tabelle in ihre Hefte und füllen die Lücken nach wiederholtem Hören.

Lösung *King Richard High School sold milkshakes. They made £88 profit.*
South Liverpool High School sold organic Beatles cupcakes. They made £120 profit.
Woodlands High School sold second-hand books. They made £153 profit.

More practice 5 p. 106

Tell the end of the story

◼ Finish the sentences to tell the end ...

Lösungsbeispiel First Kiera Patel, the TV reporter, talked to the kids from *King Richard High School.* They had different sorts of milkshakes, for example *chocolate, banana and strawberry.* Kiera tried a milkshake and it was *very nice.*

Next Kiera talked to the team from *Woodlands High School.* They had lots of *kids' books.* The books weren't expensive because *they were second-hand books.*

Then Kiera talked to the kids from South Liverpool High School. They looked like *the Beatles.* Their cupcakes were *healthy.* And they looked good too because *you could see the Beatles on them.*

In the end, Ben and his friends didn't win the competition. They got *second place.*

▶ WB 8–9, p. 32

Zusatz L initiiert ein Vokabelspiel zur Wiederholung des gelernten Vokabulars. Dazu werden die folgenden Wörter auf der Innenseite der Tafel verteilt angeschrieben:

slave, chocolate bar, less, Yours sincerely, son, brought, against, sort of, cereal bar, biscuit, business studies, salesperson, serious, competition, take part in, badge, plant, flour, broken, cupcake, impressed, enough, represent, organic.

L teilt die Klasse in zwei etwa gleichstarke Gruppen. Aus jeder Gruppe kommt ein/e S nach vorne, stellt sich mit dem Rücken zur Tafel neben seinen Konkurrenten, ca. zwei Meter von der Tafel entfernt. L signalisiert den Spielbeginn und nennt die deutsche Bedeutung eines der Wörter an der Tafel. Die beiden S drehen sich um, suchen das passende englische Wort und zeigen darauf. Derjenige, der das Wort als Erster gezeigt hat, erhält einen Punkt für seine Gruppe. Die beiden ersten S benennen zum nächsten Durchgang jeweils einen anderen S aus ihrer Gruppe, solange, bis alle S mindestens einmal an der Tafel gewesen sind und die Vokabeln abgefragt wurden. Beim Ablauf ist auf Tempo zu achten, damit möglichst viel Vokabelumsatz herrscht. Zudem ist darauf zu achten, dass die übrigen S den S an der Tafel nicht vorsagen. Zum Schluss wird der Punktestand abgeglichen und die Gewinnergruppe genannt.

SKILLS TRAINING Note-taking

Inhalt einem Text die wichtigsten Informationen entnehmen • sich Notizen machen • mithilfe der Notizen einen Kurzvortrag halten

Storyline Natasha Jonas aus Liverpool wurde von einer Fußballerin zur erfolgreichen Boxerin. Ihr Motto ist es, das eigene Talent zu entdecken und das Beste daraus zu machen. Sie liebt Boxen, auch wenn es gefährlich ist, denn es hält sie fit und macht sie stark.

S. 56

1 Natasha Jonas

Wortschatz °note-taking • **useful** • **underline** • °boxing • °was born • °sportswoman, *pl* sportswomen • °footballer • °female • °boxer • °fight, fought, fought • °Olympics • °role model • °motto • °respect • °talent • °box • °get hurt • ***fit*** • °strong • **underline** • **fact** • **task**

Material KV 21

Einstieg **SB bleibt geschlossen.** Die Klasse spielt eine Runde „Stille Post" *(= Chinese Whispers)*. Dazu flüstert L dem/der ersten S folgenden Satz ins Ohr:

L: *Tasha is a fit and strong female boxer with lots of talent who fights in the Olympics and hopes she won't get hurt.*

L signalisiert dabei mimisch, dass es sich um einen kaum zu behaltenden Satz handelt, der mehr scherzhaft verwendet wird. Die S versuchen, diesen Satz dem jeweils nächsten korrekt ins Ohr zu flüstern. L bricht das Spiel freundlich ab, wenn zu viel Gelächter aufgrund der Unmöglichkeit der korrekten Weitergabe auftritt und bittet die S zu versuchen, den Satz einmal laut wiederzugeben. L schreibt den richtigen Satz als TA und klärt mit den S die Bedeutung, v. a. der neuen Wörter (▶ Semantisierung).

L: *This was a really long sentence that was hard to remember. What can help you to remember the sentence?*
S: *We must write it down.*
L: *At least you need notes – so note-taking would be a good idea. Let's practice note-taking with a text about Natasha.*

a) First read the notes.
b) Now read the article about Natasha Jonas. Work ...

Lösung ***2*** *useful* • ***3*** *useful* • ***4*** *useful* • ***5*** *not useful* • ***6*** *useful* • ***7*** *useful* • ***8*** *useful* • ***9*** *not useful* • ***10*** *useful* • ***11*** *not useful* • ***12*** *useful*

c) Copy and complete the notes about Natasha.
Die S bearbeiten die Übung selbstständig. L sichert das Verständnis von „role model".

Lösung Natasha Jonas
Where she is from: *Toxteth in Liverpool*
Sports: *football* and *boxing*
In 2012: *Natasha was in the British Olympic Team at the London Olympics.*
Why she is special now: *She's a great role model for young people in Liverpool.*
What's bad about boxing: *Boxers can get hurt.*
What's good about boxing: *Boxing makes you fit and strong.*

d) Use your notes and give a short talk about Natasha.
Lernstärkere S halten vor der Klasse einen Kurzvortrag, bei dem sie ihre Notizen aus der Teilaufgabe c) verwenden sowie ggf. die *presentation phrases* aus dem *Skills file 10* auf der SB-Seite 136. Die S können ihre Präsentationen mit einem Nachbarn / einer Nachbarin üben, bevor sie sie im Plenum halten. ▶ WB 10, p. 33 ▶ DFF 3.6 ▶ INKL p. 60

Zusatz Das *Text file 3* und die dazugehörige ▶ KV 21: Note-taking bieten den S eine weitere Möglichkeit das *note-taking* zu üben (s. weitere Erläuterungen auf der HRU-Seite 139.)

SKILLS TRAINING Writing course (3)

Inhalt die eigene Meinung schriftlich äußern

S. 57

Giving opinions – for or against

1 Two comments about Natasha ...

Wortschatz **opinion • comment • for lots of reasons • in my opinion • role model • boxing • Olympic • even • violent • fight, fought, fought • prefer**

Einstieg **SB bleibt geschlossen.** L fragt die S nach ihren Lieblingssportarten und bittet dann um Stellungnahmen. Dabei wird Wortschatz semantisiert (▶ Semantisierung):

L: *What's your opinion about football? Is it a great sport or a stupid sport? What's your opinion about dancing? And what's your opinion about boxing?* (Individuelle S-Antworten.)

L: *In our English books Hannah and Sam give their opinions about Natasha and boxing. Let's see what they think! Open you books at page 57, please.*

a) Read the two comments about the article ...

Lösung *1 Sam • 2 Hannah*

b) Read Hannah's and Sam's comments again. Find ...

Lösung
1 I think that ...
2 In my opinion Tasha is ...
3 I also think that ...
4 In a word, I would like to ...
5 And the second thing is ...
6 I really hope that ...

2 NOW YOU

Wortschatz °draft • ***fit*** • **strong** • °rewrite • °ice hockey

Material Plakat oder OH-Folie

◎ **Write your own comment on Natasha and boxing.**
Die lernschwächeren S schreiben ihren eigenen Kommentar zum Thema Boxen und können sich dabei dicht an den Vorgaben im SB halten.

● **Choose your own sport and write a comment about it.** More help p. 107
L fordert die lernstärkeren S auf, ihren eigenen Kommentar zu einer selbstgewählten Sportart zu schreiben und verweist auf More help p. 107.

a) Write a first draft. Follow the three steps ...
Bevor die S mit dem Schreiben beginnen, wird im Plenum die Vorgehensweise besprochen (Dreischrittigkeit der Teilaufgabe a), ▶ Partner check und Textfertigstellung für das DOSSIER). Zur Visualisierung der Vorgaben für die Teilaufgabe a) schreibt L „*Writing comments*" auf ein Plakat und ergänzt schriftlich: *opinion (I think ...), reasons (In my opinion ...), ending (I hope ...).* Die Begriffe können auch auf Deutsch festgehalten werden.

Abschließend erklärt L, dass auf Satzüberleitungen geachtet werden sollte und hält schriftlich fest: *Use linkers (because/and/so).* Das Plakat kann anschließend im Klassenzimmer aufgehängt werden.

Lösung individuelle Lösungen

b) Partner check: Read your partner's comment and ...

Lösung individuelle Lösungen

c) Now correct and rewrite your comment. Then put it ...
Zur Bearbeitung der Teilaufgabe c) kann auf das *Skills file 8* auf den SB-Seiten 132–134 verwiesen werden. Die S legen ihre schriftlichen Stellungnahmen im DOSSIER ab.

Lösung individuelle Lösungen ▶WB 11, pp. 34–35 ▶DFF 3.7 ▶INKL p. 61

SKILLS TRAINING Mediation

Inhalt nach Informationen in einem Touristenbüro fragen • Sachverhalte und Fragen sinngemäß in der jeweils anderen Sprache wiedergeben

S. 58

1 At the tourist office

Material CD, Bild von einem *tourist office*, ggf. auf OH-Folie

Einstieg **SB bleibt geschlossen**. L führt in das Thema der SB-Seite ein:

L: *Tourists often go to the tourist information office. What sort of information can you get there?*
S: *You can ask where a museum is. / ... how much it costs. / ... when it's open. / ... where a hotel is. / ... for a map. / You can buy tickets. / ...*
L: *Some people don't speak English, so they must ask somebody to help them. Let's see how some German tourists in Liverpool get help. Open your books at page 58.*

Alternative L unterstützt den oben beschriebenen Dialog visuell und zeigt das Bild eines Fremdenverkehrsbüros, ggf. auf OH-Folie.

Two German tourists are at a tourist office ...
a) Look at the poster ...
b) Now read questions 1–4 ...

Lösung ***1*** *A, B* • ***2*** *A, C* • ***3*** *B, C* • ***4*** *A, C*

▶ 20 **c) Now listen to the dialogue. Which questions ...**

Lösung ***1*** *A* • ***2*** *A* • ***3*** *B* • ***4*** *C*

More practice 6 p. 108

Mediation

Du sollst dolmetschen, aber ...
a) Versuche es mit dem Gegenteil ...

Lösung ***1*** The water isn't *cold.* • ***2*** My friend isn't *happy.* • ***3*** Your cup isn't *full.* • ***4*** I think Arsenal won't *win.* • ***5*** The film was not *boring.* • ***6*** I don't *agree.*

b) Versuche, dich anders auszudrücken. Verwende ...

Lösung *1* My homework is *hard.* • *2* My *mother's sister* phoned. • *3* You write *quickly.* • *4* Would you like *an apple, banana or orange?* • *5* How much is it for people *who aren't children?* • *6* My sister *sells things.*

---

2 **The man in the tourist office** //● p.108

Material CD

▶ 20 **a) Listen to the dialogue again ...**
Es handelt sich um eine Parallelübung zur Überprüfung des Hörverstehens. Lernstärkere S arbeiten auf SB-Seite 108 und müssen dort die Sätze selbstständig ohne *Multiple-Choice*-Auswahl ergänzen, lernschwächere S lösen die leichtere Aufgabe auf der SB-Seite 58.

Lösung *1 B • 2 A • 3 C • 4 A*

b) Now give your partner the information ...

Lösung *Der Mann sagt,* dass die Karten nur *£4.50 kosten,* wenn wir *Schüler sind.* Die nächste Fähre *fährt um 10 Uhr.* Wir können *draußen oder drinnen sitzen.* Es gibt eine Bank *in Water Street.*

▶WB 12, p. 36 ▶DFF 3.5 ▶INKL p. 62

Zusatz Die S denken sich zu dritt einen eigenen kurzen Dialog über das Poster der *Beatles Story* auf der SB-Seite 64 oder zu einem der Poster auf der SB-Seite 91 aus. Dabei spricht ein S nur Deutsch, ein S nur Englisch und der dritte beide Sprachen, so dass er zwischen den beiden anderen vermittelt.

Der S, der nur Englisch spricht, „kennt" die zu den Postern passenden Hintergrundinformationen, spielt also z. B. jemanden im *tourist office*. Der S, der nur Deutsch spricht, fragt nach den Informationen. Der Dialog kann vor der Klasse vorgespielt werden. Ein Dialog kann so beginnen:

A: Was kann man denn in der *Beatles Story*- Ausstellung sehen?
B: *Can you tell us, what you can see in the Beatles Story?*
C: *You can hear and see everything about the Beatles.*
B: Man kann alles über die *Beatles* hören und sehen.

SKILLS TRAINING Viewing

Inhalt Hör-/Sehverstehen • Kurzfilm: verschiedene Sportarten

Storyline Sam, Tally und Ruby suchen ihren Freund Alfie, um mit ihm gemeinsam in die Stadt zu gehen. Sie treffen ihn im Park, wo er begeistert alleine Fußball spielt.

Alfie fordert seine Freunde auf, mit ihm Fußball zu spielen, aber da Alfie der unangefochtene Fußball-Champion ist, möchte niemand sich so gerne mit ihm messen. Man einigt sich, zuerst in die Stadt zu gehen und am nächsten Tag eine Olympiade der unterschiedlichen Sportarten zu veranstalten. Am folgenden Tag trifft man sich wieder im Park und Sam, Tally und Ruby machen ihre Vorschläge, mit welcher Sportart sie gegen Alfie antreten wollen. Die „olympischen" Disziplinen sind Pilates (Tally), Seilspringen (Sherlock) und Joggen (Ruby). In allen Disziplinen scheitert Alfie gegen einen der anderen. Als Alfie enttäuscht ist, muntern ihn die anderen damit auf, dass Spaß am Sport wichtiger ist als Erfolg.

S. 59

1 The 'SW6 Olympics'

Material DVD

a) Before you watch: Look at the photos of Sam ...

Lösung individuelle Lösungen

b) Now watch the film and check your answers in a).

Lösung ***Photo A:*** *Alfie* • ***Photo B:*** *Sam (Sherlock)* • ***Photo C:*** *Tally* • ***Photo D:*** *Ruby*
C *A sports competition*

●/○ Zusatz L fordert die lernstärkeren S auf, die wichtigsten Inhalte des Films auf Englisch wiederzugeben, die anderen, vor allem die lernschwächeren S, können auch ins Deutsche übergehen.

2 Who said what?

Wortschatz ***champion*** • **Get ready. Steady. Go!** • **I guess**

Material DVD

a) Work with a partner. Who said sentences ...
L fordert die S auf, die Bilder zu betrachten und zu rekapitulieren, wer was gesagt hat. Dabei soll noch nicht korrigiert werden und die unterschiedlichen Meinungen werden an der Tafel festgehalten. Somit wird die Kontrolle bei Teilaufgabe b) besonders spannend.

b) Now watch the film again and check your answers.
Die *More Practice*-Übung auf der SB-Seite 109 bietet den S die Möglichkeit inhaltlich falsche Sätze zum Film richtigzustellen und somit das Verständnis zu sichern bzw. zu überprüfen.

Lösung ***A*** *Ruby* • ***B*** *Tally* • ***C*** *Sherlock, Tally* • ***D*** *Tally* • ***E*** *Sherlock* • ***F*** *Alfie*

More practice 7 p. 109 A summary – with mistakes!

Wortschatz °summary • °pilates • °skipping

a) Read the summary. Then correct the mistakes in red.

Lösung The three friends meet in *South* Park. Alfie plays *football* there. Then they have a competition and *Alfie* wins. The next week they meet again in the *park* ... Tally is very good at *pilates*. Sam is very good at *skipping*. And Ruby is good at *jogging*. Alfie is *bad* at all three sports. In the end they all play *football* together.

b) Now watch the film again ...

3 The message of the story

Wortschatz **message**

Material im Rahmen von *Exercise 2, Skills Training*, erstellte Plakat / OH-Folie

a) What do you think is the message in this story?

Lösung individuelle Lösungen

b) Compare with two partners. Do they agree with you?
Die S tauschen ihre Meinung nacheinander mit zwei S in ihrer Sitzplatz-Nähe aus.

Lösungsbeispiel **A:** *I think the message is "All sports are good."*
B: *Really? I think it's "The most important thing is to have fun."*
A: *I agree. I think you're right.*

▶ INKL p. 63

Zusatz L fragt die S nach ihrer Meinung zum Film. L verweist als *language support* auf das Plakat zu „*Comments*" bzw. legt die OH-Folie nochmals auf, falls diese im Zusammenhang mit der *Exercise 2, Skills Training,* auf der SB-Seite 57 gemäß Beschreibung in diesen HRU erstellt wurde (s. HRU-Seite 92). Die S äußern ihre Meinung und verwenden dazu die Redemittel von der Folie bzw. dem Plakat.

FOCUS ON LANGUAGE

Inhalt Bedingungssätze (*if*-Sätze Typ 1)

S. 60–61

1 Good business ideas!

Einstieg **SB bleibt geschlossen.** L: *Lots of students want to take part in the business competition.* L zeichnet „Ben" an die Tafel (oder schreibt nur seinen Namen an die Tafel) und fragt die S, was Bens Geschäftsidee ist.

S: *He wants to sell organic cupcakes.*
L: *You're right. Let's find out about other business ideas. Open your books at page 60, please.*

Mrs Fox is talking to a different group of students ...
a) First look at the picture and make a list of the ...
Die S können die Liste der *business ideas* in ihre Hefte schreiben oder mündlich formulieren.

Lösung *football flags • fruit ice cream • vegetable soup • cupcakes • T-shirts with pictures*

Zusatz Mithilfe des folgenden L/S-Dialogs kann L schon auf die Struktur der Bedingungssätze eingehen.

L: *What's your favourite business idea?*

Einige S nehmen Stellung. L greift eine Antwort auf und sagt:

L: *Fruit ice cream is a great idea. If it's sunny, lots of people will buy fruit ice cream.*

L hält den Satz an der Tafel fest und setzt dabei Trennungsstriche zwischen den einzelnen Satzgliedern:

If it's sunny,	*lots of people*	*will buy*	*fruit ice cream.*

L fährt fort: *What will people want if it's cold?*
S (oder mit Hilfen von L): *If it's cold, people will want hot soup.* (TA ergänzen)

Alle SB-Beispiele werden so mit den S verbalisiert.

Anschließend fordert L die S auf, mit eigenen Worten zu formulieren, welche Inhalte man mit *if*-Sätzen ausdrücken kann und aus welchen grammatischen Strukturen sie sich zusammensetzen *(language awareness).*

2 *If ...*

a) Read the *Focus*-box.

Die S lesen die *Focus*-Box und L sichert das Verständnis. Weitere Erläuterungen zu den *if*-Sätzen, können auch im *Language file 11* auf der SB-Seite 145 nachgeschlagen werden.

b) Now look again at the sentences in exercise 1. Write ...

Lösungsbeispiel

1 If it's sunny, *lots of people will buy fruit ice cream.*
2 But people won't *buy it if it's cold.*
3 *If it's cold, people will want hot soup.*
4 *We'll make lots of money if we make cupcakes.*
5 *If we put cool pictures on T-shirts, kids will love them.*
6 *If we sell football flags, they'll be really popular.*

▶ INKL pp. 54–56

3 ○ Ben's plans for Saturday

Put the sentence parts together.

Lösungsbeispiel

1 If the weather is nice, I'll *ride my bike in the park.*
2 But if the weather is bad, I'll *stay at home and watch a DVD.*
3 If I have enough money, I'll *go bowling. Bowling isn't cheap!*
4 If my friends are free, I'll *meet them in town.*
5 But if I have lots of homework, I won't *go out. I'll stay at home and work.*

4 ○ What are Ben's ideas for Sunday? //● p. 109

Finish the sentences.

Wortschatz **bored**

Es handelt sich um eine Parallelübung. Lernstärkere S arbeiten auf SB-Seite 109 und bilden dort die korrekte Struktur sowohl im Nebensatz wie auch im Hauptsatz (Lösung s. Kursivdruck und Unterstreichungen). Auf SB-Seite 61 bilden die lernschwächeren S nur die Struktur im Nebensatz.

Lösung

1 If it *rains* on Sunday, Ben <u>will stay</u> at home.
2 But if Ben *stays* at home, he'<u>ll be</u> bored.
3 If Ben's friends *come* to his house, they'<u>ll have</u> fun.
4 If Ben *has* some milk, eggs and flour, they'<u>ll make</u> more cupcakes.
5 And if the cupcakes *look* nice, Ben's friends <u>will eat</u> them ...

More practice 8 p. 109 **NOW YOU**

What can you say about next weekend ...

Lösung individuelle Lösungen

---

5 ● What will happen if ...?

Wortschatz **jump • Box "Irregular verbs"** (SB-Seite 161)

a) Think: Write as many sentences about the picture as you can.

Lösungsbeispiel

If the ice cream *falls,* the dog will jump.
If the dog *jumps, the table will fall over.*

If the table falls over, the apples will fall to the ground.
If the apples fall to the ground, the boy will fall off his bike.
If the boy comes nearer, the girl will meet him.
If the salesperson finds the money, he'll be happy.

b) Pair: Compare your sentences with a partner.
c) Share: Read your sentences to the class. Who has the best ...

▶ WB 13–18, pp. 37–38 ▶ Folie 12 ▶ DFF 3.3

STOP! CHECK! GO!

Hinweis — Allgemeine Hinweise zu den *Stop! Check! Go!*-Seiten befinden sich auf HRU-Seite 40 und im Vorwort. Bei den geschlossenen Aufgabenformaten (Unit 3: *Exercises 1–4*) können die S ihre Ergebnisse mithilfe des Lösungsschlüssels auf ▶ KV 13: Answers to STOP! CHECK! GO! überprüfen (auch als ▶ Partner check). Für *Exercises 1c), 2b)* und *4c)* gibt es individuelle S-Lösungen. Hier sollte L unterstützen.

S. 62–65

1 WORDS A quiz about countries

a) Look at the flags. Write ...

Lösung — ▶ KV 13: Answers to STOP! CHECK! GO!

b) Now compare with a partner.

c) Which two countries do you want to visit? ...

Lösungsbeispiel — *I'd like to visit Turkey because it's always sunny. I'd also like to visit Turkey because my grandfather lives there.*

2 WORDS Business words

Wortschatz — °advertise

a) Match the words on the left ...

Lösung — ▶ KV 13: Answers to STOP! CHECK! GO!

b) Choose verbs from a) and make ...

Lösung — individuelle Lösungen

3 REVISION An interview with a footballer

Wortschatz — °interview • °Turkish • °goal

Lösung — ▶ KV 13: Answers to STOP! CHECK! GO! ▶INKL pp. 64–67

4 LANGUAGE Comparing

Wortschatz — °expression • °lion • °ice • °mouse, *pl* mice • °comparison

Zur Festigung der Regel bei Vergleichen verweist L auf das *Language file 10*, SB-Seite 144.

a) Compare these things. Write ...

Lösung — ▶ KV 13: Answers to STOP! CHECK! GO!

b) Expressions with *as* ... *as* ... can make texts more interesting ...

Lösung ▸ KV 13: Answers to STOP! CHECK! GO!

c) Make up your own comparisons.

Lösung individuelle Lösungen

5 LANGUAGE Your plans for next weekend

Material A4-Papier in Klassenstärke, Signaltongerät (Wecker, Glocke, o. Ä.)

a) Use the ideas below and make a questionnaire ...
Die S gestalten auf einem Blatt Papier oder im Heft in EA einen Fragebogen mit vier bis sechs Fragen aus der vorgegebenen Auswahl.

b) Answer the questions for yourself. Then talk to ...
Nachdem die S die Fragen in Bezug auf sich selbst beantwortet haben, bewegen sie sich im Klassenraum und finden drei verschiedene Partner/innen (▸ Milling-around activity). Bei großen oder unruhigen Lerngruppen bietet sich ein Tonsignal zur Rhythmisierung des Arbeitsprozesses an.

c) Write about your partners. Write as many sentences ...
Für die Lösung dieser schwierigeren *Exercise* ist es sinnvoll, den S Satz-Strukturhilfen als TA zu geben, z. B. *One of us will ..., two of us will ..., all of us will ..., none of us will ...* etc.

Lösungsbeispiel If we get lots of homework on Friday, three of us will *be very angry* and one *will be bored. If friends suddenly arrive at our house, all of us will be happy. If it rains all weekend, one of us will watch TV, two of us will play computer games. If we're not well and have to stay in bed, all of us will sleep all the time. If we're not allowed to watch TV, all of us will play computer games. If we're alone at home on Saturday evening, one of us will watch TV, one of us will visit his grandma, two of us will phone a friend.* ▸ Folie 13

6 SPEAKING Making plans in Liverpool

Wortschatz Partner A: °departure • °explorer • °cruise
Partner B: °hotel • °seafaring • °model • °shipping

a) Tell your partner ...
L teilt die S in *Partner A* und *B* ein (▸ Gruppenbildung) und klärt die ▸ Arbeitsanweisung.

Lösungsbeispiel
Partner A: I'd like to *go to the Beatles Story Museum.*
Partner B: Oh? Why?
Partner A: Because I like *the Beatles. / Because* it's *fun.*
Partner B: *What do you want to do there?*
Partner A: *I want to hear and see everything about the Beatles.*
Partner B: *What does it cost?*
Partner A: *It costs £7 for children.*

b) Listen to your partner's ideas and take notes.
Die S notieren in Stichpunkten, was ihre Partnerin / ihr Partner gern sehen möchte.

c) Talk to your partner and choose two things that ...

Lösungsbeispiel
Partner A: In my opinion we should *go on the river trip.*
Partner B: Really? I disagree. I think *we should go to the Beatles museum.*
Partner A: Oh, *Beatles museum,* OK. I agree. Let's go to *the Beatles museum.*

Partner B: In my opinion we should *then go to Liverpool One.*
Partner A: Really? I disagree. I think *we should go to the Titanic museum.*
Partner B: Oh, the *Titanic museum,* OK. I agree. *Let's go to the Titanic museum.*

▶ 21

7 LISTENING and MEDIATION *City Explorer Bus Tour*

Material CD

a) Du bist mit deiner Familie in Liverpool ...

Lösungsbeispiel *Die Tour dauert eine Stunde. Die erste Tour startet morgens um 10 Uhr. Die Karten kosten £8 für Erwachsene und £5 für Kinder. Es gibt ein Familienticket für zwei Erwachsene und drei Kinder für £20.*

b) Überprüfe deine Notizen ...

8 READING and WRITING More sport at school?

Wortschatz °canoeing • °zumba • °yoga • °ending • °argument

a) Read these online comments. Who likes more ...

Lösung *Kelly and Jordan want more sport, Evie wants less sport.*

b) Copy the table. Then read the comments ...

More help p. 110 **Copy the table. Now put the phrases ...**

S, die Hilfe beim Lösen dieser Aufgabe benötigen, finden Unterstützung auf der SB-Seite 110. Hier wird nur die Zuordnung vorgegebener *phrases* in die Spalten *„for"* und *„against more sport"* verlangt; zusätzlich werden *phrases* angeboten, die die S der richtigen Spalte zuordnen. Auf der SB-Seite 65 suchen die S selbstständig *phrases*, um die Tabelle zu vervollständigen. Auch *linkers* müssen in die Tabelle eingetragen werden.

Lösungsbeispiel/Lösung

reasons for more sport	reasons against more sport	linkers
makes you active and *strong*	boring	In my opinion
you can try different sorts of sport	*do sport outside school if*	*and*
students like sport	*you want to be fit*	*because*
it makes you feel great	*no really good sports*	*I really hope*
sports lessons are as important as		*I believe*
maths and English		*So I say*
makes you stay healthy		*if*
you don't have to be good at sports		*so*
do your best for your team		*I really think*

More help p. 110

for more sport	against more sport
makes you active and *strong*	lots of sports are boring
need sport to stay healthy	*not enough really good sports*
do your best for your team	*don't need sport at school*
as important as maths	*can do sport outside school*
can try different sorts of sports	
feel great	

c) ● Write your own comment about more school ...

Lösungsbeispiel *In my opinion there should be sports lessons at school, but not too many. It's good that pupils can try new sports. But there are also pupils who don't like sport and are not good at sport. It shouldn't be too hard for them. I think: Sport is good, but not too much.*

d) Put all the comments up ...

Lösung individuelle Lösungen

9 My learner log

Copy and complete your learner log. Then put it in your DOSSIER.
Die S gestalten eine Seite, auf der sie ihre persönlichen Kompetenzen einschätzen und mit einem Smiley bewerten. Für die inhaltlichen Kompetenzen sollten die S Beispiele angeben.

Lösung individuelle Lösungen ▶WB (Portfolio), p. 39 ▶WB (Revision), p. 40

REVISION

Hinweis Allgemeine Hinweise zu den *Revision*-Seiten befinden sich auf der HRU-Seite 42 und im Vorwort.

Inhalt über sich und die eigene Familie schreiben • Wiederholung des *simple present*

S. 66–67

Writing about you and your family – using the simple present

Wortschatz °Italian

Einstieg **SB bleibt geschlossen.** L schreibt die folgenden Begriffe ungeordnet an die Tafel (s. Bsp.):

Scotland *breakfast* *brothers and sisters* *hobbies* *school* *bin* *family* *homework* *dishwasher* *bike* *pen* *pets* *trousers* *rubbish* *calculator* *vegetables* *friends* *dinosaurs* *adverts*

L: *You want to talk about yourself to someone new. What do you usually talk about? Please underline only the things you talk about.*

Die S wählen die Themen aus, über die sie normalerweise sprechen, wenn sie jemanden kennenlernen und sich vorstellen. Dazu kommen einzelne S nach vorne und unterstreichen die passenden Begriffe:

L: *You're right.* (L leitet zum SB über.) *In your books there is an email from an Italian boy who tells us about his life and his family. Let's read what Angelo writes about. Open your books at page 66, please.*

1 Angelo's first email

a) Read the email. What does Angelo write about?

Lösung *Angelo writes about his family, his parents, his brother, his pet, his school and his hobbies.*

b) The simple present
L schreibt die folgenden Sätze an die Tafel und unterstreicht die Verben:

I like your photo.
My dad helps in a home for old people.
I don't live in a house.
My brother doesn't have a job.

L lässt die S kurz zusammenfassen, was die Bildung des *simple present* ausmacht. Dies kann auch auf Deutsch geschehen.

◻ Differenzierung — Für lernschwächere S gibt L Hilfen, indem sie zuerst auf die Personalpronomen an der Tafel und dann auf das Verb zeigt.

Die kurze Bewusstmachung dient der Hinführung zur Teilaufgabe b). ► Klären der Arbeitsanweisung bei Unterpunkten 1–4.

1 Copy eight verbs ...

Lösung — I *like* • we *live* • my parents *work* • *I have* • *we get* • *I chat* • *we sometimes go* • *I listen* • *I really like*

2 Copy three examples ...

Lösung — my dad *helps* • my mum *works* • he *helps*

3 Copy two examples ...

Lösung — I *don't live in a house* • he *doesn't have a job*

4 Copy two examples ...

Lösung — Does *your school give you lots of homework too?* • Do *you have a favourite singer?*

Das *Language file 1* auf der SB-Seite 38 geht im Detail auf das *simple present* ein.

2 ◻ Angelo's second email

Exercise 2 und *3* werden schriftlich gelöst. Lernschwächere S bearbeiten *Exercise 2*, bei der sie zwischen zwei Möglichkeiten die grammatikalisch richtige Form des Verbs im *simple present* wählen, lernstärkere S können direkt zur *Exercise 3* gehen und dort selbstständig die Verneinung im *simple present* bilden. Kontrolle durch ► Partner check.

Read the email and pick the right form of the verb

Lösung — Hi, I *want* to send you a photo of our dog, Mona. She's so cute! Mona *likes* running in our park. Luigi *takes* her there every morning and I *go* with her in the evening. Mona often *dives* into the water there because she *loves* swimming. We all *love* Mona!
Angelo.

3 ● Angelo and his family

Wortschatz — °everything

Your brother tries to tell your parents about ...

●/◻ Differenzierung — Der ► Partner check der *Exercises 2* und *3* kann gruppenübergreifend stattfinden: Die lernschwächeren S kontrollieren zu zweit die Ergebnisse eines/einer lernstärkeren S (ggf. mit Unterstützung von L), während sich die lernstärkeren S die Ergebnisse der lernschwächeren S ansehen.

Lösung
2 No, they *don't work* in a village! They work *in the city*.
3 No, he *doesn't have* a job! He helps *in a garden centre*.
4 No, he *doesn't get homework once a week*! He *gets homework every day*.
5 No, they *don't go home after school*! They *go bowling or swimming*.
6 No, she *doesn't sleep in his room*! She *sleeps in the kitchen*.

4 A video chat with Angelo

L führt in das Thema *video chat* ein:

L: *Do you know what a video chat is?*
L/S: *You can see somebody and talk to him or her. You can use your mobile or your computer for it.*
L: *Does anyone of you do video chatting?* (Die S antworten per Handzeichen.)

L: *Imagine you want to do a video chat with Angelo. Let's see what questions you could have. Please open your books at page 67.*

You have some questions for Angelo ...
L macht die S auf den Notizzettel im SB aufmerksam, der an die Verwechslungsgefahr von *who* (= wer) und *where* (= wo) bei deutschen Muttersprachlern hinweist.

Lösung

You:	*Angelo:*
1 *When* does your school begin?	– At 8.30 am.
2 *How* do you go to school?	– I walk.
3 *What* is your favourite lesson?	– Art.
4 *Why* do you like this lesson?	– Because the teacher is nice.
5 *Where* do you have lunch?	– I have lunch at school.
6 *Who* are your best friends at school?	– Luciano and Carlo. They're fun!

5 NOW YOU

a) Look again at Angelo's email in exercise 1 ...

Differenzierung: Insbesondere lernschwächere S orientieren sich an den Hinweisen auf dem gelben Notizzettel, der die S dazu ermuntert, Angelo's Email *(Exercise 1)* als Vorlage für die eigene Email zu nutzen.

Lösungsbeispiel

Hi Angelo!
Thanks for your two emails and for the photo of Mona. She's cute!
I have *two* brothers and sisters. My dad works in *a bank* and my mum *doesn't have a job.*
I go to school *in Bochum*. After school I *do my homework* and I sometimes *meet my friends.*
My hobby is playing football.
That's all for now. Please write soon!
Ben

Ask a question ...

Lösungsbeispiel: *What's your favourite lesson? Do you like Rihanna?*

b) Partner check: Show your email to a partner ...

Alternative: Die S schreiben an den Rand des Textes ihres Partners / ihrer Partnerin die Buchstaben *F, S,* oder *H* – je nachdem welches Thema in dem Absatz behandelt wird. *F* für Sätze zum Thema *family*, *S* für Sätze zum Thema *school* und *H* für Sätze zum Thema *hobbies* (Tafelanschrieb). Daraus können die korrigierenden S einfacher ableiten, ob der Partner / die Partnerin alle Themen ausreichend abgedeckt hat. Unter den Text schreiben die S dann *Well done!*, wenn alle Themen behandelt wurden, oder *Write more about your family/hobbies* etc., wenn etwas fehlt.

4 Scotland is different

Storyline Die S lernen die schottische Familie MacDonald kennen, Alec und Kate mit ihren Kindern Jamie und Kara, die in Dores, nahe Inverness wohnen. Der Vater ist Manager in einem Geschäft für Sportartikel in Inverness. Das Geschäft muss schließen, weil die Kunden u.a. vermehrt online einkaufen. Die Mutter, eine Friseurin, ist ebenfalls arbeitslos geworden. Um Geld zu verdienen und in Dores wohnen bleiben zu können, beschließen die MacDonalds, in ihrem Haus *bed and breakfast* anzubieten. Durch die Werbung über eine Homepage für ihr neues Geschäft kommen die ersten Gäste, die Grants aus Kanada, die bei ihrer Anreise eine erste mysteriöse Übernachtung haben, bevor sie in Dores bei den MacDonalds ankommen.

Sprachliche Mittel **Wortfelder:** Länderbeschreibung (Schottland) • Arbeit/Arbeitslosigkeit • Tourismus, Hotel, B&B • Freizeitaktivitäten • Zimmer buchen, Buchungen bestätigen • Musik

Strukturen: *relative clauses* • *reflexive pronouns*

Kommunikative Kompetenzen

Listening: einem Hörtext Detailinformationen über eine Familie entnehmen • in einem Telefonat eine Zimmerbuchung verstehen • einem Radiotext Informationen zu einer Person entnehmen • Aussagen in einem Song Gefühle zuordnen

Speaking: einem Partner / einer Partnerin Fotos beschreiben • Informationen zu Schottland in einer Gruppe präsentieren • eine Reservierung telefonisch vornehmen/bestätigen • mithilfe von Notizen einen Textabschnitt wiedergeben • die Reihenfolge von Textabschnitten begründen • mit Relativsätzen Personen/Dinge beschreiben • unbekannte Wörter umschreiben

Reading: unterschiedlichen Textsorten Informationen entnehmen

Writing: eine Geschichte strukturieren • unter Beachtung von *wh-questions*, *time phrases* und *linkers* eine Geschichte zu Ende schreiben • einen eigene Geschichte schreiben und dabei *wh-questions*, *time phrases* und *linkers* nutzen • eine Zimmerbuchung per E-Mail vornehmen

Viewing: einem Film über Schottland Unterschiede zwischen England und Schottland entnehmen • Fragen zu Filmszenen beantworten

Methodische Kompetenzen **Lernstrategien:** Informationen selbstständig erarbeiten • Lesetechniken *(skimming/scanning)* anwenden • Notizen in verschiedenen Anforderungssituationen machen (Telefon, Tabelle, Geschichte) • Bilder und Überschriften zur Vorentlastung beim Hör- und Leseverstehen nutzen • Strukturhilfen *(wh-questions, time phrases, linkers)* für die eigene Schreibproduktion nutzen • sprachliche Regelmäßigkeiten entdecken • Personen/Dinge strukturiert beschreiben (Relativsatzmuster) • eigene Lernergebnisse am Ende der Unit einschätzen *(My learner log)* • einen Test eigenverantwortlich auswerten *(Stop! Check! Go!)*

Kooperative Lernformen: PA • GA • *Role-play* • *Jigsaw* • *Partner check* • *Think-Pair-Share*

Interkulturelle Kompetenzen Schottland: Geld, Akzent, Speisen, Kleidung, Sportarten, Tänze, Musikinstrumente, Landschaft, Sehenswürdigkeiten

Dossier eine Geschichte über *Slains Castle* schreiben • eine Geschichte über einen aufregenden Tag schreiben • *My learner log*

LEAD-IN

Inhalt Einführung von Wortschatz zu den Themen Landschaft, Wetter, Sport und Sehenswürdigkeiten in Schottland • Bildbeschreibungen • selbstständige Recherche und Austausch zu Schottland mithilfe von *Text file 4, Scotland Facts* (SB-Seiten 122f.)

S. 68–69

1 Talk about the photos

Wortschatz **Scotland • castle •** °beware of **•** ***monster*** **• lake • throw, threw, thrown • grey • sky • modern • building**

Material ggf. Wandkarte von Großbritannien, ggf. farbige Kreide, OH-Folienkopie von KV 14 mit ausgeschnittenen Flashcards, abwaschbarer Folienstift

Einstieg **SB bleibt geschlossen.** L hängt eine Landkarte von Großbritannien auf (alternativ lässt L die S die Karte im vorderen Innenumschlag des SB aufschlagen) und schreibt *SCOTLAND* (möglichst mit farbiger Kreide) senkrecht in Großbuchstaben auf die Mitte der Tafel. Dabei lässt sie etwas Abstand zwischen den Buchstaben. In einem kleinen Vortrag führt L die neuen Wörter entsprechend der ► Didaktischen Folge in Laut- und Schriftbild ein, um den S die anschließende eigenständige Erarbeitung der Informationen auf SB-Seiten 68/69 zu erleichtern. Während der ► Semantisierung (s. u.) schreibt sie nach und nach neue Wörter waagerecht hinzu, indem sie jeweils einen Buchstaben aus *SCOTLAND* nutzt (s. TA).

G	R	E	Y		S	K	Y					
					C	A	S	T	L	E		
				M	O	D	E	R	N			
					T	H	R	O	W			
				G	L	A	S	G	O	W		
				L	A	K	E	S				
				I	N	V	E	R	N	E	S	S
	B	U	I	L	D	I	N	G				

L: *Today we are going to learn a lot about Scotland* (deutet auf TA). *It's part of Britain and it's north of England* (L zeigt Schottland auf der Karte). *Because Scotland is so far up in the north, the weather can change very quickly. One minute the sky* (L deutet aus dem Fenster) *is blue and the next minute it is grey like the ... in our classroom* (L deutet auf graues Objekt im Klassenraum, danach TA: *GREY SKY*). *In Scotland there are a lot of mountains, rivers and lakes* (TA). *Lakes are natural pools of water. Sometimes there are fish in them – or maybe something else too. We'll see. A lot of Scottish people like sports. In some Scottish sports you throw something* (TA, L macht entsprechende Körperbewegung), *but it's not always a ball. We'll find out what other things you can throw later. There are a lot of castles* (TA) *in Scotland too. Castles are very old and big buildings where kings and queens lived. Glasgow* (TA, L zeigt auf Karte) *is a city in Scotland. There are a lot of buildings in Glasgow, houses, factories, shops, etc. Many buildings in the city are not old like the castles, they are very modern* (TA). *Another town in Scotland is Inverness* (TA, L zeigt auf Karte). *In the new unit in our books we'll learn something about a Scottish family, who lives near Inverness.*
Open your books at pages 68/69, please.

Alternative Statt mit TA arbeitet L mit einer OH-Folienkopie von ► KV 14: Scotland, schneidet die Flashcards aus und legt die Karte auf den OHP. L lässt die S Vermutungen äußern, worum es sich bei der Karte auf der OH-Folie handelt und semantisiert dann die neuen Vokabeln (s. o.), wobei sie an den entsprechenden Stellen die jeweiligen Flashcards auf den OHP legt. Glasgow, Edinburgh und Inverness zeichnet sie mit einem abwaschbaren Folienstift auf der Karte ein (Vorlage dafür: vordere innere SB-Umschlagseite).

Die Aufgabe kann im Plenum oder in PA erarbeitet werden. Auf Nachfrage von S kann L das Distel-Wappen erläutern, s. Info-Box auf der folgenden Seite.

○/● **Differenzierung** In lernschwächeren Gruppen trägt L beispielhaft ein bis zwei Dialoge mit einem oder mehreren lernstärkeren S vor.

Lösung individuelle Lösungen

► INKL p. 68

INFO-BOX Schottland

Sprache: In Schottland werden u. a. Englisch, *Scots* (ein schottischer Dialekt des Englischen) und das schottische Gälisch gesprochen. Letzteres ist nah mit dem irischen Gälisch verwandt. Siedler aus Irland haben diese Sprache vermutlich schon vor dem Mittelalter nach Schottland gebracht, wo es sich weiter entwickelt hat. Das schottische Gälisch wird vor allem in den Highlands und auf den westlich vorgelagerten Inseln, den Hebriden gesprochen. Dort findet man auch zweisprachige Straßen- und Hinweisschilder (Englisch/Gälisch). Laut einer parlamentarischen Verordnung von 2005 soll das schottische Gälisch weiter gepflegt und verbreitet werden und so schließlich den Status einer offiziellen Landessprache erhalten. Eine für Deutsche sehr einprägsame Besonderheit des schottischen Gälisch ist das "ch", das z. B. im Wort *loch* wie im Deutschen ausgesprochen wird.
Nationale Symbole: Die schottische **Flagge** zeigt ein weißes Andreaskreuz (*saltire*) auf blauem Hintergrund. Es ist auch in die britische Flagge, den *Union Jack* integriert. Dieses diagonale Kreuz, das symbolisch für den Apostel Andreas steht, soll sich im 9. Jahrhundert vor einer Schlacht zwischen schottischen Stämmen und Angelsachsen aus Wolken am Himmel gebildet und den Schotten zum Sieg verholfen haben. Die **Distel** gilt seit dem 13. Jahrhundert als offizielle Blume Schottlands. Angeblich haben ihre Dornen dabei geholfen, skandinavische Eroberer in die Flucht zu treiben. Es gibt ein bekanntes Lied über sie aus dem 19. Jahrhundert „The Thistle o' Scotland", dessen Text zunächst in schottischem Gälisch verfasst und erst anschließend ins Englische übersetzt wurde. Das weltweit bekannte Schottenmuster, eigentlich eine breite Auswahl an verschiedenfarbigen Karo-Webmustern für Wollstoffe, heißt **tartan**. Verschiedene Muster stehen für bestimmte *clans*, also alte schottische Familien. Aus Stoffen mit *tartan*-Muster werden u. a. die berühmten Kilts gefertigt. **Kilts** sind ebenfalls stark mit der gälischen Tradition in Schottland verknüpft und werden etwa seit dem 16. Jahrhundert von Männern und Jungen getragen.
Weitere Informationen zu Schottland finden sich in *Text file 4* (SB-Seiten 122–123), das in *Exercise 2* erarbeitet wird.
Hinweis: Zur Zeit der Drucklegung dieser HRU steht das Referendum, in dem die schottische Bevölkerung über die Unabhängigkeit Schottlands vom *United Kingdom* entscheidet, noch bevor. Das Ergebnis des Referendums, das am 18. September 2014 stattfindet, ist zu diesem Zeitpunkt noch nicht abzusehen. Daher wird Schottland in *EG Highlight 3* SB und allen Begleitmedien als Teil des *United Kingdom* behandelt.

2 YOUR TASK Find out about Scotland

Wortschatz **capital** • **which** lake? • its **own** flag • **parliament** • **language** • **musical** • °work on sth.

Material beschriftete Kärtchen für die Gruppeneinteilung, leere OH-Folie, Folienstift

Einstieg Diese Übung erfolgt, etwas abgewandelt, nach der Methode ▸Jigsaw. Die stoffliche Grundlage bildet das *Text file 4* (SB-Seiten 122–123).

Haben die S noch nicht viel Erfahrung mit der *Jigsaw*-Methode, sollte L die Phasen der GA (mit Zeitvorgabe) als TA oder auf einem Poster visualisieren:
Phase 1 (= Teilaufgabe a)) findet, abweichend von der Grundmethode, in den Querschnittsgruppen (Gruppen 1, 2, 3, ...) statt.
Phase 2 erfolgt als EA mit dem *Text file 4* (= Teilaufgabe b)).
In Phase 3 finden sich dann die Expertengruppen (A, B, C, ...) zusammen (= Teilaufgabe c)).
Den Abschluss bildet Phase 4 mit der Zusammenführung von Ergebnissen in der anfänglichen Querschnittsgruppe (= Teilaufgabe d)).

a) Work in groups of three. Read all the question cards together. Write ...
Die erste Gruppeneinteilung können die S selbst vornehmen, danach weitere Einteilung durch L wie im Glossar zur Methode ▸Jigsaw beschrieben. Lassen sich rechnerisch nicht nur Dreiergruppen bilden, wird auf Vierergruppen bzw. Zweierteams (für letztere möglichst lernstärkere S) ausgewichen. Dann muss aber mithilfe von L abgesprochen werden, an welchen *question cards* die S bei b) jeweils arbeiten bzw. wie sie die Fragen untereinander aufteilen, und an welchen Expertengruppen sie in c) teilnehmen.

b) Each student in the group takes one question card (A–C) ...
EA mit ▸*Text file 4* (SB-Seite 122–123).

c) Sit in a new group with three students who worked ...
Nach dem Vergleich korrigieren die S ggf. ihre Antworten.

d) Go back to your first group. Tell your group the answers ...
Zurück in den ursprünglichen Querschnittsgrupppen tauschen sich die S mündlich aus. Im Plenum werden die Antworten zusammengetragen, als TA oder auf einer OH-Folie.

Differenzierung
In lernstärkeren Klassen kann L die S auffordern, sich im Anschluss Wörter / Satzteile / ganze Sätze aufzuschreiben, die sie zu den von ihnen nicht bearbeiteten Fragen behalten haben. Danach Auswertung im Plenum. L fragt gerade die S nach Antworten, die die Fragen nicht selbst bearbeitet haben.

Lösung
A 1 *Edinburgh* • ***A 2*** *Glasgow* • ***A 3*** *Loch Ness* • ***B 1*** *a), b)* • ***B 2*** *blue and white* • ***C a)*** *kilt* • ***b)*** *shinty, tossing the caber (football, dancing)* • ***c)*** *Gaelic (English)* • ***d)*** *bagpipes*

▶ WB 1–2, p. 41 ▶ Folie 14 ▶ DFF 4.8 ▶ INKL p. 69

Zusatz
Da das Schild „*BEWARE OF THE MONSTER*" im SB die S bestimmt neugierig macht, kann nach der Bearbeitung von *Exercise 2* der Text *The Loch Ness Monster* im *Text file 4, Scotland Facts* (SB-Seite 123 unten), erarbeitet werden. Siehe dazu HRU-Seiten zum *Text file 4*.

THEME 1 Time for a change

Inhalt
Zeitungsartikel über Geschäftsschließung • Einführung und Reaktivierung von Wortschatz zu den Themen Arbeit, Arbeitslosigkeit • Reflexivpronomen in Texten (lexikalisch)

Storyline
Die S lernen die MacDonalds (Alec, Kate, Jamie, Kara) kennen. Sie erfahren, dass und aus welchen Gründen der Vater arbeitslos wird, dass die Mutter schon arbeitslos ist und welche Ideen die Familie hat, weiterhin Geld zu verdienen.

S. 70–71

▶ 22

1 News for the MacDonalds

Wortschatz
change

Material
CD, OH-Folienkopie der Karte auf KV 14, KV 14 (ohne Flashcards) in Klassenstärke

Einstieg
SB bleibt geschlossen. L projiziert die OH-Folie von ▶ KV 14: Scotland und deckt die Flashcards dabei ab. Sie teilt Kopien der Schottland-Karte auf ▶ KV 14: Scotland aus. Beim Kopieren deckt L den Flashcard-Teil der KV ab, sodass die S Platz für ihre Notizen haben.

L: *What do you remember about Scotland? Think about it alone for a minute and take notes on your copy of the map of Scotland.* (EA) *Now tell your partner what you remember.* (PA) *Today we are going to hear about the MacDonald family. They live in Scotland. But where? How many are there in the family? And what are their names? Let's find out. Open your books at page 70, please.*

a) Listen and pick two answers: ...

Lösung
B • *C*

b) Listen again and find out: ...

Lösung
1 A *Kate* • ***B*** *Alec* • ***C*** *Kara* • ***D*** *Jamie* • ***2*** *Dores* [Aussprache: dɔːz] • ***3*** *yes* • ***4*** *no*

2 Bad news for Inverness

Wortschatz
shop • **for** the last time • **equipment** • °close down • ***manager*** • **unemployed** • **month** • ***boss***

Material
Wandkarte von Schottland oder OH-Folie von KV 14

Einstieg

L: *Now we know where the MacDonalds live, in Dores* [Aussprache: dɔːz]. *Dores is near Inverness* (zeigt auf Wandkarte oder OH-Folie der ▶ KV 14: Scotland). *On page 70 there is an article from the Inverness News. It was written some time after the MacDonalds had their talk. It has something to do with their problems. Look at the headline first. What do you think: Is the article good news or bad news for the MacDonalds?* (Die S stellen Hypothesen an.) *Let's read the article and find out.*

a) ◻ Read the article. Find out: Is it good or bad news ...

■ Differenzierung

Lernstärkere S begründen ihre Lösung. *(Mr MacDonald lost his job.)*

Lösung

It is bad news for the MacDonalds.

b) Read the article again and take notes: ...

L semantisiert vorab die neuen Vokabeln *equipment, month* und *unemployed* (▶ Semantisierung). Auswertung im Plenum.

Lösung

1 Name of shop: *MacBean's* • ***2*** Address: *Church Street, Inverness* • ***3*** What can you buy there: *sports clothes and equipment* • ***4*** Why it is closing: *Customers like to go to big shopping centres or shop online.* • ***5*** How many people worked there: *eight*

■ Differenzierung

Zur Auswertung tragen lernstärkere S mithilfe der Notizen ihre Informationen wechselseitig einem Partner / einer Partnerin vor.

c) WORDS Find these words in the article: ...

Hinweis: Bei der Lösung zu 6. ist zu beachten, dass im Text *hairdresser's* steht = der Laden, in der Aufgabe aber die Person = *hairdresser* abgefragt wird. Vor Bearbeitung der Übung kann L mithilfe der *Wordbank 1*, SB-Seite 146, die Unterscheidung zwischen Sache und Person wiederholen, um Fehler in der Aufgabe zu vermeiden.

Lösung

1 *doors* • ***2*** *clothes* • ***3*** *customers* • ***4*** *manager* • ***5*** *unemployed* • ***6*** *hairdresser*

◻ Differenzierung

L schreibt den ersten Buchstaben der Lösungswörter nummeriert hinter die Tafel. Lernschwächere S können diese Hilfe bei Bedarf selbstständig nutzen.

Zusatz

L kann weitere neue Wörter aus dem Artikel nach dem in *Exercise 2c)* verwendeten Muster erfragen, z. B. *things that you need when you do sports (equipment) / what people do when they go into town and buy things (shop) / twelve things that make a year (months).*

More practice 1 p. 110

Sports clothes and equipment

a) Match the photos (A–H) with the right words ...

Wortschatz

°cover

Lösung

A *first aid kits* • ***B*** *walking boots* • ***C*** *rain jackets* • ***D*** *sleeping bags* • ***E*** *sunglasses* • ***F*** *tents* • ***G*** *rain trousers* • ***H*** *trainers*

■ Differenzierung

Lernstärkere S können in PA mit dem Satzmuster *It's a thing that ...* gegenseitig Wörter aus der Übung erfragen.

b) Work with a partner. Pick A or B.

Die Übung kann neigungsdifferenziert erfolgen oder aber L teilt die Klasse (ggf. nach Lernstärke) auf. Übung A erfordert kreative Zeichenarbeit, bei Übung B wird das Buchstabieren von englischen Wörtern wiederholt.

Lösung

individuelle Lösungen

▶ WB 3, p. 42 ▶ INKL, p. 70

3 Hard times

Wortschatz **meal • blame** sb. **(for) • Don't blame yourself. • Box "myself, yourself, himself ... (Reflexivpronomen)"** (SB-Seite 163) **• beautiful • Enjoy yourself/yourselves. • *hotel* • bed and breakfast (B&B) • teach, taught, taught • get** cold, **got, got • Help yourselves.**

a) Talk to a partner. What do you think the MacDonalds should do?

SB bleibt geschlossen.

L: *We know now that Mrs MacDonald is unemployed and Mr MacDonald is unemployed too. What should the family do?*

TA der drei Aussagen (A–C) in *Exercise 3a)*. L gibt außerdem Redemittel als TA vor: *I think ... because ...* Die S notieren den entsprechenden Buchstaben in ihr Heft. Dann sagen mehrere S im Plenum, welchen Vorschlag sie am sinnvollsten finden.

Lösung individuelle Lösungen

Zusatz L: *Do you have more ideas? Talk to a partner. You can give reasons.*

L gibt den S fünf Minuten Zeit zum Austausch in PA. Dann schreibt sie die S-Äußerungen zu den drei Aussagen aus dem SB an die Tafel, ebenfalls möglichst Sätze mit *should*. Anschließend liest L die Aussagen vor und die S melden sich jeweils bei der Aussage, die sie für richtig/vernünftig halten.

L: *Most of you think this is a good idea: ... should ... Let's find out what the MacDonalds think. Open your books at page 71, please.*

b) Now read and find out what their ideas are.
Anhand der Grafik und des Fotos im SB entlastet L vor dem Lesen des Dialogs wichtigen neuen Wortschatz vor und gibt Sprachbeispiele für *meal, beautiful, hotel, bed and breakfast / B&B* (▶ Semantisierung).

Lösung *Mr MacDonald can go to Glasgow and be a manager in MacBean's Glasgow shop. • The family can start a bed and breakfast (B&B) in their big old house.*

c) True, false or not in the text?

Lösung ***1** false • **2** true • **3** not in the text • **4** false • **5** true • **6** not in the text*

d) Find all the words with *-self* and *-selves* in the text ...

Lösung *themselves • ourselves • myself • themselves • ourselves • yourselves*

e) Copy and complete this table.
Ggf. wiederholt L vorab die Personalpronomen, die im Verlauf von Band 1 und 2 eingeführt wurden *(I/me/my, you/your, he/him/his, she/her, we/us/our, you/your* und *they/them/their)*. Die S ordnen die in *Exercise 3c)* gefundenen Pronomen in der Tabelle ein.

Mithilfe der Tabelle kann L die Formen der Reflexivpronomen und deren Bildung vertiefend mit den S bearbeiten. Außerdem kann L mithilfe des *Language file 8*, SB-Seite 143 mit den S über den Gebrauch der Reflexivpronomen sprechen.

Lösung

I tell	*myself*
you blame	*yourself*
he helps	himself
she enjoys	herself
we ask	*ourselves*
you help	*yourselves*
they look after	*themselves*

More practice 2 p. 111 **How to run a B&B**

Read Kara's comments about the new *bed & breakfast*. Write the correct sentences.

O Differenzierung

Als Hilfestellung kann L mit lernschwächeren S vorab die Sätze durchgehen und die relevanten Personalpronomen hervorheben. Bei Sätzen 2 und 6 wird ermittelt, welche Personalpronomen anstelle der Substantive eingesetzt werden können (*she* für *mum*, *he* für *dad*). Die S notieren die Nummerierung und die relevanten Personalpronomen ins Heft, danach entscheiden sie sich mithilfe dieser Stichworte für das richtige Reflexivpronomen.

Lösung

1 "We must teach *ourselves* business," said mum.
2 And mum bought *herself* a book – 'How to run a B&B'.
3 "You'll have to look after *yourselves* in the morning," mum said to Jamie and me, "because we'll be busy."
4 Jamie said, "I want to help, so I'll teach *myself* how to cook nice meals."
5 Jamie put tea and coffee in the visitors' rooms, so they can help *themselves*.
6 And Dad has stopped blaming *himself* for what happened at MacBean's!

► WB 4–5, pp. 42–43 ► DFF 4.2 ► INKL p. 71

THEME 2 The MacDonalds are open for business

Inhalt

Online-Broschüre für *B&B* • Einführung und Wiederholung von Wortschatz zum Thema *rooms in a house* • Einführung von Wortschatz und Redemitteln zum Wortfeld Tourismus und Hotel: Zimmerbuchung per E-Mail, Buchungsbestätigung per Telefon • filmgestützte Informationen zu Schottland

Storyline

Die MacDonalds haben ihre Idee in die Tat umgesetzt und bieten in ihrem Haus *bed and breakfast* an. Über ihren Internetauftritt wird eine kanadische Familie auf das Angebot aufmerksam und bucht ein Zimmer, das sie später telefonisch bestätigt.

S. 72–73

1 The new website

Wortschatz

***website* • exhibition • guest • twin room • single room • kettle • dry • coat**

Einstieg

SB bleibt geschlossen. TA: *The MacDonalds are open for business.* Vorentlastung des neuen Wortschatzes (► Semantisierung s. u.), dabei TA der neuen Vokabeln.

L: *Do you remember what kind of business the MacDonalds wanted to start? (a bed and breakfast / B&B) Please describe what a B&B is. (tourists can stay there for a holiday, they get a room and breakfast) So the MacDonalds have rooms in their house for tourists. They are their guests. What kind of rooms can you book in a hotel or in a B&B? (rooms for one person, rooms for two people, rooms for more than two people) A room for one person is called a single room, a room for two people can be a double room, when there's one bed for two. It can also be a twin room when there are two beds. People in England and Scotland like to make tea, even when they're on holiday. What do they need to make tea? (hot water) Yes, that's right, and to make hot water all the B&B rooms need to have a kettle.*

Do you remember the grey sky in the photo of Loch Ness on the first page of this unit? Even on your summer holiday you can have rain. Do you think it is good to take your wet clothes to your room? (individuelle S-Äußerungen) *So it's good to have an extra room for clothes when you come out of the rain. You can put your pullover, your jacket or your coat* (L zeigt pantomimisch verschiedene Längen von *jacket* und *coat*) *there until they're not wet. The clothes can dry in this room.*

What do you think is a good way for tourists to know that there is a bed and breakfast at the MacDonalds' house? (advert in a newspaper, brochure, internet, ...) You're right. One way to get to know about it is the internet. (*Exhibition* sollte im/am Text geklärt werden.)
Now open your books at page 72, please.

a) Look at the website for the new B&B
Hier wenden die S die Technik des *skimming* an, die später in der Unit noch einmal bewusster genutzt wird (SB-Seite 78). L braucht an diese Stelle noch nicht auf das *Skills file 6* verweisen, sollte den S aber vorab erläutern, dass sie den Text für *Exercise 1a)* noch nicht im Detail lesen müssen, sondern nur überfliegen und besonders auf Überschriften, Bildunterschriften und hervorgehobene Textstellen achten sollen.

Lösung *1* ***A*** *yes •* ***B*** *yes •* ***C*** *yes*
2 ***A*** *no •* ***B*** *yes •* ***C*** *yes*

b) Details about the B&B.
Nun lesen die S den Text genau durch und beantworten Fragen zum Detailverstehen.

Lösung ***1*** *seven •* ***2*** *TV, DVD player, hairdryer, kettle, Wi-fi •* ***3*** *They have a family room. •* ***4*** *Tourists can do water sports, visit places (Loch Ness monster exhibition, Urquhart Castle, RockNess music festival) •* ***5*** *£50 •* ***6*** *They have a room where you can dry your boots and coats.*

Zusatz In Vorbereitung auf *Exercise 2* und zur Sicherung der Wörter in *Exercise 1* sammeln die S (z. B. als HA) die *B&B / tourist words* in einer Mindmap oder Tabelle in ihrem Heft.

▸ 23

2 Canadian guests

Wortschatz **Canadian • book**

Material CD

a) Listen to this Canadian family.

Lösung ***1*** *Abi and Duncan •* ***2*** *yes*

b) Listen again and note the missing information A–G.
Vor dem zweiten Hören lesen die S den E-Mail-Lückentext, um sich besser auf die fehlenden Inhalte einstellen zu können. Die S notieren die Buchstaben A bis G untereinander in ihre Hefte und ergänzen die fehlenden Wörter beim Hören.

Lösung ***A*** *four •* ***B*** *two •* ***C*** *14 •* ***D*** *16 •* ***E*** *family •* ***F*** *two •* ***G*** *tomorrow night*

c) Now write the full email.

Lösung *Hi! We're a family of four people – two adults and two teenage kids (14 and 16 years old). We'd like to book your family room for two nights from tomorrow night. Will the room be free? Thanks a lot.*
The Grant family

▸ WB 6, p. 43 ▸ Folie 15 ▸ DFF 4.3 ▸ INKL p. 72

3 Our first guests!

Wortschatz **confirm • reservation • directions •** ***GPS*** **• just**

Material CD, ggf. OH-Folie

a) Read the dialogue. How will the Grants find their B&B?
Nach dem ersten Lesen und dem Lösen von *Exercise a)* erschließen die S anhand des Textes die neuen Vokabeln (▸ Semantisierung), L gibt ggf. Sprachbeispiele.

Lösung *They'll find the B&B by GPS.*

b) Copy and complete the telephone message.

Zur Auswertung erstellt L einen TA des Notizzettels aus dem SB bzw. überträgt es auf OH-Folie und lässt einzelne S die Lösungen ergänzen.

Lösung

Who rang?	Michelle Grant	
How many nights?	two	
Will arrive	on: 22nd July	at: 7 pm
Room:	single ☐ twin ☐ family ☑	

Zusatz Um die für Buchungen relevanten Sätze häufiger zu sprechen / zu hören, lesen die S den Dialog in wechselnder PA mit verteilten Rollen möglichst mit der Methode des ▶ Double circle in einer Art Dauerschleife.

▶ 24 More practice 3 p. 111

More visitors for *Lochside B&B*

Write the names of the visitors. Then listen and write the correct …

● Write the times too.

Zur Entlastung während des Hörens notieren die S vor dem Hören die Nachnamen der Personen ins Heft, der besseren Strukturierung wegen möglichst in Tabellenform. L schreibt zur weiteren Entlastung die wesentlichen Informationen bei einer Buchungsbestätigung an die Tafel. Auch die englische Aussprache von Daten (Tag/Monat) sollte für lernschwächere S vor dem Hören wiederholt werden. Lernstärkere S müssen zusätzlich Uhrzeiten notieren. Ggf. daher auch Wiederholung von Uhrzeiten.

Zur Auswertung kann der Text ein zweites Mal gehört werden. Die S überprüfen ihre Lösungen, entweder in EA oder im ▶ Partner check.

Lösung

name	date	● time
1 Perry	1st August	about 6 o'clock
2 Brown	31st July	about 5:30 (five thirty)
3 Johnson	27th July	about 5 o'clock
4 Taylor	16th August	between 4 and 5 o'clock
5 Jones	15th August	about 5:30
6 Schmidt	27th August	7 o'clock in the evening/pm

4 ROLE-PLAY Phoning *Lochside B&B*

Wortschatz °answer the phone

Einstieg Falls die S im Anschluss an *Exercise 1b)* (SB-Seite 72), schon eine Mindmap oder Tabelle mit *B&B/tourist words* begonnen haben (s. Zusatz oben), ergänzen sie diese um neu gelernte Wörter/Satzmuster aus den *Exercises 2* und *3*. Falls nicht, sollte L die relevanten Wörter und Satzmuster an dieser Stelle sichern, da sie für das ▶ Role-play benötigt werden.

a) Partner B: Go to page 92. Partner A: You phone *Lochside B&B* ...

Die Redemittel für das ▶ Role-play finden die S auf den SB-Seiten 73 (Partner A) bzw. 92 (Partner B). L gibt den S die Gelegenheit, sich auf ihre Rolle vorzubereiten: Partner A ergänzt gedanklich die Lücken mit den Vorgaben aus dem SB, Partner B schreibt den Notizzettel aus dem SB ab, um die relevanten Informationen während des Dialogs notieren zu können. In einem ▶ Buzz reading sprechen die S ihren Dialogteil einmal leise durch.

L macht die S vor dem *Role-play* auf den Tipp-Zettel im SB aufmerksam, gibt ein Sprachbeispiel für die Nachfrage bei Verständnisproblemen und lässt einige S wiederholen. Ggf. trägt L beispielhaft einen Dialog (mit anderen Daten und Zeiten) mit einem S vor. L übernimmt dabei die Rolle von Partner A.
Zur Auswertung gibt Partner B ihre/seine Notizen an Partner A, diese/r überprüft sie anhand der Vorgaben in *Exercise a)* auf SB-Seite 73 (▶ Partner check). Im Plenum kann ein Beispieldialog vorgeführt werden.

O Differenzierung — In lernschwächeren Klassen notiert sich Partner A den Dialog mit den Ergänzungen ins Heft. L kann dabei Hilfestellung leisten, denn aus den Vorgaben im SB ergibt sich nicht automatisch die Reihenfolge der Einträge. L schreibt dazu die Dialogteile von Partner A verdeckt an die Tafel. Die S überprüfen daran den notierten Dialog vor dem *role-play*.

Lösung

A: *Hi. This is* (individueller Name). *I'm phoning to confirm my reservation for 2nd August.*
B: *Let me see. That was the single room, right?*
A: *That's right, a single room.*
B: *How many nights?*
A: *I'd like to stay two nights.*
B: *Yes, that's fine. What time will you arrive?*
A: *I'll arrive between 6 and 7 pm.*
B: *No problem. Thank you.*

Who rang?	(individueller Name)	
How many nights?	two	
Will arrive	on: 2nd August	at: 6–7 pm
Room:	single ☑ twin ☐ family ☐	

b) Now you're Jamie. Copy the telephone message above. Then answer ...

Die S bleiben wie in *Exercise a)* jeweils als Partner A und Partner B auf SB-Seite 73 oder 92, tauschen aber die Rollen im Dialog. Nun erhält Partner B die Gelegenheit gedanklich (oder schriftlich) die Lücken mit den Informationen aus dem SB zu ergänzen, Partner A schreibt den Notizzettel ins Heft ab. Dann ▶ Role-play wie in *Exercise a)*. Die Auswertung kann wieder als ▶ Partner check erfolgen, diesmal überprüft Partner B die Notizen von Partner A anhand der Vorgaben in *Exercise b)* auf SB-Seite 92.

Lösung

B: *Hi. This is* (individueller Name). *I'm phoning to confirm our reservation for 1st September.*
A: *Let me see. That was the twin room, right?*
B: *That's right, the twin room.*
A: *How many nights?*
B: *We'd like to stay for one night.*
A: *Yes, that's fine. What time will you arrive?*
B: *We'll arrive late in the evening, at about 9 pm.*
A: *No problem. Thank you.*

Who rang?	(individueller Name)	
How many nights?	one	
Will arrive	on: 1st September	at: 9 pm
Room:	single ☐ twin ☑ family ☐	

5 PEOPLE AND PLACES Welcome to Scotland

Wortschatz **knife, knives • *kilt* • sock • bagpipes**

Material DVD, ggf. von S beschriftete KV 14 aus Einstieg zu *Theme 1*

a) Before you watch: What things could you see in a film about Scotland? ...
Hat L die Kopie der ▸ KV 14: Scotland genutzt, um im Einstieg zu *Theme 1* Informationen zu Schottland sammeln zu lassen (s.o.), können die S sie in dieser Phase als Grundlage für ihre Liste nutzen. Falls nicht, erinnert L die S an das *Jigsaw* im *Lead-in*, bevor sie ihre Listen erstellen (z. B. als HA), ggf. verweist sie auch auf *Text file 4*. Im Plenum werden vor dem ersten Sehen mündlich Vermutungen gesammelt.

Lösung individuelle Lösungen

b) Now watch the film. How many of the things on your list were in the film?
Nachdem die S Dinge auf ihrer Liste aus *Exercise a)* markiert haben, die im Film vorkamen, tauschen sie sich in PA darüber aus. Als Hilfe semantisiert L den neuen Wortschatz, ggf. anhand von Standbildern aus dem Film (▸ Semantisierung) und gibt Redemittel als TA vor (s. u. r.). Unbekannte Wörter, die im Film vorkommen, aber nicht zum Lernwortschatz gehören (*haggis, sporran, shinty, tossing the caber*) kann L zur Orientierung ebenfalls an die Tafel schreiben. Im Plenum werden im Anschluss an die PA einige Eindrücke des Films gesammelt.

I saw ... (It's on my list.)
There was ... / There were ...
The man was in ... That's on my list.

Lösung individuelle Lösungen

c) Read these questions, then watch the film again and try to answer them.
Vor dem zweiten Sehen gibt L ein Sprachbeispiel für *Edinburgh* [ˈedɪnbərə].

Lösung ***1*** *B* • ***2*** *A* • ***3*** *C* • ***4*** *B* ▸ WB 7–10, pp. 44–45 ▸ DFF 4.4, 4.5 ▸ INKL p. 73

Zusatz Interessierte S können als HA eine Internet-Recherche zu verschiedenen landeskundlichen Themen aus dem Film vornehmen und die Ergebnisse im Plenum vorstellen (ggf. auch auf Deutsch). Mögliche Themen: ein Rezept für *haggis*, der Film *Braveheart* und seinen Protagonisten aus der schottischen Geschichte, Disziplinen bei den *Highland games*, z. B. Regeln für *Tossing the caber*, den Unterschied zwischen Feldhockey und *shinty*, etc.

STORY Ghosts don't exist

Inhalt Rekonstruktion der Abfolge einer Erzählung im *Jigsaw*-Verfahren • Abschnitte einer Geschichte gemeinsam ordnen

Storyline Die S rekonstruieren die Irrfahrt der kanadischen Familie Grant vom Flughafen in Inverness nach Dores zum *Lochside B&B* der MacDonalds. Leider steht den Grants weder ihr GPS-Gerät noch eine Straßenkarte zur Verfügung, sodass sie sich auf einer Nebenstraße nach Dores verfahren. Ohne Handyempfang können sie die MacDonalds auch nicht telefonisch um Rat fragen. Schließlich halten sie bei einem burgähnlichen Gebäude an, um um Hilfe zu bitten. Sie werden von einem alten Mann freundlich empfangen und können dort essen und übernachten. Am nächsten Morgen jedoch ist das große alte Haus leer. Bei ihrer Abfahrt sehen sie den alten Mann nur noch einmal dudelsackspielend auf der Mauer der Burg. Die Grants finden das *Lochside B&B* und erzählen dort von ihrer Übernachtung. Mithilfe einer Karte finden alle gemeinsam heraus, dass es sich um *Urquhart Castle* handeln muss, das jedoch eine Ruine ist. Später besucht die Familie *Urquhart Castle* und ist sich gar nicht mehr sicher, ob sie dort übernachtet hat.

S. 74–75

1 JIGSAW A story in four parts

Wortschatz **ghost • exist • *make yourself comfortable* • down • wave • land • hire • driving licence • mine • hoot • luckily • finger • ruin • car park • narrow • yours • not ... either • over there • accent**

Material mit Zahlen und Buchstaben beschriftete Kärtchen für Gruppeneinteilung, (karierte oder linienfreie) A4-Blätter in Klassenstärke, ggf. Vokabellisten des neuen Wortschatzes (abschnittweise), KV 15 A + B für lernschwächere S

Einstieg **SB bleibt geschlossen.** Gruppeneinteilung gemäß der Methode ▶ Jigsaw. L nutzt dazu mit Zahlen und Nummern beschriftete Kärtchen. Jedes Viererset hat die gleiche Ziffer (z. B. 1A, 1B, 1C, 1D). Weitere Gruppen erhalten die Ziffern 2A, 2B, ..., 3A, 3B, etc. Ist die Anzahl der S nicht durch vier teilbar, ordnet L restliche S in Doppelbesetzung zu. Bei drei verbleibenden S bilden diese eine Dreiergruppe, die später ihre Informationen zum vierten Text aus einer anderen Gruppe bekommt.

Differenzierung Hinweis: Text A eignet sich eher für lernstärkere S. Bei der Gruppeneinteilung sollte L darauf achten.

Haben die S wenig Erfahrung mit ▶ Jigsaws, sollte L die unterschiedlichen Arbeitsphasen (mit Zeitvorgabe) als TA oder auf einem Poster visualisieren.

L: *Open your books at pages 74/75, please.*

Your teacher will put you in groups of four. Each student in the group reads ...
Für ihre Notizen müssen die S eine genügend große Seite (A4-Blatt im Querformat) wählen, um ihre Tabelle handschriftlich ausfüllen zu können. Die S übertragen die Tabelle aus dem SB auf ihr Blatt. L fordert die S auf, v. a. in Spalte 4 nur Stichworte und nur die wichtigsten Informationen zu notieren.

Exercise a) entspricht der EA in Phase 1 der Methode ▶ Jigsaw. L gibt den S für das Lesen ihres zugewiesenen Abschnitts und Ausfüllen der Tabelle 10 bis 15 Minuten Zeit. Die S erschließen den Text ohne vorherige Vorentlastung der neuen Vokabeln. Bei Fragen zu unbekannten Wörtern schlagen sie im *Dictionary* des SB nach oder fragen L. Diese kann auch eine Vokabelliste als Handout (ggf. nach Abschnitt sortiert, s. ▶ KV 15 A+B: A story in four parts) vorbereiten, die sich die S bei Bedarf am L-Pult abholen können (Part A: *make yourself comfortable, down, wave*; Part B: *land, hire, driving licence, mine, hoot, luckily*; Part C: *finger, ruin, car park, ghost, exist*; Part D: *narrow, car park, yours, not ... either, over there, accent*).

▶ INKL pp. 78–79

Lösungsbeispiel

	1 **Who** was in the text?	2 **When** did it happen?	3 **Where** did it happen?	**What** happened?
Part A	the Grant family (Duncan, Abi, mum, Mr Grant); old man; some (Scottish) people	in the evening, next morning	in a big old house: upstairs, in a kitchen, outside	old man was friendly, Grants found a room to sleep, had dinner with the old man / had a party, Grants said goodbye
Part B	the Grant family (Mr Grant, Mrs Grant, the kids: Duncan, Abi)	at night (the Grant family's first night in Scotland)	at the airport, on the road to Dores	Grant family arrived in Inverness, one bag was missing, they had no map and no GPS, they didn't know the way
Part C	the Grants from Canada, the MacDonalds	11 am / in the morning; in the afternoon	in Dores / at Lochside B&B, at Urquhart Castle	Grants arrived at B&B, told the story to the MacDonalds, thought they slept at Urquhart Castle, Grants went to ruins of Urquhart Castle
Part D	the Grants (Mr Grant, Mrs Grant, the kids: Duncan, Abi), old man	at night: 10 pm, 11 pm	on the road, 10 miles from Inverness, woods and fields, car park, at the door of a building	it rained, Grants couldn't find Dores, they stopped at car park, asked for help, old man said they could stay

O Differenzierung

Lernschwächere S erhalten eine vorstrukturierte Hilfe auf ▸ KV 15 A+B: A story in four parts, auf der sie zu den vier Fragen nur Lücken ausfüllen müssen. Die neuen Vokabeln sind zu jedem Abschnitt auf der KV gelistet.

2 What's the story?

Wortschatz °whole

Material CD, leere OH-Folie, KV 16 / Part 1 nach Bedarf für lernschwächere S, KV 16 / Part 2 in Klassenstärke, (karierte oder unlinierte) Blätter in Lerngruppenstärke

a) Find three other students who read the same text as you. Talk about ...
In einer ▸ Milling-around activity sucht jeder S nach drei Mit-S, die bei der Gruppeneinteilung den gleichen Buchstaben bekommen und somit den gleichen Text gelesen haben. L kann an der Tafel dafür die Frage vorgeben: *Did you read part ... too?* So bilden sich Vierer-Expertengruppen. Die S befinden sich nun in der GA von Phase 1 des ▸ Jigsaw.

Damit die S flüssiger über die Inhalte der Textabschnitte sprechen können, schreiben sie die Satzanfänge 1–4 aus dem SB unter die jeweilige Tabellenspalte auf ihrem Lösungsblatt (ohne die roten Einträge).

Lösung individuelle Lösungen (s. TA oben)

b) Go back to your first group. Tell your group about your text. Listen ...
Diese Teilaufgabe entspricht Phase 2 der Methode ▸ Jigsaw. Die S arbeiten in ihren ursprünglichen Querschnittsgruppen (1, 2, 3, ...) aus *Exercise 1*. Diese Arbeitsphase besteht aus zwei Schritten: 1. Die S geben anhand ihrer Notizen ihren Textabschnitt wieder.
2. Die S diskutieren die korrekte Abfolge ihrer Texte. Sie nutzen dabei die Redemittel im SB. Die S setzen so die Inhalte von drei weiteren Texten zum eigenen in Beziehung. Das ist sehr anspruchsvoll und erfordert eine hohe Behaltensleistung. L gibt den S den Tipp, sich zu den anderen Texten in einem Raster Notizen zu machen, ggf. auf demselben Blatt aus *Exercise 1*. Dies macht Arbeitsschritt 2, das Sortieren der Textteile, ggf. etwas einfacher. Falls die S dennoch bei der Strukturierung der Geschichte Probleme haben, kann L die jeweiligen Gruppen leise darauf hinweisen, dass die Betrachtung von Spalte 2 zu allen Textteilen besonders wichtig ist.

Im Anschluss schreibt jede Gruppe ihr Ergebnis auf ein eigenes Blatt oder alle Ergebnisse werden mit Angabe der jeweiligen Gruppennummer auf einer OH-Folie gesammelt. Dabei werden die vorherigen Einträge immer mit einem Blatt Papier abgedeckt, sodass die Gruppen von den Ergebnissen der anderen nichts wissen. Die Überprüfung bzw. Auflösung, welche Gruppen richtig lagen, erfolgt dann nach dem Hören der *Story* in *Exercise 2c)*.

O Differenzierung — Lernschwächere S, die im Bereich der kommunikativen Kompetenz *Speaking* Probleme haben, erhalten ▸ Speaking tickets aus *Part 1* der ▸ KV 16: Story: Speaking tickets / Word quiz in einer von L festgelegten Anzahl (L kopiert vorab die KV in entsprechender Anzahl und schneidet die *Speaking tickets* aus). Die S müssen all ihre *tickets* in der Gruppendiskussion einsetzen.
Hinweis: Es empfiehlt sich, die *Speaking tickets* auf 120 g-Papier zu kopieren und für den Mehrfachgebrauch zu laminieren.

Lösung — *B • D • A • C*

▸ 🎧 25 — **c) Now close your books and listen to the whole ...**
Nach dem Hören überprüfen die S, ob ihre Reihenfolge richtig ist. Die Gruppen legen im Plenum offen, ob sie die richtige Vermutung hatten. Dazu kann L ggf. die vorbereitete OH-Folie mit allen Gruppenergebnissen projizieren (s. o.).

L semantisiert nun unbekannte Vokabeln aus dem Titel der Geschichte und allen Textteilen (▸ Semantisierung) bzw. lässt S die neuen Wörter aus ihrem eigenen Textteil den anderen S erläutern.

Zusatz — L: *Look at the title of the story again: "Ghosts don't exist". Now you know the whole story: Do you agree with this sentence? Why / Why not?*

Lösung — individuelle Lösungen

More practice 4 p. 112 **Tell the story**

Wortschatz — °adjective

O **Copy and complete the network with the right adjectives.**

Lösung
1 When the Grants landed – The plane was *late*. The sky was *dark grey*. One bag was *missing*.
2 On their way to Dores – The sky was *black*. The road was *narrow*. The Grants were *tired*.
3 At the castle – The rooms were *comfortable*. The kids were *excited*. The food was *good*.
4 The next morning – The place was *empty*. The music sounded *lonely*. The Grants were *surprised*.

More practice 5 p. 112 **WORDS**

Wortschatz °warning

Be careful: The verbs are in the wrong sentences! Write ...

Lösung *1* The plane *landed.* • *2* She *hooted* a warning. • *3* They all *chatted* happily. • *4* The old man *laughed.* • *5* The car isn't mine. I *hired* it. • *6* The young man *waved* goodbye.

▶ WB 11, p. 46 ▶ Folie 16

Zusatz L teilt *Part 2* von ▶ KV 16: Story: Speaking tickets / Word quiz aus. Darauf finden die S ein Worträtsel zur Vertiefung des neuen Wortschatzes. Die S arbeiten in ihrer „Expertengruppe" aus *Exercise 2* (A, B, C, ...).

Nach diesem Muster kann im Anschluss jede/r S nach seinen eigenen Vorstellungen ein Rätsel mit bis zu zehn Wörtern entwerfen. Die fertigen Rätsel werden mit einer/m Partner/in getauscht und das Rätsel der Partnerin / des Partners gelöst.

Lösung ***Part A:*** *1 wave* • *8 exist* • *9 ghost*
Part B: *2 hoot* • *4 land* • *5 hire* • *7 driving licence*
Part C: *3 car park* • *8 exist* • *9 ghost* • *12 finger* • *11 ruin*
Part D: *3 car park* • *6 narrow* • *10 accent*

SKILLS TRAINING Writing course (4)

Inhalt Magazin-Artikel • Textbewertung anhand von *Wh*-Fragen, Zeitangaben, Satzverbindungen (*linkers*) und Gefühlen • Fortschreiben einer Geschichte (DOSSIER) • *Wh*-Fragen als Schreibhilfen zur Strukturierung einer eigenen Geschichte (DOSSIER)

Storyline Duncan, der Sohn der Familie Grant, schreibt bei seiner Rückkehr nach Kanada einen Artikel für ein Magazin, das für eine gute Kurzgeschichte einen Preis vergibt.

S. 76

Writing a story

1 An amazing day

Wortschatz °which • **fly, flew, flown**

Material DIN A4-Blätter (kariert oder linienfrei)

a) Read the first part of his story.
b) What's good in Duncan's text. Work ...
Nach dem ersten Lesen geht L mit den S im Plenum die Kriterien für einen guten Text durch, die in den Kästen 1, 2 und 3 dargestellt sind. Ggf. TA der *wh*-Fragen aus Kasten 1 und der Beispiele für *time phrases* und *linkers* aus dem *Writing course* in Unit 2 (SB-Seite 37, *Exercise 2*). Gemeinsam mit den S sammelt L Adjektive, die Gefühle beschreiben.

L: *A good story has to give enough information about what happened. So the text should give answers to the questions who, when, where and why it happened (the wh-questions). It should also have time phrases and linkers. We learned about this in Unit 2. You can find a list of time phrases and linkers on page 37 in your books, in exercise 2* (ggf. Verweis auf TA, s. o.). *The story should also tell us how people felt. We know a lot of adjectives that describe feelings in English. Let's find some of them. (happy, sad, scared, angry, excited, ...) Let's look at Duncan's text again now and find out what's good about it.*

Die S-Paare legen eine Tabelle an (möglichst im DIN A4-Querformat, s. u.). Durch die *Story* (SB-Seiten 74–75), sind sie mit den im Text beschriebenen Ereignissen vertraut. Sie tragen in die Tabelle ein, was sie im ersten Textabschnitt finden, um auf dieser Grundlage zu beurteilen, was an Duncans Text gut ist.

Lösung

1 WH-questions				2 Time phrases and linkers		3 How people felt
who	when	where	what	time phrases	linkers	
Duncan, his parents, his sister	last July, in the evening	Scotland, Inverness, on the roads, in a house	landed at Inverness, couldn't find the B&B, man said they could stay at his house	last July, late in the evening, then, suddenly	so, because	tired, scared, happy

2 NOW YOU

Material linierte DIN A4-Blätter

Hinweis: *Exercise 2* kann auf mehreren Ebenen differenziert erarbeitet werden. In einem ersten Schritt entscheiden die S (oder L), ob sie Duncans Text fortschreiben oder eine eigene Geschichte erzählen möchten. Wegen des größeren Umfangs und der selbstständigen Ideenfindung eignet sich letztere Aufgabe eher für lernstärkere S. Zum Fortschreiben von Duncans Text gibt es zusätzliche Hilfen in More help p. 113. Um den abschließenden ▸ Partner check und ein Abheften des Textes im *Dossier* zu ermöglichen, sollten alle S auf losen, linierten DIN A4-Blättern arbeiten.

Finish Duncan's story More help p. 113
a) Look again at the story on pages 74–75. Write notes for ...
b) Use your notes and write your story.
Die S sollten selbst herausfinden, welche Strukturierungshilfe sie für ihre Ideen nutzen wollen (Mindmap, Tabelle, Fließtext, ...). Das *Skills file 8* (SB-Seiten 132–134) bietet ihnen Unterstützung bei der Textproduktion sowie bei der Überprüfung des eigenen Textes.

In More help p. 113 erhalten lernschwächere S zusätzliche Hilfen durch vorgegebene Satzanfänge.

● **Write your own story for *Hi guys*.**
a) 1 Think of an amazing day in your life. 2 What ... 3 Write ideas ...
b) Use your notes and write your story.
Zur Ideenfindung für eine eigene Geschichte können lernstärkere S erst einmal gemeinsam ein *Brainstorming* anstellen, welche Ereignisse sich eignen. Danach arbeiten sie die Struktur und Inhalte mithilfe einer ▸ Mindmap, Tabelle, etc. aus. Auch sie können das *Skills file 8* (SB-Seiten 132–134) zur Unterstützung nutzen.

c) Partner check. Swap your story with a partner ...
Für die Bewertung der Partner-Geschichten legen die S die gleichen Kriterien an wie bei Duncans Text in *Exercise 1* (s. Tipp im SB). Für den ▸ Partner check eignet sich daher erneut eine Tabelle wie in *Exercise 1b)* (s. o.), sodass der Partner / die Partnerin Spalten abhaken bzw. Beispiele sammeln kann. Die S geben sich dann anhand dieser Tabelle gegenseitig Tipps, wo der Text der/des anderen noch Verbesserungsbedarf hat.

L kann den S vorab die Regeln des ▶ Feedback in Erinnerung rufen, Redemittel als TA zur Verfügung stellen (s. u.) und ggf. auch ein Sprachbeispiel geben (z. B. "*I think your text is good. You answered all the questions. There are a lot of time phrases, but not enough linkers. Your text doesn't say how people felt. You should write something about that too.*")

- *I think your text is ...*
- *You answered the questions ... / You didn't answer the question ...*
- *There are some / a lot / not enough / no time phrases/linkers.*
- *Your text says / doesn't say how people felt.*
- *You should/could write something / more about ...*

Die S korrigieren ggf. ihren Text, schreiben ihn ins Reine und heften ihn in ihrem DOSSIER ab.

Lösung individuelle Lösungen ▶ WB 12–13, p. 47 ▶ DFF 4.7 ▶ INKL p. 80

SKILLS TRAINING Listening

Inhalt Hörverstehen: Informationen zu Sängerin Amy Macdonald • Song „*Pride*" von Amy Macdonald

S. 77

▶ 26

1 Who is Amy Macdonald?

Wortschatz **pride** • **born** • ***hit***

Material CD, Internet, Laptop, ggf. Beamer zum Zeigen von Online-Videos im Unterricht

Einstieg **SB bleibt geschlossen.** Die S erstellen einen Steckbrief zu einem ihnen bekannten Popstar, z. B. als HA vor der Bearbeitung des *Skills training: Listening.* (Die S, die nicht musikinteressiert sind, wählen eine andere berühmte Persönlichkeit.) L kann eine maximale Anzahl an Fakten für den Steckbrief vorgeben, lässt den S aber die Freiheit, die Kategorien selbst zu wählen.

Die S tauschen ihre Ergebnisse in PA aus. Auf freiwilliger Basis tragen einzelne S ihre Texte im Plenum vor. Anschließend sammeln L und die S, welche Rubriken in den Steckbriefen vorkommen, ggf. als TA und bei Bedarf auf Englisch übersetzt/korrigiert (s. TA, rechts potenzielle Alternativen nicht musikinteressierter S). Anhand der wahrscheinlich vorkommenden Kategorie „Geburtstag" bzw. „*birthday*" entlastet L die neue Vokabel *born* vor:

Name:	*Name:*
Work: He's / She's a ...	*Work: He's / She's a ...*
Birthday / born (year):	*Birthday / born (year):*
Country:	*Country:*
Instrument(s):	*Famous for:*
Band:	*Good at:*
Song titles:	*Films/Teams/...:*
Hobbies:	*Hobbies:*
...	...

L: *Let's hear about Amy MacDonald now. Open your books at page 77, please.*

a) Listen to the radio programme about Amy Macdonald. Choose ...
L semantisiert vorab die neue Vokabel *pride* anhand des bekannten Adjektivs *proud of* (► Semantisierung).

Lösung *1 C • 2 A • 3 A • 4 C*

b) ● Listen again. Make notes ... More help p. 113
In More help p. 113 erhalten lernschwächere S eine Strukturierungshilfe für ihre Notizen. Die anderen S nehmen Steckbrief-Kategorien aus dem Einstieg als Grundlage.

Lösungsbeispiel Her work: *She's a singer.* • Born: *in 1987* • Country: *UK/Scotland* • First hit: *This is the life* (number one in six countries) • Instrument: *plays the guitar* • Hobbies: *music, fast cars, football* • Favourite groups: *Travis, The Killers, U2*

Zusatz Je nach technischen Möglichkeiten wird auch ein online verfügbares Video von der Performance von *The Flower of Scotland* oder von Amy Macdonalds Auftritt mit *"Pride"* bei der Olympiade 2012 in London im Unterricht gezeigt.

The Flower of Scotland

Als Teil des *United Kingdom* gilt auch für Schottland offiziell die englische Nationalhymne *God save the Queen*. Die Schotten, die ja auch eigene nationale Fußball- und Rugbyteams haben, pflegen daneben jedoch einige inoffizielle schottische Hymnen.
Das 1965 von der schottischen Band *The Corries* veröffentlichte patriotische Lied *The Flower of Scotland* ist eine davon. Es handelt vom legendären Sieg der Schotten über die Engländer in der Schlacht von Bannockburn im Jahr 1314 und ist damit auch ein Symbol für den schottischen Unabhängigkeitswillen. Neben den ebenso patriotischen Liedern *Scotland the Brave* und *Scots Wha Hae (= Scots, who have)* wird es vor Fußball und Rugby-Spielen der schottischen Nationalteams gespielt.

► 27

2 Pride

Wortschatz °verse • °hold sth. back • °sweat • °drip • °spine • °knee • °weak • °hold it together • °manage (to do sth.) • °stumble through • °thousand • °voice • °chorus • °'cause • °swim, swam, swum • °hold, held, held • °torch • °shine, shone, shone • °blow, blew, blown • °honest • °truth • °nowhere • °I'd rather be ... • **bass guitar**

Material CD

a) Listen to the song and look at the text.
Vor dem ersten Hören des Songs lesen die S die Aufgabenstellung im SB durch. L sichert insbesondere die Aussprache von *bass guitar*. Für *Exercise 2a)* müssen die S den Text des Liedes noch nicht in Gänze verstehen. Das erste Hören kann daher ohne Vorentlastung des fakultativen Vokabulars erfolgen.

L: *Let's listen to Amy Macdonald's song* "Pride". *We heard about it at the end of the radio programme in Exercise 1. You can listen and read the text in your books.*

Nach der Auswertung im Plenum klärt L unbekannte Vokabeln. Besonders in *Verses 1* und *2* finden sich einige neue Wörter, die für die Lösung von *Exercise 2b)* grundlegend sind.

Lösung *1 a happy song • 2 the drums, the guitar, the bass guitar*

b) ● Listen again and look at the text. What ...

L: *In the radio program we learned something about the song* "Pride". *Do you remember why Amy Macdonald wrote the song? (She sang* "Flower of Scotland" *at a football match and loved it.) Read the questions in Exercise 1b), then listen to the song again and read the text. Then answer the questions.*

Auch wenn diese Übung sich besonders für lernstärkere S eignet, kann L die Auswertung dennoch im Plenum gestalten und daran eine nähere Betrachtung des Songs anschließen (ggf. auch auf Deutsch).

L: *Now you know the song, do you know what was so special about singing at a football match for Amy Macdonald?* (individuelle S-Antworten)

Lösung

1 *Verse 2, line 4: Fifty thousand voices singing in the rain*
2 *Verse 1, lines 3–5: Sweat drips down my spine, my knees are weak, …*
3 *Verse 3, line 1: I never knew how proud I would feel*
4 *Verse 4, line 1: The blue and the white of the flag*

● Differenzierung

Lernstärkere S versuchen, die Strophen und den Refrain des Liedes auf Deutsch zusammenzufassen.

More practice 6 p. 113 A famous Scottish person

Wortschatz

°scientist • °poet

Material

Internetzugang, Computer, ggf. auch zum Erstellen der Artikel

a) Find information about a famous Scottish person: …
Für diese Aufgabe ist eine Internetrecherche oder eine Recherche in entsprechenden Magazinen oder Büchern notwendig. Durch die Vorgaben in *Exercise a)* haben die S klare Aufträge, wonach sie suchen müssen. Das erleichtert ihnen die Recherche in schwierigen, nicht didaktisch aufbereiteten Texten im Internet. L kann eine Vorrecherche anstellen und den S geeignete Internetseiten, Magazine oder Bücher vorgeben oder sie lässt eine freie Suche zu. Die S suchen sich eine Person aus und bearbeiten die Aufgabe in der Schule (im Fachunterricht / in Arbeitsstunden im Ganztagsbetrieb) oder als HA. Ihre Ergebnisse können sie zunächst wieder stichpunktartig in einem Steckbrief festhalten.

Lösung

individuelle Lösungen

Zusatz

Die strukturierten Notizen können für Vorträge genutzt werden. In EA bereiten sich sehr schnell arbeitende S nach ihrer Recherche vor, mithilfe ihrer Notizen etwas zu ihrer gewählten Person zu sagen. Danach suchen sie sich einen S, die/der die Recherche auch bereits abgeschlossen hat, und tragen ihr/ihm ihren Text vor. Die/der Partner/in kann Tipps geben, welche Informationen noch fehlen bzw. zusätzlich interessant wären.

b) Now write a text about him or her for an online magazine. …
Anhand der Rechercheergebnisse und der Satzanfänge im SB schreiben die S einen Artikel, ggf. entsprechend der Textform Online-Magazin auch bereits am Computer. Zu jeder Person werden einzelne Texte im Plenum vorgelesen. Kopien der Texte können in einem Ordner in der Klasse zum Thema Schottland gesammelt oder als Wandzeitung aufgehängt werden.

Lösung

individuelle Lösungen

► INKL p. 81

SKILLS TRAINING Reading

Inhalt Texterschließungstechniken *Skimming* und *Scanning* • Texform: Broschüren

S. 78

1 Loch Ness brochures

Wortschatz °profile • **skim** a text • **region** • °sightseeing • °fully guided • °highlight • °option • °lodge • °outdoor sport • °double room • °dormitory • °self-catering • °provide • °packed lunch • °for hire

Material Blatt mit Lösungswörtern

a) First read these three tourist profiles.
b) Then skim the two brochures and find out: ...
L klärt mit den S die Anweisung *skim the brochures* anhand des Tipps im SB und sichert die Bedeutung von *headings* und *captions*, falls sie nicht mehr klar sein sollte. Danach entlastet L unbekannte Vokabeln aus den Überschriften und Bildunterschriften vor (▸ Semantisierung).

Differenzierung L bespricht in lernschwächeren Gruppen vor, welche Informationen/Wörter in den *tourist profiles* entscheidend für die Suche in den *brochures* sind und hält dies als TA fest.

Tourist A	*two or three days near Loch Ness, not a lot of money: cheap place*
Tourist B	*like to visit a Nessie museum, in/near Inverness*
Tourist C	*quick visit at Loch Ness: one day*

Lösung *Brochure 2 is useful for tourist A.* • *Brochure 1 is useful for tourist C.* • *Tourist B has no brochure.*

c) Talk to a partner. What helped you to pick the right brochures? ...
In PA sammeln die S, was ihnen geholfen hat. Danach folgt ein Unterrichtsgespräch unter Einbeziehung von *Skills file 6*, SB-Seite 130 (▸ Lesetechniken).

Lösungsbeispiel headings: *Loch Ness, sightseeing tours* • pictures: *comfortable rooms*

More practice 7 p. 114 Holidays in Scotland

Wortschatz °statement • °mountain biking

a) Read these statements. Then pick the best brochure from page 78 ...
Hier setzen die S die Methode des *Scanning* ein und suchen in den Broschüren auf SB-Seite 78 nach zentralen Stichworten aus den Sätzen 1 bis 6. L kann diese Stichworte mit den S ggf. vorbesprechen. L weist die S darauf hin, dass es für diese Aufgabe nicht reicht, *headings* und *captions* zu durchsuchen. Dennoch sollen sie die Texte nicht im Detail lesen, sondern im Text nach den entsprechenden Stichworten suchen (*Skills file 7*, SB-Seite 130, ▸ Lesetechniken). L entlastet vor der Bearbeitung weitere unbekannte Vokabeln vor (s.o. Wortschatz mit Kringel zu *Exercise 1* auf SB-Seite 78), v.a. *provide, packed lunch, dormitory, fully guided* (▸ Semantisierung).

Lösung ***1*** *brochure 1* • ***2*** *brochure 2* • ***3*** *brochure 2* • ***4*** *brochure 1* • ***5*** *brochure 1* • ***6*** *brochure 2*

b) ◉ Read the three tourist profiles below again and complete ...
Diese Übung schließt inhaltlich an *Exercise 1b)* auf SB-Seite 78 an und eignet sich für lernstärkere S. Die S übertragen die Satzanfänge in ihre Hefte und suchen dann in den Broschüren auf SB-Seite 78 nach Argumenten für die Aussagen.

Lösungsbeispiel

1 Tourist A will choose Maggie's Lodge because *the rooms aren't so expensive.*
2 Tourist B won't be very happy because *there is no brochure for him. / no information about a Nessie Museum.*
3 I think that tourist C will take the *sightseeing/day* tour *because the brochure says it's the complete Loch Ness experience.*

2 WORDS

Material Lösungsblatt

Now look for details. What words in the *Maggie's Lodge* brochure ...
Die S wenden die Technik des *Scanning* an. L bespricht diese Suche nach bestimmten Informationen mit den S vor und kann dazu *Skills file 6* (SB-Seite 130) nutzen (▶ Lesetechniken). Noch unbekannte Wörter in den Broschüren (s. o. Wortschatz zu *Exercise 1* auf SB-Seite 78, z. B. *self-catering, for hire, double room*) sollte L vorentlasten (▶ Semantisierung).

Lösung

1 *self-catering kitchen* • ***2*** *packed lunches* • ***3*** *evening meals* • ***4*** *bikes for hire* • ***5*** *less expensive beds* • ***6*** *double rooms*

▶ WB 14, p. 48 ▶ DFF 4.6 ▶ INKL p. 82

O Differenzieung

L schreibt die Lösungswörter vermischt verdeckt an die Tafel oder auf ein Blatt, das auf dem Lehrertisch ausliegt. Lernschwächere S können bei Bedarf die Wörter hinter der Tafel / auf dem Blatt einsehen.

SKILLS TRAINING Viewing

Inhalt

Filmsequenz zu Unterschieden zwischen England und Schottland

Storyline

Tally lebt in London und hat Besuch von ihrem Cousin Hamish aus Dores. Tally führt ein *video diary*, mit dessen Hilfe Hamish und sie auf den vergangenen Tag zurückblicken. Es gab verschiedene Situationen, in denen Unterschiede zwischen Schottland und England in verschiedenen Bereichen deutlich wurden (*language/accents, food, money, dancing, music*).

S. 79

1 Tally's video diary

Material DVD

a) Before you watch: Which of these things do you think are different ...

Lösung

individuelle Lösungen

▶

b) Watch the film. Which of these things do we learn about?
Nach dem ersten Sehen klärt L das unbekannte Wort *porridge* (TA) (▶ Semantisierung).

Lösung

food • *accent* • *money* • *music* • *dancing*

2 Four scenes

Wortschatz **salt** • **sugar** • °wee

Material DVD, DIN-A4-Zettel in halber Klassenstärke, KV 17 in halber Klassenstärke, Internet

a) Think: Look at the four pictures and read the questions ...
Exercise 2 erfolgt nach der Methode ▶ Think-Pair-Share. Die S beantworten die Fragen in EA aus der Erinnerung an das erste Sehen und machen sich Notizen in ihre Hefte. Die Standbilder im SB dienen als Erinnerungshilfe, geben aber selbst oft keine Hinweise auf die Antworten.

Lösung individuelle Lösungen

b) Pair: Watch the film again. When you see the four scenes ...
L spielt die DVD ab und fordert die S auf, *stop* zu rufen, wenn sie das Standbild aus dem SB sehen. Dann hält L die DVD an und gibt den S fünf Minuten Zeit ihre Lösungen zum jeweiligen Abschnitt zu vergleichen. Die Paare halten ihre Lösungen auf einem DIN-A4-Blatt fest. L hält den Film bei 7:15 min an, um die Antwort auf Frage 12 noch nicht endgültig preiszugeben.

Differenzierung Schnell arbeitende S überlegen jeweils nach einer Szene, was sie ihren Eltern auf Deutsch zu den Unterschieden zwischen Schottland und England erzählen können (*Mediation*): „Wusstest du, dass ...“ / „Wusstet ihr, dass ...“

c) Share: Compare your answers with another pair ...
Die S bilden Gruppen und vergleichen die Antworten. Nach der Auswertung im Plenum spielt L die DVD zu Ende vor und die S können sehen, ob sie mit ihrer Vermutung zu Frage 12 richtig lagen.

Lösung
A ***1*** *Tally is making breakfast (porridge).* • ***2*** *No, he won't.* • ***3*** *She uses sugar.*
B ***4*** *She doesn't understand Hamish.* • ***5*** Wee *means small.* • ***6*** *Tally helps Ruby.*
C ***7*** *Alfie needs money because he wants to buy pizza.* • ***8*** *Alfie is surprised because the money looks different.* • ***9*** *Yes, you can.*
D ***10*** *No, he doesn't.* • ***11*** *They are dancing / doing a Scottish dance.* •
12 individuelle Antworten (Auflösung: *Ruby*)

▶ INKL p. 83

Differenzierung Nach Austausch in der Gruppe können schnell arbeitende S an der *Mediation*-Zusatzaufgabe (s. o.) weiterarbeiten. Zum Abschluss können einzelne S ihre Ideen vorstellen, wie man den Eltern auf Deutsch von den Unterschieden zwischen England und Schottland berichten kann.

Zusatz Wenn die Möglichkeit des Zugangs zur Schulküche besteht, können die S Rezepte für *porridge* und *pancakes* nach schottischer Art ausprobieren, ggf. als Kooperation mit dem Hauswirtschaftsunterricht. Die Rezepte finden sich auf ▶ KV 17: Recipes: Scotch pancakes & porridge. Eine Hälfte der Klasse bereitet *porridge* zu, die andere *Scotch pancakes*.

Als Kooperation mit dem Sportunterricht können interessierte S Regeln des Tanzes *Highland fling* im Internet recherchieren und gemeinsam ausprobieren. Andere S recherchieren, was auf den schottischen Banknoten (im Unterschied zu den englischen) abgebildet ist.

FOCUS ON LANGUAGE

Inhalt Relativsätze mit *who* und *that*

S. 80–81

1 Tourist questions

Wortschatz: a thing **that** we use • **shower** • **What do you call ...?** • **waiter** • **waitress** • **mechanic** • **mirror** • **towel**

Read the tourist questions. What words do they need? Look ...
Vorab entlastet L *shower* und die Frage *What do you call ...?* lexikalisch vor (▶ Semantisierung). Die weiteren neuen Vokabeln werden durch die Bildunterschriften erschlossen.

Lösung: ***2*** *towel* • ***3*** *mirror* • ***4*** *manager* • ***5*** *mechanic* • ***6*** *waiter/waitress*

2 Who/That

Material: ggf. OH-Folie mit Fragen aus *Exercise 1*

a) Work with a partner. Look at the speech bubbles ...
Während der PA geht L durch die Klasse, um feststellen zu können, welche Lösungsideen die S haben. Die S könnten als Unterschied z. B. auch finden, dass in Sprechblasen 1 bis 3 Dinge beschrieben werden, die ich sehen und anfassen kann, in Sprechblasen 4 bis 6 Berufe. Das ist auch richtig, aber für die Teilaufgabe b) nicht zielführend. L kann bei Bedarf den Impuls geben: *What do the sentences describe / ask for?*
Alle Partner/innen sollten ihre Ideen im Plenum vortragen.

Falls kein Paar Ideen zu der grammatischen Struktur hat, lässt L die S die Fragen/Sätze aus *Exercise 1* zum besseren Vergleich untereinander an die Tafel schreiben und dann die Satzteile unterstreichen, die sich wiederholen (s. TA). Im Anschluss dann Erarbeitung der Lösung. Diese kann unter dem TA notiert werden.

1 What's the	thing	that	we use to make hot water for tea?
2 Do you have the	thing	that	you use to dry yourself after a shower?
3 What's the	thing	that	you use to look at yourself in the bathroom?
4 What do you call the	person	who	is the boss in a hotel?
5 I need	somebody	who	can help me with my car.
6 What do you call the	man or woman	who	brings the food in a restaurant?

O Differenzierung In lernschwächeren Klassen schreibt L die Fragen aus *Exercise 1* gleich an die Tafel oder auf OH-Folie (s. TA oben). Dann lässt L die sich wiederholenden Satzteile unterstreichen. Die S stellen in PA Hypothesen auf. Abschließend erarbeitet L gemeinsam mit den S im Plenum den Unterschied zwischen Fragen/Sätzen 1 bis 3 und 4 bis 6.

Lösung: *Sentences 1–3 describe / ask for things and use the word "that".*
Sentences 4–6 describe people and use the word "who".

b) Now copy and complete these rules. You'll find example sentences ...
Falls L bei *Exercise 2a)* mit einem TA oder einer OH-Folie gearbeitet hat, kann sie zur Auswertung die Regeln (ohne Beispielsätze) unter die Sammlung von Fragen/Sätzen und die Lösung zu *Exercise 2a)* schreiben lassen.

Lösung

Auf Englisch benutzt du *that* oder *who*.
Wenn Du über *Dinge* redest, benutzt du *that*.
Beispielsatz: *Do you have the thing that you use to dry yourself after a shower?*
Wenn Du über *Menschen* redest, benutzt du meistens *who*.
Beispielsatz: *I need somebody who can help me with my car.*

▶ INKL pp. 74–77

Zusatz

Zur Vertiefung der Struktur Relativsatz kann L Beschreibungen der Dinge/Personen aus *Exercise 1* erfragen. Dabei üben die S auch den neuen Wortschatz. Die Beispielsätze in *Language file 12* auf SB-Seite 145 können den S dabei Orientierung geben. Eine Fortführung als ▶ Meldekette, in der die S sich gegenseitig nach den neuen Vokabeln fragen, ist möglich.

3 More questions //● p. 114

Pick the answers to these questions.
Lernstärkere S arbeiten auf SB-Seite 114 und erhalten dort eine gesammelte Wortauswahl mit zwei Distraktoren und ohne eindeutige Zuordnung zu den Abbildungen.

Zum Einprägen der Struktur kann die Auswertung in PA erfolgen: Abwechselnd stellen die S die Fragen aus dem SB und antworten darauf. Dies kann auch in einer Endlosschleife im ▶ Double circle erfolgen.

Lösung

1 guests • 2 flour • 3 a knife • 4 a champion • 5 a salesperson • 6 a coat

4 ROLE-PLAY What is it?

Wortschatz

machine • °wash • **Box "Irregular verbs"** (SB-Seite 165)

a) Partner B: Go to page 92. Partner A: Listen to your partner. What words ...
Partner B muss bei dieser Aufgabe die Fragen mithilfe der Satzbautafel auf SB-Seite 92 stellen und dabei jeweils *who* oder *that* richtig zuordnen. Partner A erschließt die Wörter anhand der Beschreibungen von Partner B und mithilfe der Auswahl in der Sprechblase auf SB-Seite 81.

● Differenzierung

Partner A schreibt den Beginn der Antwort ins Heft *(Oh, you mean ...)*, schließt das SB und errät die englischen Wörter frei ohne Vorauswahl.

Lösung

1 ***Partner B:*** What do you call the blue *that* is over us?
Partner A: Oh, you mean *the sky.*
2 ***Partner B:*** What do you call the machine *that* washes cups and glasses?
Partner A: Oh, you mean *a dishwasher.*
3 ***Partner B:*** What do you call somebody *who* brings food to people in a restaurant?
Partner A: Oh, you mean *a waiter.*
4 ***Partner B:*** What do you call a small house *that* has room for guests?
Partner A: Oh, you mean *a B&B.*
5 ***Partner B:*** What do you call somebody *who* drives a bus?
Partner A: Oh, you mean *a bus driver.*

b) Now ask your partner the words for these people and things.
Partner A stellt nun die Fragen mithilfe der Satzbautafel auf SB-Seite 81 und entscheidet jeweils, ob *who* oder *that* eingesetzt werden muss. Partner B arbeitet weiter auf SB-Seite 92 und erschließt die Wörter mithilfe der Vorauswahl in der Sprechblase.

Differenzierung Partner B schreibt den Beginn der Antwort ins Heft *(Oh, you mean ...)*, schließt das SB und errät die englischen Wörter frei ohne Vorauswahl.

Lösung
1 ***Partner A:*** What do you call the small animal *that* eats cheese?
Partner B: Oh, you mean *a mouse.*
2 ***Partner A:*** What do you call somebody *who* works on a farm?
Partner B: Oh, you mean *a farmer.*
3 ***Partner A:*** What do you call the machine *that* makes hot water in the kitchen?
Partner B: Oh, you mean *a kettle.*
4 ***Partner A:*** What do you call the big animal *that* gives milk?
Partner B: Oh, you mean *a cow.*
5 ***Partner A:*** What do you call somebody *who* buys things in a shop?
Partner B: Oh, you mean *a customer.*

5 WORDS

Material unlinierte DIN-A4 oder DIN-A3-Blätter in halber Klassenstärke

a) Copy and complete the network with words from these two pages.

Lösungsbeispiel

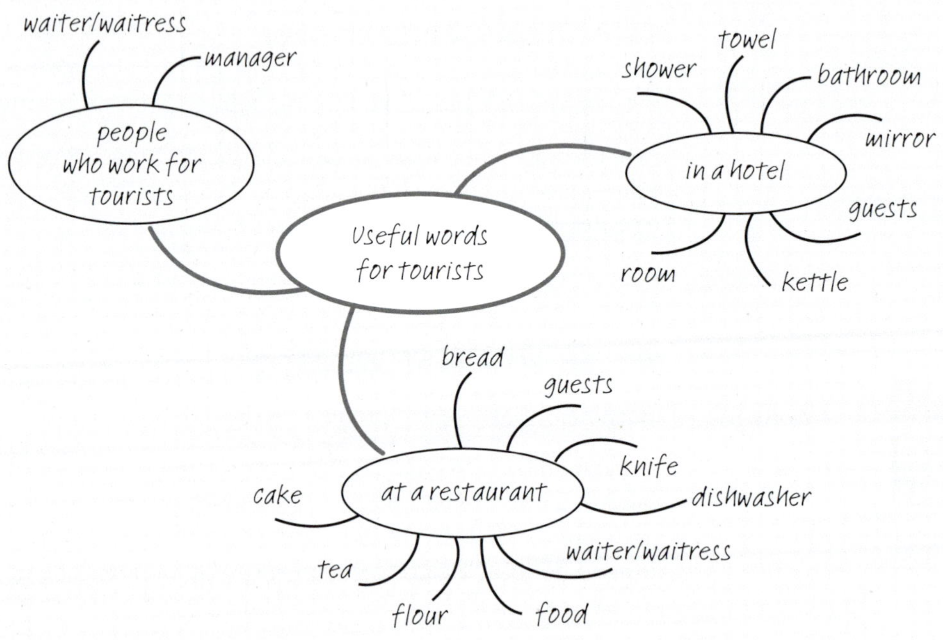

b) Work with a partner. Can you add more words ...
Zunächst vergleichen die Partner/innen, ob sie die gleichen Wörter auf SB-Seiten 80 und 81 gefunden haben. Sie legen dann ein neues gemeinsames Network auf einem unlinierten Blatt Papier an (DIN-A3 oder DIN-A4). Dann suchen sie nach weiteren Wörtern für das Network. L kann sie auffordern, zunächst selbstständig zu überlegen, bevor sie die *Wordbank 4* auf SB-Seite 149 zu Rate ziehen. Die Partner/innen erweitern ihr Network und zeigen es einem anderen Team. Einzelne Networks werden im Plenum vorgestellt.

Lösung individuelle Lösungen ▶ WB 15–16, pp. 49–51 ▶ Folie 17 ▶ DFF 4.1

Zusatz Mit *Wordbank 4* (SB-Seite 149) im SB ergeben sich weitere Übungsmöglichkeiten zu den Relativsätzen in Form eines Quiz. L fordert lernstärkere S auf, zwei Fragemuster aufzuschreiben: *What do you call a person who ... ? / What do you call the thing that ... ?* Die S wählen Wörter aus der *Wordbank* aus und formulieren dazu Fragen. Anschließend fragen sie wie im ▶ Role-play in *Exercise 4* andere Mit-S oder im Plenum, ob sie die Dinge/Personen benennen können.

STOP! CHECK! GO!

Allgemeine Hinweise zu den *Stop! Check! Go!*-Seiten befinden sich auf HRU-Seite 40 und im Vorwort. Bei den geschlossenen Aufgabenformaten (Unit 4: *Exercises 1–5*) können die S ihre Ergebnisse mithilfe des Lösungsschlüssels auf ▶ KV 18: Answers to STOP! CHECK! GO! überprüfen (auch als ▶ Partner check).

S. 82–85

1 REVISION If the weather is good, ...

Wortschatz °canoe

The Grant family are telling Kara MacDonald about their plans ...
Eine Wiederholungs-Übung zu *if*-Sätzen, Typ 1.

Lösung ▶ KV 18: Answers to STOP! CHECK! GO!

2 ○ LANGUAGE What do you call ... ? //● p. 115

Wortschatz °foot, feet • °rice

○ **Eight tourists can't think of the word in English. Copy and complete ...**
//● p. 115 **a) Eight tourists can't think of the word in English. What do they say ...**
//● p. 115 **b) Now look at the pictures below. Write the right word ...**
Eine differenzierte Übung zu Relativsätzen. Lernschwächere S ordnen auf SB-Seite 82 die hinteren Satz-/Fragehälften aus dem Reservoir den Satzanfängen und Bildern zu.

Lernstärkere S arbeiten auf SB-Seite 115. Dort ist die Übung in *Exercise a)* und *b)* unterteilt. Die S erschließen dort zunächst nur, ob *that* oder *who* eingesetzt werden muss *(Exercise a))*. Danach ordnen sie den Sätzen/Fragen die richtigen Antworten in *Exercise b)* zu.

Lösung ▶ KV 18: Answers to STOP! CHECK! GO!

3 ○ LANGUAGE Enjoy yourselves! //● p. 115

Wortschatz °go camping

Jamie and Kara want to go camping. They are talking ...
Eine differenzierte Übung zu Reflexivpronomen. Lernschwächere S wählen auf SB-Seite 83 die Reflexivpronomen per *Multiple choice* aus. Zusätzlich sind die für die Auswahl relevanten Substantive/Personalpronomen farbig markiert.

Lernstärkere S arbeiten auf SB-Seite 115. Dort müssen sie die Reflexivpronomen selbstständig aus einem Reservoir mit einem Distraktor zuordnen.

Lösung ▶ KV 18: Answers to STOP! CHECK! GO!

4 WRITING and SPEAKING Booking a B&B

Wortschatz °be located in ... • °click

a) You want to stay eight nights in this B&B from ...

Lösung ▶ KV 18: Answers to STOP! CHECK! GO!

b) You phone the B&B to confirm the reservation. Write ...

Lösung ▶ KV 18: Answers to STOP! CHECK! GO!

5 READING Brochures

Wortschatz °organised • °mountain biker • °all kinds of • °rafting • °fancy *(v)* • °discover • °spectacular • °expert • °guide • °experience • °quad biking • °setting • °canyoning • °adrenaline-filled • °cliff • °abseil • °waterfall • °white-water rafting • °explore • °jewel • °royal • °shopper • °browse • °several • °spot • °steam • °follow in sb.'s footsteps • °carriage • °they were used • °viaduct • °unique • °landmark • °trail • °off-road • °ability • °(pony-)trekking • °various • °lovely

Read statements 1–7. Then skim the brochures A–E and choose the best ...
Die S müssen hier die Leseverstehenstechnik des *Skimming* anwenden (► Lesetechniken). L weist die S vor der Bearbeitung ggf. nochmals auf das *Skills file 7*, SB-Seite 130 hin.

Lösung ► KV 18: Answers to STOP! CHECK! GO!

Zusatz Nach der Bearbeitung der Seiten *Stop! Check! Go!* kann L auf diese Aufgabe noch einmal eingehen und die angewendete Technik *Skimming* mithilfe des *Skills file 7*, SB-Seite 130 von den S reflektieren lassen. Dazu legen sie für jeden Satz in PA oder im Plenum offen, warum sie sich jeweils für eine Broschüre entschieden haben (ggf. auf Deutsch). L kann den S dafür Redemittel als TA zur Verfügung stellen, z. B. *I think ... is the right brochure for tourist ... because ...*

6 WRITING A story about Slains Castle

Material linierte DIN-A4-Blätter

a) Look at the pictures of Slains Castle. Imagine ...
Die S nutzen die Erfahrungen aus dem *Writing course (4)* (SB-Seite 76), um eine Geschichte zu schreiben. L macht sie auf den Tipp im SB aufmerksam und kann sie vorab auf das *Skills file 8* (SB-Seiten 132–134) hinweisen.

Lösung individuelle Lösungen

b) Work with one or two partners. Compare your ideas. Maybe ...
Die S lesen gegenseitig ihre Texte und machen sich Notizen zu *wh*-Fragen, *linkers, time phrases* und Gefühlen. Falls die S im *Writing course (4)* (SB-Seite 76) zur Auswertung eine Tabelle angelegt haben (s. o.), können sie eine solche wieder anlegen und als Checkliste nutzen. Danach notieren sie weitere Ideen für den Text. Nach dieser Bewertungsphase geben sie den Mit-S ► Feedback zu ihren Texten. Dabei geben sie Tipps zur Verbesserung.

c) Put the new ideas in your story. Then put your ...
Die S überarbeiten ihre Texte, schreiben sie ins Reine auf ein DIN-A4-Blatt und heften sie in ihrem DOSSIER ab. Einige Texte werden im Plenum vorgestellt.

Lösung individuelle Lösungen ► INKL pp. 84–87

Zusatz Die S können einen Klassenwettbewerb veranstalten, bei dem eine gewählte Jury die spannendsten oder gruseligsten Geschichten prämiert.

7 My learner log

Copy and complete your learner log. Then put it in your DOSSIER.
Hier nehmen die S mit einigen Vorgaben und Kriterien eine Auswertung der Unit und eine Selbsteinschätzung vor. Sie übertragen die Punkte auf ein Arbeitsblatt und gestalten diese Seite für ihr DOSSIER.

Lösung individuelle Lösungen

► WB (Portfolio), p. 52 ► WB (Revision), p. 53 ► WB (Test preparation), pp. 56–57

In Ireland

Storyline Die 16-jährige Berliner Schülerin Maike Hoffmann ist im Mai für eine Woche als Gast bei den O'Briens in Dublin. Die O'Briens haben vier Kinder: drei Söhne und eine Tochter. Der Sohn Dara ist im selben Alter wie Maike. Im Laufe des einwöchigen Aufenthaltes erlebt Maike viel Neues, was sich von ihrem Leben in Deutschland unterscheidet: in der Gastfamilie, in der Schule, die sie mit Dara besucht, in der Freizeit und in der Stadt. In einem Blog, den sie auf Deutsch verfasst, schreibt sie darüber. Am Ende ihres Aufenthaltes kommt sie zu der Erkenntnis, dass man beim Reisen vieles lernt, was man in der Schule nicht lernen kann.

Kommunikative Kompetenzen

Speaking: Sehenswürdigkeiten in Dublin benennen • die Auswahl begründen

Reading: einem Text Einzelinformationen entnehmen *(Scanning)*

Writing: Inhalte eines Lesetextes in einem Blog auf Deutsch oder Englisch zusammenfassen

Viewing: Handlungsorte in die richtige Reihenfolge bringen • Aussagen aus dem Film den richtigen Handlungsorten zuordnen

Methodische Kompetenzen

Lernstrategien: Informationen zusammenfassen und aus einer anderen Perspektive wiedergeben • Bildern Informationen entnehmen

Kooperative Lernformen: PA *(Partner talk)*

Interkulturelle Kompetenzen in einem englischsprachigen Land (*Republic of Ireland*) vorhandene Unterschiede z. B. bei der Begrüßung, in der Freizeit, beim Essen und in der Schule wahrnehmen • Dublin näher kennenlernen (u.a. geschichtliche und kulturelle Aspekte)

EXTRA READING

Inhalt Lesetext • als Gastkind in einer irischen Familie • Alltag in einer irischen Familie • Dublin • *blogging*

S. 86–88

A German student in Dublin

Wortschatz Dieser fakultative Lesetext enthält keinen neuen Lernwortschatz. Die für das Verständnis des Textes notwendigen unbekannten Wörter sind durch Fußnoten gekennzeichnet. Die S können somit – anders als in den Kerntexten der Units – die für das Textverständnis wichtigen unbekannten Wörter direkt auf der Seite in Übersetzung sehen. Weitere unbekannte Wörter können die S – falls nötig – im *Dictionary* nachschlagen.

Material Fotokopie des Fotos von Maike (SB-Seite 86), Europakarte (als OH-Folie, Landkarte oder über Beamer)

Einstieg **SB bleibt geschlossen.** L bietet Europakarte über ein Medium an (s. o.). Folgendes einleitendes L/S-Gespräch ist denkbar, das auf die Handlung im Lesetext fokussiert:

L: (hebt das Bild von Maike hoch). *This is Maike. She's from Berlin. But now she's in Dublin for a week. She's staying there with an Irish family. Where's Dublin? Look at the map.*
S: *In (the Republic of) Ireland. (It's the capital.)*
L: *How can you get to Dublin?*
S: *By plane. By boat and car.*

L leitet über zu einem ▸ Think-Pair-Share, bei dem die S Maikes mögliche Erlebnisse in Dublin antizipieren sollen.

L: *What do you think will/can/should Maike do in Dublin? Take some notes and then talk to a partner.*

L gibt ggf. TA als *language support*:

I think she will ... / She can also ... / She should ...
What do you think?

L: *Open your books at page 86 and find out what she really does.*

Freiwillige S lesen (abschnittweise) vor. Nach jedem Abschnitt werden kurz Verständnisfragen und mögliche Vokabelfragen geklärt.

○ / ● Differenzierung

In lernschwächeren Gruppen wiederholt L vor Beginn der Textarbeit die *Skills files 2* (SB-Seite 125) und *3* (SB-Seite 126), um den S Worterschließungstechniken und das Nachschlagen im Wörterbuch in Erinnerung zu rufen. Dabei sammeln die S zunächst in EA, welche Techniken zum Umgang mit unbekannten Wörtern sie schon kennen (Tafelsammlung in Stichworten). In lernstärkeren Gruppen verweist L lediglich auf die SB-Seiten zu den beiden *Skills files*.

Im Anschluss klären die S gemeinsam im Plenum, welche von Maikes Aktivitäten in Dublin sie evtl. richtig antizipiert haben. L oder freiwillige/r S kann bei Bedarf eine Liste als TA führen.

1 Maike's blogs

Material

OH-Folie, Internetzugang, Linkliste, Wörterbücher, KV 19 (Klassensatz), Europakarte oder Atlas, CD

Einstieg

L vergewissert sich zunächst, dass den S bekannt ist, was ein Blog ist und wie typische Blogeinträge aussehen (z. B. *It's like a diary on the internet.*).

a) Pick one of Maike's blogs (1–3). Find examples of things that she learned.
Die S bearbeiten den Text in EA, ggf. als HA. L verabredet mit den S, dass sie als Belege für ihre Blogeinträge z. B. die Zeilennummer mit angeben.

● / ○ Differenzierung

Lernstärkere S erstellen zunächst eine Tabelle auf Englisch für Teil 1–3, deren Inhalt sie im Plenum vortragen, sodass auch die lernschwächeren S rezeptiv von der Arbeit profitieren. Sprachliche Hilfen für die Tabelle erscheinen an der Tafel.

Hinweis: Die S müssen nicht alle Unterschiede nennen, die Maike auffallen. L begrenzt die Anzahl entsprechend der Leistungsfähigkeit der S. Die Ergebnisse werden an der Tafel oder auf einer OH-Folie festgehalten.

Maike: What I / we do at home in Berlin:	What the O'Briens / people do in Ireland:
- We put ... to say hello. - I don't ... in my tea. - ...	- They don't ... their ... to say hello. - They put ... - ...

Auch innerhalb der Gruppe der Lernstärkeren kann noch einmal differenziert werden, indem die S an zwei bis drei Beispielen zur Reflexion der kulturellen Unterschiede angeleitet werden. Dazu benötigen sie sprachliche Hilfen, die L an der Tafel vorgibt, z. B.:

- I think it's ... to put my hand out (because ...).
- I think isn't ... (because ...).

Lösungsbeispiel

Blog 1: Einiges habe ich hier schon gelernt, z. B. *dass man sich bei der Begrüßung nicht die Hand gibt (Zeile 14/15 und 22/23), dass man den Tee mit Zucker und Milch trinkt – ohne Zucker war er viel zu stark (Zeile 24–30) und dass man auch die Erwachsenen in der Familie mit dem Vornamen ansprechen darf (Zeile 38).*
Blog 2: Auch heute habe ich ein paar Sachen gelernt, z. B. dass man in der Schule *eine Schuluniform trägt (Zeile 76–84) und dass die Schule erst um 9:00 Uhr beginnt (Zeile 61). Das mit der Schuluniform wusste ich eigentlich schon von England.*
Blog 3: Ich habe wieder etwas dazugelernt, z. B. *dass man hier tea time sagt (Zeile 104–108), wenn man eigentlich am Spätnachmittag eine warme Mahlzeit meint, dass man „Enjoy your meal (Zeile 139)." sagt, wenn man einen „Guten Appetit" wünschen will und dass es*

Discos für unter 18-Jährige gibt, in denen es keinen Alkohol gibt und die um Mitternacht zu Ende sind (Zeile 145–147).

b) You're Maike. Write a blog for Part 4 of the story – in English or German.

● Differenzierung — Lernstärkere S führen die Tabelle aus dem Differenzierungsangebot zu Teilaufgabe a) fort. Dies hilft ihnen zusätzlich bei der Strukturierung, wenn sie auf Englisch schreiben wollen.

Lösungsbeispiel — ***Blog 4:*** *Morgen muss ich schon wieder zurück nach Berlin. Schade ☹. Deshalb sind Dara und ich heute ins Stadtzentrum gefahren, damit ich noch ein paar Geschenke kaufen kann. Mittags wollte ich dann gern etwas typisch Irisches essen und da sind wir zu einem „fish and chip shop" gegangen. Dabei habe ich mitgekriegt, dass man hier die Pommes mit Essig und Salz isst. Hab' ich probiert. Schmeckt ☺.*
Blog 4: *Tomorrow I will have to leave for Berlin. What a pity. Dara and I went to the city centre to buy some presents. I wanted to eat something Irish at lunch, so we went to a fish and chip shop. Here they eat chips with vinegar. Something new for me! And not bad! I really liked it! ☺*

▶ INKL pp. 92–95

Zusatz — Die ▶ KV 19: In Ireland enthält zusätzliche Aufgaben zum Lesetext. L bespricht alle Aufgaben vorab mit der Lerngruppe (▶ Klären der Aufgabenstellung). Danach wählen die S eine Aufgabe aus und bearbeiten sie selbstständig in EA bzw. in PA oder Kleingruppen (▶ Gruppenbildung) je nach Leistungsfähigkeit der S. L unterstützt bei Bedarf und stellt z. B. *language support* (als TA), Wörterbücher etc. zur Verfügung bzw. verweist die S auf passende Hilfen im SB (z. B. *Skills file 3* auf SB-Seite 126) oder *Language file 1* auf SB-Seite 138).

SKILLS TRAINING Viewing

Inhalt — Kurzfilm: Stadtrundgang durch Dublin *(Welcome to Dublin)* • berühmte Sehenswürdigkeiten in Dublin

Storyline — Eine junge Sprecherin führt durch einen etwa siebenminütigen Videofilm über Dublin. Nacheinander werden vorgestellt: St. Stephen's Green, der grüne Rückzugsort der Stadt, Grafton Street, die geschäftige Einkaufsstraße, das Molly Malone Denkmal, Temple Bar, der älteste Stadtteil Dublins, der Fluss Liffey mit der Ha'penny Bridge, Moore Street mit dem berühmten Obst- und Gemüsemarkt, O'Connell Street, die geschichtsträchtige Straße, die im Unabhängigkeitskrieg eine große Rolle spielte, das Denkmal, das an die große Hungerkatastrophe Mitte des 19. Jahrhunderts erinnert, die Jeanie Johnston, eines der Schiffe, das Auswanderer nach Amerika brachte, und zum Schluss die Dublin Bucht.

S. 89

1 PEOPLE AND PLACES Welcome to Dublin, the capital of Ireland

Material — DVD, Internet

Einstieg — L: *Maike was in Dublin for a week. She saw some things in Dublin. Now it's your turn. Open your books at page 89, please, and look at the pictures.*

a) Before you watch, look at these places in Dublin.
1 Where can you …
2 What's the name of a famous old ship?
Hinweis: L nutzt die Besprechung der Lösungen, um die Aussprache der neun Sehenswürdigkeiten zu sichern.

Lösung — *1* Where can you … – buy fruit? *(In) Moore Street.* • – take a bus? *(In) O'Connell Street.* • – listen to street musicians? *(In) Grafton Street.* • – go shopping? *(In) Grafton Street.* • – relax? (On/*At) Stephen's Green* • – see the river? *(From/On) Ha'penny Bridge.* • – look at the sea? *(At) Dublin Bay.*
2 *The Jeanie Johnston.*

b) Then watch the film. Make a list of the places in the brochure in the right order.
Die S schreiben die richtige Reihenfolge in ihre Hefte – als Vorbereitung für Teilaufgabe c).

Lösung *Stephen's Green • Grafton Street • Molly Malone • Temple Bar • Ha'penny Bridge • Moore Street • O'Connell Street • The Jeanie Johnston • Dublin Bay*

c) Match these sentences with your list of places from b). Watch the film again ...

○ Differenzierung In lernschwächeren Gruppen stoppt L den Film nach jedem Abschnitt zu einem *sight*, damit die S Gelegenheit haben, den jeweiligen Satz aus dem SB dem passenden *sight* in ihrem Heft zuzuordnen.

● Differenzierung Lernstärkere S notieren beim zweiten Ansehen des Filmes weitere Informationen zu den *sights* (A–F). Wenn die Lösungen (s. u.) überprüft werden, nennen diese S ihre über die Lösung hinausgehenden Notizen (s. Lösungsbeispiel).

Lösung ***A*** *Stephen's Green* • ***B*** *O'Connell Street* • ***C*** *Ha'penny Bridge* • ***D*** *Temple Bar* • ***E*** *The Jeanie Johnston* • ***F*** *Grafton Street*

Lösungsbeispiel Stephen's Green: *You can relax there. You can sit in the sun. Dogs can play there.*
O'Connell Street: *There are monuments and the General Post Office = GPO. People/Rebels fought there against the British.*
Ha'penny Bridge: *It's only for people, not for cars. Ha'penny is half a penny – old money.*
The Jeanie Johnston: *People went to America on the ship. It took eight weeks to go from Ireland to America.*
Temple Bar: *There are nice old shops, book shops, cafes.*
Grafton Street: *You can see lots of people, musicians, people taking funny photos, ...*

d) Imagine you're in Dublin with a partner. Agree on three places to visit. Say why.

○ / ● Differenzierung L überträgt den *language support* aus dem SB an die Tafel und ergänzt bei Bedarf weiteren Wortschatz, der den S bei der Formulierung ihrer Begründungen hilft, z. B.:

- I'd like to visit ... because it's nice / interesting / so busy / very big / ...
- I'm interested in ... because ...
- ... looks exciting/special/...
- Okay, then let's do these things. / I agree. / It's fine with me.
- Sorry, I don't agree. Let's ...

In einem weiteren Schritt trägt L einen Beispieldialog mit einem/r lernstärkeren S vor (und/oder zwei lernstärkere S miteinander). Für die lernschwächeren S geben der TA und die Dialoge Sicherheit. Lernstärkere S haben ein größeres Repertoire an Formulierungen und können zudem ihre erweiterten Notizen aus der Differenzierung zu Teilaufgabe c) in ihre Begründungen einbeziehen.

Lösung individuelle Lösungen ► INKL, p. 97

Zusatz Weitere Themen des Kurzfilms, die im SB nur am Rande behandelt werden, können bei Bedarf im Anschluss an die Erarbeitung der SB-Aufgaben vertieft werden (z. B. das Volkslied *Molly Malone, leprechauns*, die Hungerkatastrophe *(the Great Famine)* und die damit verbundene Auswanderungswelle im 19. Jahrhundert). Dazu wird der Film noch einmal gezeigt. L entscheidet u. U. gemeinsam mit den S, welche der Themen aus dem Film weiterverfolgt werden sollen. Die inhaltlichen Recherchen finden idealerweise im Internet statt. Je nach Internetaffinität der Lerngruppe erstellt L vorab eine Liste mit geeigneten Links zu den einzelnen Themen oder lässt die S selbstständig recherchieren.

Folgende Aufgabenstellungen sind u. a. möglich:

- *Molly Malone:* Die S suchen verschiedene englische und deutsche Versionen des Liedes. Sie entscheiden in EA, PA oder GA, welcher Song ihnen am besten gefällt und begründen das auch.

Möglicher TA als *language support*:

– *I like ... by ... best, because it's nice/fun/modern/...*
– *... /he/she is a good singer. / The band uses interesting instruments. / The singer has a good voice. / ...*

- *Leprechauns* sind ein Teil der Mythenwelt Irlands. Die S recherchieren (auf Deutsch) Erklärungen und Bilder zu den *leprechauns*, aber auch Hinweise auf weitere Gestalten der Mythenwelt (z. B. *banshee, fairies, ...*).
- *The Jeanie Johnston*: Ausgangspunkt für eine Recherche über die irischen Auswanderer nach Amerika: Wie die Kartoffelfäule Mitte des 19. Jahrhunderts eine Hungerkatastrophe in Irland verursachte, die zu der großen Auswanderungswelle führte.

Die Aufgaben sind nicht mit einem großen Arbeitsauftrag verbunden, sondern sollen den S die Möglichkeit geben, sich mit kulturellen und/oder geschichtlichen Hintergründen zu dieser Unit zu beschäftigen. Ein abschließendes L/S-Gespräch (auf Deutsch) über das, was die S gelesen, gehört und herausgefunden haben, erleichtert es ihnen, Zusammenhänge herzustellen und die unterschiedlichen historischen und kulturellen Ereignissen richtig einordnen zu können.

INFO-BOX **Dublin – Geschichte und Sehenswürdigkeiten**

Dublin, dessen irischer Name *Baile Àtha Cliath* übersetzt „Stadt an der Hürdenfurt" bedeutet, ist die 527.000 Einwohner große Hauptstadt der Republik Irland. Sie liegt an der östlichen Küste der Insel, wo der *River Liffey* in die *Dublin Bay* und schließlich die *Irish Sea* mündet.
Als zentrale Ereignisse der irischen Geschichte haben die große Hungersnot (*Great Famine*) des 19. Jahrhunderts, der Osteraufstand (*Easter Rising*) gegen die britische Kolonialmacht 1916 und 1922 die Unabhängigkeit der *Republic of Ireland* nach Ende des Anglo-Irischen Krieges die Bevölkerung und das Bild der Stadt geprägt.
Der *River Liffey* teilt Dublin in den wohlhabenden Süden (*Southside*) und weniger wohlhabenden Norden (*Northside*), wobei die Grenzen zwischen Arm und Reich heutzutage weniger deutlich sind als in der Vergangenheit. Zu den Haupteinkaufsstraßen der Stadt zählen die *O'Connell Street* und die *Grafton Street*. Die 420 m lange *O'Connell Street* ist seit den 1920er Jahren nach dem Nationalhelden David O'Connell benannt. Hier befinden sich das Hauptpostamt (*General Post Office*) sowie das 2003 errichtete Wahrzeichen der Stadt: die 123 Meter hohe, nadelförmige Säule *The Spire*, deren Spitze in der Nacht beleuchtet wird und die im Volksmund als „größter Zahnstocher der Welt" bezeichnet wird. Die *Grafton Street* liegt zwischen dem neun Hektar großen innerstädtischen Park *Stephen's Green*, wo einst öffentliche Auspeitschungen, Verbrennungen und Hinrichtungen stattfanden, und Irlands prestigeträchtigster Universität, dem *Trinity College*. Am Ende der *Grafton Street* befindet sich auch die bekannte Statue der *Molly Malone*, einer jungverstorbenen Fischhändlerin, die in einem berühmten irischen Volkslied besungen wird.
Von hier aus ist es nicht weit bis zum kopfsteingepflasterten Stadtviertel *Temple Bar*, das am südlichen Ufer des *Liffey* liegt und wegen seiner zahlreichen Cafés und Pubs (mit Live Musik) beliebt ist. Von diesem lebendigen Kulturviertel aus gelangt man über die *Ha'penny Bridge*, eine Fußgängerbrücke, deren Benutzung zu früheren Zeiten einen halben Penny kostete, auf die nördliche Seite des *Liffey*.

Text file

TF 1 London facts

Inhalt Durch dieses *Text file* erhalten die S mehr Informationen über typische Verkehrsmittel in London, ausgewählte Sehenswürdigkeiten, *Sherlock Holmes*- und *Harry Potter*-Drehorte.

S. 116–117

Wortschatz Die *Text files* enthalten keinen neuen Lernwortschatz. Die für das Verständnis des Textes notwendigen unbekannten Wörter sind durch Fußnoten gekennzeichnet. Die S können somit – anders als in den Kerntexten der Units – die für das Textverständnis wichtigen unbekannten Wörter direkt auf der Seite in Übersetzung sehen. Weitere unbekannte Wörter können die S – falls nötig – im *Dictionary* nachschlagen.

Einstieg **SB bleibt geschlossen.**

L: *Do you know some London sights or places that tourists can visit?*
S: *Tourists can visit Buckingham Palace / the London Eye / the Tower of London / Tower Bridge ...*
L: *Very good! You remember a lot of sights in London. Do you remember how people can travel in London?*
S: *People can travel by Tube, by bus or by taxi. Of course they can ride a bike too.*
L: *That's right! Let's find out more. Open your books at page 116, please. Let's read.*

Die S lesen die Texte entweder in Stillarbeit oder im Plenum. Falls die Texte in Stillarbeit erarbeitet werden, bekommen die S dafür ca. 10 Minuten Zeit. Damit die S sich nicht zu sehr im Detailverständnis verlieren, dürfen sie nur eine von L begrenzte Zahl unbekannter Wörter erfragen. Die S sollen sich auch die Bilder gut ansehen.

Bitten Sie dann die S, sich in 3er- oder 4er-Gruppen zusammen zu finden (▸ Gruppenbildung) und zwei Fragen zu einem der Texte zu formulieren. Auch die Antworten zu diesen Fragen werden in der Gruppe schriftlich festgehalten. Bei geschlossenen SB werden die Fragen dann im Plenum gestellt. Die anderen S finden die Antworten und dürfen dann auch selbst ihre Fragen stellen.

O Differenzierung Lernschwächere S einigen sich in der GA auf zwei Sätze aus den Texten. Die Sätze werden mit einem Hinweis, aus welchem Text sie stammen, abgeschrieben. Die S lesen im Plenum jeweils einen Satz vor. Die anderen S finden heraus, aus welchen Texten die Sätze stammen.

TF 2 Dick Whittington – a Christmas pantomime

Inhalt *Christmas pantomime • Dick Whittington and his cat*

Storyline In dieser typisch englischen *Christmas „panto“* geht es um Dick Whittington, einen jungen Mann, der vergeblich in London nach Arbeit gesucht hat und nun die Stadt verlassen will, um sein Glück in den *Cotswolds* zu versuchen. Er trifft jedoch auf den sprechenden Kater Tommy, der ihn, unterstützt durch das Lied der Londoner Kirchenglocken, überredet, in London zu bleiben und es dort nochmal zu versuchen.

Dick lernt Alice Fitzwarren kennen, die Tochter eines Ladenbesitzers, die ihm einen Job im Geschäft ihres Vaters anbietet. Da Tommy ein exzellenter Rattenfänger ist, stellt der begeisterte Vater Fitzwarren Tommy und Dick ein und beide führen eine Zeitlang ein glückliches Leben bei den Fitzwarrens. Doch der Rattenkönig, der *bad guy* dieser *panto*, lässt sich einen Racheplan einfallen, sodass Dick schließlich wegen eines fingierten Diebstahls die Fitzwarrens verlassen muss. Dick geht in ein fremdes Land und kehrt erst nach London zurück, als er mit Tommys Hilfe durch die Mäuse- und Rattenjagd zu Reichtum gekommen ist. Am Ende wird er Oberbürgermeister von London und heiratet Alice.

S. 118–120

What's a pantomime?

Einstieg **SB bleibt geschlossen.** L macht einige Gesichtsausdrücke übertrieben vor und fragt nach dem Gegenteil (z. B. Mundwinkel nach unten gezogen: *„Am I happy?“*), sodass sich einzelne S zu einem *„No!“* animiert fühlen. Anschließend sollte L noch ein- bis zweimal die eigene Mimik richtig beschreiben, damit nun möglichst viele S *„Yes!“* rufen können. So werden die S auf die Erwartungshaltung von *panto*-Zuschauern vorbereitet und neugierig gemacht.

L: *This shouting is part of a type of theatre in Britain called a "pantomime" or "panto". There are many pantos at Christmas. Let's have a look at a picture on page 118.*

Gemeinsam wird das obere Foto beschrieben. Anschließend wird der Text über die *panto* im Plenum gelesen und evtl. der Unterschied zu der aus dem Deutschen bekannten „Pantomime“ besprochen (Stichwort: *false friend*).

1 It's all wrong!

Correct these sentences.
Die Aufgabe sollten die S in EA bewältigen können.

Lösungsbeispiel

1. *In pantomimes the characters talk.*
2. *They aren't just for kids. / They're for everyone.*
3. *The people who watch the panto don't have to be quiet. / The people who watch the panto can laugh and shout a lot.*
4. *The ending is happy. / Everything is always OK in the end.*

▸ 🎧 28–31 **Dick Whittington – a Christmas pantomime**

Material CD, OH-Folie

Die *panto* wird im ▸ Mitleseverfahren präsentiert. Nach jeder Szene wird im Plenum kurz geklärt, ob der Inhalt verstanden wurde. Allerdings sollte die Präsentation nur möglichst wenig unterbrochen werden, um die Spannung zu halten.

● **Differenzierung** In leistungsstärkeren Gruppen wird der Text vollständig präsentiert.

Alternative Beim (Vor-)Lesen der Szenen können entweder leistungsstärkere S Rollen bekommen oder L verstellt ihre Stimme, was bei einem solch humoristischen Text durchaus möglich ist.

Um das Textverständnis zu überprüfen, werden die folgenden Sätze an der Tafel oder auf OH-Folie zur Vervollständigung angeboten. Die möglichen Lösungen sind hier in Klammern hinter den einzelnen Sätzen vorgegeben.

1. Dick wants to leave London and go to the .... but Tommy, the ...., makes him stay. (Cotswolds; cat)
2. Alice is Mr Fitzwarren's .... (daughter)
3. Sarah doesn't like .... because they eat her............. (rats; cheese)
4. King Rat is .... (bad / the bad guy)
5. In the end Dick .... Alice and he is .... of London. (marries; Lord Mayor)

Falls L den Eindruck hat, dass es noch Verständnisschwierigkeiten geben könnte, werden die anderen Fotos besprochen (z. B. *Who is who? What's he/she doing? / What are they doing?).*

2 Theatre time

Material Material zur Herstellung möglicher Requisiten (z. B. Pappe, Papier, Kleidungsstücke, Schere, Stifte, Kleber, ...)

In a group, act out one of the scenes ...
Für die Erarbeitung der Darstellung sollten möglichst leistungsheterogene Gruppen zusammengestellt werden (▸ Gruppenbildung). Die vier Szenen werden entweder durch L verteilt, damit das ganze Stück dargestellt werden kann und keine Szene fehlt, oder die S wählen selbst eine Szene für ihre Gruppe aus. Wenn es die Zeit zulässt, können die Gruppen auch einfache Requisiten herstellen (z. B. einen großen Käse aus Pappe für Sarah oder Rattenzähne).

Hinweis: Um den S die Angst vor dem eigenen Spiel zu nehmen, könnte man eine Sequenz von einer Vorstellung der *panto* zeigen (z. B. einen im Internet angebotenen Ausschnitt). Auch viele britische Fernsehsender zeigen in der Weihnachtszeit *pantomimes*. So merken die S, wie übertrieben dort gespielt wird, was den S leichter fallen sollte als subtiles Spiel.

Zusatz Sollten die S Gefallen am Spiel finden, könnten sie sich auch eine Darstellung für das Ende der Geschichte überlegen (s. die kurze Zusammenfassung unter *What happens next in the story* auf SB-Seite 120). Die Proben dafür können u. U. als HA stattfinden.

INFO-BOX **Dick Whittington and his cat**

Eine beliebte *pantomime* rankt sich um die Englische Volkssage *Dick Whittington and his cat*. Der Geschichte nach entkommt der Waisenjunge Dick Whittington einer Kindheit in Armut und wird durch die Hilfe seines gewitzten Katers reich. Die Hauptfigur basiert auf Richard Whittington, einem reichen Kaufmann, der im 14. Jahrhundert lebte und tatsächlich dreimal Lord Mayor von London war. Jedoch war seine Familie weder arm, noch gibt es einen Beweis dafür, dass er je eine Katze besessen hätte.
Anfang des 17. Jahrhundert (1604) gab es eine erste Bühnenfassung der Legende, wenige Jahre später wurde sie in einer Ballade aufgegriffen und 1656 erschien sie erstmalig als Erzählung in einem Volksbuch. 1814 gab es die erste Aufführung als *pantomime*. Die Handlung wurde dabei leicht abgeändert und u. a. um einen Bösewicht (den *King Rat* oder manchmal auch eine *Queen Rat*) ergänzt. Diese Version der Geschichte ist bis heute populär und wird häufig aufgeführt. Mittlerweile gibt es auch eine Reihe von Fernsehinszenierungen, z.B. eine Version des Fernsehsenders ITV aus dem Jahre 2002.

TF 3 Liverpool and the Titanic

Inhalt Informationen zum Untergang des Passagierschiffs *Titanic*

Storyline Die *Titanic* war ein Passagierschiff der britischen Reederei *White Star Line* und wurde in Liverpool gebaut. Sie sollte nicht nur das größte und schnellste, sondern auch das sicherste Schiff aller Zeiten werden. Aber schon auf ihrer Jungfernfahrt im April 1912 sank die *Titanic* – vier Tage nach ihrem Start in England. Über 1500 Menschen kamen ums Leben. Insbesondere Passagiere der dritten Klasse waren betroffen, da sie nur einen erschwerten Zugang zu den knappen Rettungsbooten hatten.

Kommunikative Kompetenzen **Mediation:** Informationen zum Untergang der *Titanic* auf Deutsch wiedergeben

S. 121

Material KV 20

Einstieg **SB bleibt geschlossen.** L schreibt *Titanic* an die Tafel und fragt die S: *What do you know about the Titanic?* Aufgrund des weitbekannten US-amerikanischen Films *Titanic* von James Cameron mit Leonardo DiCaprio und Kate Winslet in den Hauptrollen können einige S sicherlich ein paar Informationen anbieten. Um das Interesse der S am Unterrichtsthema zu fördern und auch lernschwache S am Gespräch zu beteiligen, sind hier auch Äußerungen auf Deutsch erlaubt. Im Unterrichtsgespräch kann L neuen Wortschatz wie *journey, passenger, iceberg* und *lifeboat* einführen und die Aussprache schulen.

L leitet zum SB über und bittet die S, sich in Gruppen zusammenzufinden (▸ Gruppenbildung).

L: *Let's find out more about the Titanic. Open your books at page 121. Please read the text in groups.*

Der Lesetext wird in Gruppen von vier S laut gelesen. Dabei sollte bei der Zusammensetzung der Gruppen darauf geachtet werden, dass lernstärkere S mit lernschwächeren S eine Gruppe bilden. Die Gruppenmitglieder einer Gruppe setzen sich möglichst nah nebeneinander, damit beim leisen Vorlesen des Textes die verschiedenen Gruppen einander nicht stören. Falls der Klassenraum sehr eng ist, kann evtl. auch der Flur benutzt werden. Jedes Gruppenmitglied liest einen Absatz vor. Die lernstärkeren S helfen den lernschwächeren S beim Vorlesen und beim groben Textverständnis. L sollte den S klar machen, dass das Globalverständnis und die Gruppenarbeit im Vordergrund stehen, weniger die Wort-für-Wort-Übersetzung oder das systematische Korrigieren der Aussprache.

Erkläre diese Zahlen auf Deutsch: 885 – 1908 – 1912 – 1500 – 706 – 60,000 – 75 % – 700

Alternative Die Aufgabe wird in GA gelöst.

Lösungsbeispiel Die Reederei *White Star Line* begann *1908* mit ihrem Plan das weltweit größte und sicherste Schiff zu bauen. • Die Titanic begann am 10. April *1912* ihre erste Reise und sank am 14. April *1912*. • Mehr als *1500* Passagiere starben bei dem Schiffsunglück. • *706* Passagiere fuhren in der dritten Klasse mit. • Das teuerste Ticket kostete damals £512; das sind auf heute umgerechnet *£60,000*. • *75 %* der Passagiere der 3. Klasse verloren bei dem Unglück ihr Leben. • Nur *700* Menschen überlebten das Unglück.

Zusatz Die S wenden ihre Kenntnisse im *note-taking*, die sie im Rahmen der *Skills training*-Seite der Unit 3 auf der SB-Seite 56 erworben haben, am SB-Text *Liverpool and the Titanic* (SB-S. 121) an. Dabei hilft auch das *Skills file 4* auf der SB-Seite 127: Hier erhalten die S Tipps zum Thema Texte markieren. Die S bekommen ▸ KV 20: Note-taking. Die S lesen sich die Inhalte der KV durch und unterstreichen im Text die dafür relevanten Textstellen. Die S schreiben die unterstrichenen Textstellen ab.

● Zusatz Lernstärkere S üben mithilfe der Notizen auf der ▸ KV 20: Note-taking die mündliche Präsentation des Textes. Tipps für die Erarbeitung und Durchführung eines Kurzvortrages bietet das *Skills file 10* auf der SB-Seite 136.

TF 4 Scotland facts

Inhalt bildgestützte landeskundliche Informationen über Schottland • Artikel zum *Loch Ness monster*

S. 122–123

Hinweis: Part A, B und C sowie der Text zu *The Loch Ness Monster* des *Text file 4* sind integraler Bestandteil von *Exercise 2* im *Lead-in* von Unit 4 (SB-Seite 69). Die Erarbeitung erfolgt in einer arbeitsteiligen GA in Form eines ▶ Jigsaw. Dies ist auf den entsprechenden Seiten dieser HRU zum *Lead-in* der Unit 4 im Detail beschrieben. Im Folgenden wird ein alternativer Einsatz der SB-Seiten dargestellt.

A Geography – B History – C Life

Material vorbereitete OH-Folie oder vorbereitete Arbeitsblätter in Klassenstärke

Alternative Die landeskundlichen Fakten über Schottland geben die Möglichkeit, die Lesetechniken *Skimming* und *Scanning* (▶ Lesetechniken) einzuüben, die im *Skills training (Reading)* der Unit 4 (SB-Seite 78) angewendet wurden. Das *Skills file 6* auf SB-Seite 130 erläutert diese Techniken im Detail. Die Erarbeitung kann in EA oder PA erfolgen. Die Auswertung und möglichst auch eine Reflektion der angewandten Methoden erfolgen im Plenum. Die folgenden Arbeitsanweisungen können den S auf OH-Folie angeboten werden oder als Arbeitsblatt.

1 Skim the text file and find out:
In which part can you find information about:
a) the mountains
b) the Gaelic language
c) the flag
d) sports?

Lösung ***a)*** *A* • ***b)*** *C* • ***c)*** *B* • ***d)*** *C*

2 Compare with a partner.
What helped you to find the information?

Lösung
a) Part A, rechte Spalte: Bild *mountains* und Text darüber
b) Part C, linke Spalte: fetter Text: *languages*
c) Part B, rechte Spalte, Bild Flagge und Text daneben
d) Part C, linke Spalte: fetter Text und Fotos

3 Now scan for details. Find information about:
a) two traditional sports
b) a Scottish instrument
c) what the Scottish people vote about in 2014
d) the capital of Scotland
e) two things in the North Sea that bring a lot of money and jobs
f) the region of hills and mountains

Lösung
a) *shinty, tossing the caber*
b) *bagpipes*
c) *independence*
d) *Edinburgh*
e) *oil and gas*
f) *the Highlands*

The Loch Ness monster

Material OH-Folie

Alternative L kann Fragen zum Zeitungsartikel stellen. Diese können auf OH-Folie oder als TA präsentiert werden (s. TA). Die S erhalten ca. 15 Minuten Zeit, um die Fragen zu beantworten. Dann erfolgt ein ▶ Partner check. Die Lösungen werden im Plenum zusammengetragen. Zu Frage 11 kann L ein *voting* in der Klasse veranstalten.

1 *Where is Loch Ness?*
2 *What do lots of people say about a monster in the lake?*
3 *What happened in 1934?*
4 *What did people find out in 1993?*
5 *What was Marcus Atkinson's job?*
6 *What did Marcus Atkinson see in 2012?*
7 *What does the photo of the sonar picture look like?*
8 *What did experts think about Mr Atkinsons photo?*
9 *What is the name of the monster?*
10 *Why do thousands of tourists go to Loch Ness every year?*
11 *Do you think there is a monster?*

Lösung
1 *Loch Ness is in the north of Scotland.*
2 *Most people say there is no monster.*
3 *Someone took a photo of the monster.*
4 *The photo was a trick.*
5 *Marcus Atkinson was a tourist boat captain.*
6 *Something big followed his boat.*
7 *It looks like a snake.*
8 *Experts said it was a photo of plankton.*
9 *Nessie*
10 *Because of the stories. / Because they want to look for Nessie / the monster.*
11 individuelle Lösungen

Glossar

Didaktisch-methodisches Glossar

Antwortkärtchen ▸ Right/wrong cards

Appointments Die kooperative Lernform *Appointments* ist eine gesteuerte Form von wechselnder PA in vier Phasen:

1. Die S schreiben drei vorgegebene Uhrzeiten in eine Tabelle. Dann gehen sie zu drei Mit-S, bitten jeweils um ein *appointment* zu den drei notierten Zeiten *(Can we meet at 1/2/3 o'clock?)* und tragen die Namen der Mit-S bei der entsprechenden Uhrzeit in ihrer Tabelle ein.
2. Im zweiten Schritt bearbeiten die S die Aufgabenstellung zunächst für sich und halten ihre Antwort in der Tabelle fest.
3. Auf das Signal von L *(It's 1/2/3 o'clock.)* gehen die S zum jeweiligen *appointment* mit ihrem/ihrer Mit-S, befragen ihn/sie und notieren die Antwort in der Tabelle.
4. In der letzten Phase berichten die S im Plenum über ihre Umfrageergebnisse.

Thema	Me: ____	1 o'clock Name: ____	2 o'clock Name: ____	3 o'clock Name: ____
Frage 1				
Frage 2				
Frage 3				

Arbeitsanweisung ▸ Klären der Arbeitsanweisung

Bewegungsspiele Da die S besonders in den Klassen 5/6 einen hohen Bewegungsdrang haben, sollten Bewegungsmöglichkeiten im Unterricht fest eingeplant werden. Vorteile dieser spielerischen Phasen sind neben der Erhöhung der Konzentration auch das ungezwungene Einüben sprachlicher Mittel sowie die alternative Ergebnissicherung in individuellem Lerntempo.

Stories und Lernsongs können mithilfe von ▸ Total Physical Response (TPR) eingeübt werden. Die Bewegungen können so auch zur Verständniskontrolle für L dienen.
Bewegungsspiele helfen zudem sprachliche Mittel einzuüben und die Konzentration für folgende Unterrichtsphasen zu erhöhen. Die Sprachmuster, die dabei von den S angewendet werden, können von L je nach Lernstand der S frei zusammengestellt werden. Folgende Spiele sind beliebt:

Spidernet: Die S stehen im Kreis. S1 wirft seinem/ihrem Gegenüber ein Wollknäuel zu, hält dabei ein Stück des Fadens fest und stellt eine Frage. S2 fängt das Wollknäuel auf, beantwortet die Frage, stellt auch eine Frage und wirft wie S1 das Wollknäuel weiter, aber auch S2 behält ein Stück Faden. S3 macht es den Vorgängern nach. So entsteht ein Spinnennetz aus Wolle. Am Ende kann das Knäuel wieder (mit der Wiederholung eines Sprachmusters) aufgewickelt werden.

Simon says: Mit diesem Spiel lassen sich z.B. Anweisungen spielerisch einprägen. L oder ein/e S dürfen die Anweisungen nur dann nachmachen, wenn *Simon says* als Einleitung gesagt wurde. Das Spiel läuft folgendermaßen ab: L macht die Bewegung vor und sagt: *Simon says: Get up.* Die S stehen auf. L macht die Bewegung wieder vor, sagt aber nur: *Open your books.* Die S dürfen die Bewegung nicht nachmachen. S, die dies trotzdem tun, scheiden aus. Das Spiel endet, wenn nur noch ein/e S übrig bleibt. (▸ Kennenlernspiele)

Binnendifferenziertes Arbeiten Heterogene Lerngruppen erfordern einen individualisierten Unterricht, in dem differenziert auf lernstärkere sowie lernschwächere S eingegangen wird.

Zum einen kann hier das Potential lernstärkerer S genutzt werden, indem sie aufstehen, sobald sie eine Aufgabe fertig bearbeitet haben. S, die sich mit der Aufgabe schwer tun, können sich melden und von einem/r der stehenden S Unterstützung holen (▸ Schüler als Experten). Dieses Vorgehen gewährleistet einen weitestgehend ruhigen Arbeitsablauf.
Da es in vielen Situationen nicht nötig ist, allen S der Lerngruppe Differenzierungshilfen zu geben, bietet es sich zum anderen an, diese verdeckt zu geben. Von den Gegebenheiten im Unterrichtsraum abhängig, können Hilfen z. B. hinter die Tafel oder auf ein verdecktes Flipchart geschrieben werden. Sie können auch kopiert in Briefumschläge gelegt werden, die sich die S an ihren Tisch holen und nach Gebrauch wieder zurücklegen.

Bus stop ▸ Lerntempoduett

***Buzz reading* (Lesegemurmel)**
Das *Buzz reading* dient dazu, den Redeanteil aller S zu erhöhen und Sprachhemmungen abzubauen. Alle S lesen einen bekannten Text gleichzeitig und leise murmelnd vor sich hin. Die Methode kann flexibel im Unterricht eingesetzt werden. Es empfiehlt sich, diese Phase kurz zu halten und sie z. B. zur Vorbereitung auf einen Lesevortrag einzusetzen. In Kombination mit dem ▸ Mitleseverfahren trägt diese Methode besonders zur Festigung von Aussprache und Intonation bei.

***Correcting circle* (*Peer correction*, Schreibkonferenz)**
Bei der Methode *Correcting circle* (auch *Peer correction*) handelt es sich um die gegenseitige Textkorrektur und Hilfe der S untereinander. Diese Form des Feedbacks ist für manche S weniger einschüchternd als die Fehlerkorrektur durch L. Die Methode eignet sich besonders für die Arbeit in Kleingruppen. Es sollte ein Kriterienkatalog für die Textkorrektur vorliegen, der vorher gemeinsam erarbeitet werden kann. Ablauf:

1. Jedem/r S wird ein spezielles Gebiet zugeteilt (z. B. *content, structure, spelling, tenses, word order*).
2. Die S geben ihre Texte reihum weiter und nehmen Korrekturen zu ihrem Gebiet vor, bis der Text wieder bei seinem Verfasser angekommen ist.
3. Zum Abschluss fertigt jede/r S eine Reinschrift seines/ihres Textes an.

L sammelt nach dem Zufallsprinzip einige Ergebnisse zur Bewertung ein. Im Sinne des selbstständigen Lernens kann vereinbart werden, dass S eine *DOs-and-DON'Ts*-Liste anlegen, die in der Klassenarbeit verwendet werden darf. Dies hilft S bei der Selbstkorrektur und motiviert, an den eigenen Fehlern zu arbeiten.

Didaktische Folge
Für den effektiven Spracherwerb ist es bei der Einführung von neuem Wortschatz wichtig, die didaktische Folge zu beachten. Dabei ist die Reihenfolge der Fertigkeiten, die im Zusammenhang mit einem neuen Lexem gefordert sind, genau festgelegt:

1. Hören: Die S hören ein neues Wort mehrfach (Sprachvorbild L oder CD).
2. Sprechen: Die S sprechen das neue Wort mehrfach nach (▸ Lautschulung).
3. Lesen: Die S sehen das Schriftbild und lesen das neue Lexem.
4. Schreiben: Erst in diesem Schritt produzieren die S das neue Wort schriftlich.

Mit zunehmendem Lernstand können die S in verstärktem Maße, vor allem in der Textarbeit, auf erworbene Erschließungstechniken zurückgreifen.

***Double circle* (Doppelter Stuhlkreis, Kugellager)**
Die kooperative Lernform *Double circle* ist eine Form von wechselnder PA, die sich zum Üben von Diskussionsstrategien eignet. Sie ermöglicht einen hohen Sprachumsatz bei niedriger Hemmschwelle zur aktiven Teilnahme. Ablauf:

1. Die S sitzen (oder stehen) sich in einem Innen- und einem Außenkreis gegenüber. Sie diskutieren ein vorgegebenes Thema oder eine Fragestellung mit ihrem Gegenüber und machen sich ggf. Notizen.
2. Auf ein (akustisches) Signal von L hin bewegen sich entweder die S im Innen- oder im Außenkreis um einige Plätze weiter, damit neue Paarungen entstehen. L bestimmt sowohl die Länge der Gesprächszeit als auch die Anzahl der weiterzurückenden Plätze.

3. In einem zweiten Durchgang berichten die S einander über das Gehörte, wobei die Partner/innen jeweils korrigieren und ergänzen. So sind die S zum aktiven Zuhören gezwungen.

Als Variante bietet es sich an, Innen- und Außenkreis verschiedene Themen oder Fragestellungen zu geben, die sich die S gegenseitig erklären oder beantworten.

Experte(n) ► Schüler als Experten

Feedback Rückmeldungen der S untereinander können sehr hilfreich für den Sprachlernprozess sein. Zudem ist die Durchführung von Feedbackphasen von grundlegender Bedeutung für die Entwicklung von methodischen Kompetenzen wie beispielsweise Vortragstechniken.

Feedback können die S einander in unterschiedlicher Form, z. B. durch Daumen hoch/runter, rote/grüne Karten (► Right/wrong cards) oder Applaus geben. Bezogen auf die Anwendung von methodischen Kompetenzen, sollten grundlegend klare Kriterien definiert werden, an denen sich das Feedback orientiert. Folgende Regeln sollten dabei beachtet werden:

- Das Feedback wird so konkret wie möglich formuliert. Zuerst werden positive Dinge genannt, bevor in einer zweiten Runde optimierungswürdige Aspekte, am besten mit Handlungsalternativen, angeführt werden.
- Zunächst hat der/die Präsentierende Gelegenheit, sich zu äußern, danach die übrigen S und zuletzt ergänzt L.
- Wer Feedback gibt, sollte das Gesehene oder Gehörte beschreiben, anstatt es zu bewerten. Dabei reden die S sich direkt an. Meinungen werden in der Ich-Form vorgetragen.
- Die S, die ein Feedback erhalten, sollten zuhören und es vermeiden, sich zu verteidigen, da es darum geht, sich mithilfe der Kritik der anderen zu verbessern. Hierzu ist es auch sinnvoll, die Rückmeldungen in einer Art *DOs-and-DON'Ts*-Liste zu notieren.

L sollte darauf achten, dass die S sich an die Kriterien halten, sodass sie ihren Mit-S ein klares, faires und konstruktives Feedback geben.

Flashcards *Flashcards* sind Bildkarten, die den S helfen, das Laut- bzw. Schriftbild eines Wortes nachhaltig mit seiner Bedeutung zu verknüpfen. Sie nutzen den auditiven und visuellen Lernkanal parallel *(Dual Code Theory)*, wenn ihnen ein Wort mit dem entsprechenden Bild präsentiert wird und es damit im Gehirn verknüpft werden kann. Als Applikationen an der Tafel eignen sich *Flashcards* auch besonders zur schüleraktivierenden Wortschatzarbeit, z. B. indem in einer Reorganisationsphase die Bilder den entsprechenden Wörtern zugeordnet werden.

***Gallery walk* (Galeriespaziergang)** Die kooperative Lernform *Gallery walk* bietet eine gute Möglichkeit, Arbeitsergebnisse zu präsentieren und zu diskutieren. Ablauf:

1. Die S sind in EA oder GA zu einem Arbeitsergebnis gelangt (z. B. Text, Bild, Poster), das im Raum ausgestellt wird.
2. Die S gehen einzeln oder in Gruppen im Uhrzeigersinn von Station zu Station und schauen sich die Ergebnisse der anderen an.
3. Wenn alle S alle Arbeitsergebnisse gesehen haben, präsentieren sie entweder nacheinander ihre Eindrücke oder besprechen sie gemeinsam in der Klasse.

Als Variante der GA bietet es sich an, die S neu aufzuteilen. In jeder neuen Gruppe sollte jeweils ein/e S aus den ursprünglichen Gruppen sein. Wer aus der neuen Gruppe an dem ausliegenden Produkt mitgewirkt hat, präsentiert es den anderen. Die Gruppen wechseln im Uhrzeigersinn solange die Tische, bis jede/r S jedes Gruppenergebnis einmal erklärt bekommen hat und sein/ihr eigenes Gruppenprodukt einmal erklären musste.

Gruppenbildung Eine Einteilung der S in Gruppen kann mithilfe folgender Methoden erfolgen:

1. Methoden mit gelenktem Zufall: L bereitet Elemente vor, die zusammen ein Ganzes ergeben. Dies können z. B. Puzzleteile sein, die ein Bild ergeben, oder Wortkarten, die einem Oberbegriff zugeordnet werden können. Die S ziehen ein solches Element und finden sich in den jeweils entsprechenden Gruppen zusammen.
2. Gruppen können durch Auszählen, Würfeln oder nach dem *Line-up*-Verfahren gebildet werden. Bei diesem stellen sich die S in der aufsteigenden Reihenfolge ihrer Geburtstage oder Hausnummern auf. L zählt dann die benötigten Gruppen ab, z. B. die ersten drei S, die gemeinsam eine Gruppe bilden, usw.
3. L teilt Gruppen ein und gibt die Namen der Gruppenmitglieder bekannt. Dabei sollten Leistungsniveau, Arbeitstempo und Sozialverhalten der S berücksichtigt werden.

Info-gap activity Bei der *Info-gap activity* handelt es sich um eine kooperative Lernform, die den aktiven Umsatz der Fremdsprache erfordert und schult. Den S fehlen Informationen zum Lösen einer Aufgabe, die ihrem Partner / ihrer Partnerin vorliegen und die sie durch gegenseitiges Befragen herausfinden. Es empfiehlt sich PA in einem festem Team (Partner A, Partner B). Für die Durchführung müssen den S die Informationen und die zu füllenden Lücken vorliegen (Kopiervorlage, Arbeitsblatt, Tabelle im SB etc.). Es ist sinnvoll, den S eine Zeitvorgabe für die Bearbeitung zu machen. Eine Auswertung der Ergebnisse kann zunächst mit einem anderen S-Paar und anschließend im Plenum geschehen.

***Jigsaw* (Gruppenpuzzle, Expertengruppen)** Die *Jigsaw*-Methode ist eine Form der arbeitsteiligen, zweiphasigen Gruppenarbeit. Folgendes Verfahren erleichtert ihre Durchführung:

Phase 1:
Bildung und Benennung von Expertengruppen (z. B. Gruppe A, B, C, ...), jedes Gruppenmitglied erhält zudem eine Nummer (1, 2, 3, ...). Alle S in einer Expertengruppe (A1, A2, A3, ... entsprechend B1, B2, B3, ...) bearbeiten in einer vorgegebenen Zeit die gleiche Aufgabe in EA. Anschließend diskutieren sie ihre Arbeitsergebnisse und halten die wichtigsten Informationen fest, sodass jedes Gruppenmitglied am Ende dieser Phase über die gleichen Informationen verfügt.

Phase 2:
Bildung von Querschnittsgruppen. Alle Gruppenmitglieder mit der gleichen Nummer bilden nun eine neue Gruppe (A1, B1, C1, ... entsprechend A2, B2, C2, ...). Die S berichten ihren neuen Gruppenmitgliedern über die Ergebnisse ihrer Expertenrunde und beantworten Fragen. Alle S machen sich Notizen, sodass sie abschließend in der Lage sind, die Ergebnisse in ihrer Expertengruppe später ggf. im Plenum zu präsentieren (Phase 3).

Kennenlernspiele Zum Kennenlernen der S untereinander, bieten sich verschiedene Spiele an. Diese können mit der ganzen Klasse oder in Kleingruppen gespielt werden. Letzteres bietet dabei eine höhere Sprechaktivität. Das Spielen in Kleingruppen sollte daher so oft wie möglich gewählt werden.
Als Kennenlernspiel eignet sich z. B. das Spiel mit einem Softball: S1 hat einen Softball, nennt seinen/ihren Namen und wirft den Ball S2 zu. Dabei erfragt S1 den Namen von S2 usw. Kennen die S die Namen ihrer Mit-S, können auch Fragen wie *How old are you? / Where are you from?* etc. gestellt werden. Je nach Sprachstand können S andere Identitäten annehmen und diese von ihren Mit-S erraten lassen. Dabei erhalten einige S Karten mit VIP-Beschreibungen (*film star from Hollywood, pop star from Germany* etc.). Die Mit-S versuchen durch gezielte Fragen zu erraten, um wen es sich handelt. (Dies kann auch in GA oder PA erfolgen.) (▸ Bewegungsspiele)

Kimspiel Die auf Rudyard Kiplings Romanfigur *Kim* basierenden Kimspiele werden zur Wahrnehmungs- und Gedächtnisschulung eingesetzt.
Kimspiele werden nach den verschiedenen Sinneswahrnehmungen eingeteilt. Zusätzlich zu Sehen, Hören, Riechen, Schmecken, Tasten zählen auch Gleichgewicht, Warm-/Kaltwahrnehmung und Schmerzempfinden dazu. Beispiele für Kimspiele:

Seh-Kim: (Wahrnehmung)
- Ein/e S verlässt das Klassenzimmer, die anderen S ändern/vertauschen ein Detail im Klassenzimmer. (Tausch von Kleidungsstücken, Sitzplätzen, Brillen etc.). Der/Die S wird wieder ins Klassenzimmer gebeten und stellt fest, was verändert wurde.

Nasen-Kim: (Geruchssinn)
- L bereitet verschiedene Düfte/Gerüche wie z. B. geschnittenes Gemüse, Säfte, Essig, Schokolade, Käse, Blumen etc. vor. Einem/r S werden die Augen verbunden und die verschiedenen Dinge zum Riechen unter die Nase gehalten. Der/Die S errät, worum es sich handelt.

Mund-Kim: (Geschmackssinn)
- L bereitet verschiedene Kostproben wie z. B. Obst, Gemüse, Schokolade, Brot, etc. vor. Einem/r S werden die Augen verbunden. Er/Sie soll erraten, worum es sich bei der Kostprobe handelt.

Gedächtnis-Kim: (Gedächtnis)
- L bereitet ein Tablett mit verschiedenen kleinen Gegenständen vor. L oder ein/e S präsentiert die Gegenstände, sodass sich die anderen S diese einprägen können. Nach ein paar Sekunden werden die Gegenstände mit einem Tuch verdeckt. Die S zählen dann die Gegenstände möglichst vollständig auf.

Tast-Kim: (Tastsinn)
- L bereitet Gegenstände vor, die hinter einem Tuch platziert werden. Die S erraten durch Tasten die Gegenstände hinter dem Tuch.

Klären der Arbeitsanweisung/ Aufgabenstellung

Für das Klären von Arbeitsanweisungen gibt es unterschiedliche Möglichkeiten. Im Hinblick auf selbstständiges Arbeiten sollten die S möglichst früh dazu befähigt werden, Arbeitsanweisungen ohne Hilfe von L zu erschließen. Damit die S sich aktiv mit der Arbeitsanweisung auseinandersetzen, empfiehlt sich das folgende Vorgehen:

1. Stilles Lesen der Arbeitsanweisung
2. Verständnisklärung mit einem Partner / einer Partnerin
3. Erklärung der Arbeitsanweisung durch eine/n S im Klassenverband
4. Bestätigung oder Korrektur durch L

Andere Möglichkeiten sind:
1. L demonstriert die Vorgehensweise (ggf. mit einem/r S) anhand von Gesten, einem Produkt oder Beispielen.
2. Die Arbeitsanweisung wird gemeinsam im Plenum gelesen und erläutert.

Kugellager

▶ Double circle

Lautschulung

Für die Lautschulung bieten sich verschiedene Techniken an:

1. Chorsprechen: Es bietet besonders zurückhaltenden S eine gute Übungsmöglichkeit. Hoher Sprachumsatz, da alle S gleichzeitig sprechen. L spricht jeweils vor und gibt dann ein Zeichen (z. B. Gestik: Hand ans Ohr halten), auf das hin die S nachsprechen.
2. Nachsprechen im Teilchor: L teilt Gruppen ein (z. B. Tischgruppen, Sitzreihen, Jungen/ Mädchen), die auf das Signal hin nachsprechen. Diese Methode dient dazu, Fehler genauer zu lokalisieren.
3. Einzelsprechen: Dies bietet die Möglichkeit, eine individuelle Korrektur durchführen zu können.
4. Rundgespräch *(Round robin)*: Die S lesen abschnittweise einen bekannten Text in Kleingruppen und geben sich am Ende gegenseitig Rückmeldung bezüglich der Leseweise und Aussprachefehler.

Nachsprechen sollte generell abwechslungsreich gestaltet werden (durch Lautstärke, Geschwindigkeit, verstellte Stimme, z. B. *like a parrot, like a computer* etc.). Neben der Lautschulung von einzelnen Worten können auch ganze Sätze nachgesprochen werden, um das Intonationsmuster der Fremdsprache zu üben.

Lernspiele Lernspiele führen zu einer Abwechslung in den Sozialformen des Unterrichts. Sie sind ein Beitrag zur Methodenvielfalt und lassen die S im Fokus stehen. Sie sind zudem eines der Übergangselemente von der Primarstufe zur Sekundarstufe. Auch in höheren Klassen ist der Einsatz von Lernspielen bedeutend, weil sie klare sprachliche, von L gesetzte Ziele haben. Zudem steht der Spielgedanke für die S im Vordergrund, wodurch die Übungsarbeit im Idealfall nebenbei geschieht. Eine höhere emotionale Beteiligung der S am Spiel kann zu besseren Behaltensleistungen führen.

Viele der Lernspiele im Jahrgang 5/6 zielen auf Wortschatz- und einfache Strukturübungen ab. Um dabei die Ebene der Kommunikation der S untereinander zu sichern, ist hier *language support* von Bedeutung. Dieser gibt den S sprachliche Mittel an die Hand, um sich auch in der Spielsituation in der englischen Sprache unterhalten zu können. Wichtig ist jedoch, dass die Spielsituation auch die Möglichkeit der spontanen Äußerungen – auch in der Muttersprache – enthält, um die emotionale Beteiligung aufrecht zu erhalten.

Einfache Lernspiele, die auf das Vokabellernen abzielen, sind z. B. Domino, Memo-Spiele, Kreuzworträtsel oder Galgenmännchen. In Klasse 7 können die Spiele bereits etwas komplexer ausfallen, um sprachliche Strukturen oder landeskundliche Fakten zu lernen. Hier bieten sich z. B. ein *Multiple-choice*-Quiz, das die S selbstständig in gegeneinander spielenden Gruppen erstellen, das Spiel Montagsmaler oder sogenannte ▸ Kimspiele an.

Lerntempoduett ***(Bus stop)*** Die Durchführung eines Lerntempoduetts bietet sich an, um Ergebnisse verschiedener Übungen in PA vergleichen zu lassen. Ein Lerntempoduett trägt der unterschiedlichen Bearbeitungsgeschwindigkeit der S Rechnung. Ziel sollte es sein, die Aufgaben gründlich zu erledigen, und nicht, alle Aufgaben zeitlich zu schaffen.

1. Die S bearbeiten die erste Aufgabe in EA.
2. Wenn ein/e S fertig ist, steht er/sie auf und wartet darauf, dass der/die Nächste aufsteht. Die beiden besprechen ihre Ergebnisse in PA.
3. Anschließend arbeiten beide in EA an der nächsten Aufgabe weiter. Sie stehen wieder auf, wenn sie fertig sind, und tun sich erneut mit dem/r S, der/die als nächstes fertig ist, zusammen.

Falls die Arbeitsgeschwindigkeiten der S sehr stark voneinander abweichen, sollten Handzeichen vereinbart werden, damit sich die S mit der richtigen Aufgabe treffen können.

Lesegemurmel ▸ Buzz reading

Lesetechniken Die S müssen lernen, dass die Tiefe des Textverständnisses eng an die gestellten Aufgaben gebunden ist, und abhängig davon eine passende Lesetechnik auswählen und anwenden. Für L bedeutet dies, sorgfältig zu prüfen, welche Intention die Aufgaben zum Leseverstehen haben und welche Leseleistungen die S zur Lösung jeweils erbringen müssen. Die folgenden Lesetechniken eignen sich für unterschiedliche Aufgabenstellungen. Als überfliegende Lesetechniken stehen sie dem vollständigen Lesen eines Textes, dem *Reading for detail,* gegenüber:

Skimming: Das *Skimming* stellt eine erste, oberflächliche Beschäftigung mit dem Text dar. Die S überfliegen Überschriften, Fotos/Zeichnungen oder die Aufmachung des Textes. Dies gibt ihnen z. B. Aufschluss über das Thema oder den möglichen Inhalt und zeigt, ob der Text für sie interessant ist oder ihnen zum Lösen einer Aufgabe nützt.

Scanning: Das *Scanning* ist eine suchende Lesetechnik, die auf Schlüsselwörter und -gedanken ausgerichtet ist. Dabei gehen die S von einer Frage oder Aufgabe aus und überfliegen den Text, bis sie die gesuchte Information gefunden haben. Auch hier ist es nicht das Ziel, den Inhalt des gesamten Textes oder jedes unbekannte Wort zu verstehen.

Note-taking: Das Verfassen von Notizen (▸ Note-taking) stellt ebenfalls eine erste, oberflächliche Beschäftigung mit dem Text dar. Die S überfliegen den Text und schreiben Grundideen kurz und in eigenen Worten heraus. Diese Notizen können während des ausführlichen

Lesens erweitert werden und nach der Lektüre als Grundlage einer Zusammenfassung dienen.
Weitere Lesetechniken sind das ▶ Mitleseverfahren und die ▶ Read-and-look-up technique.

Listening tasks (Hörverstehensstrategien)

Die rezeptive Fertigkeit des Hörens kann auch in Klasse 7 durch Mimik, Gestik, Worthilfen, Realia, Abbildungen etc. unterstützt werden. Die Strategien des Hörverstehens gliedern sich in Aufgaben des *pre-*, *while-* und *post-listenings*:

Pre-listening: Vor dem ersten Hören sollte L die S auf den Hörtext einstimmen, damit diese eine Erwartungshaltung aufbauen. Beim gemeinsamen Betrachten von Titel, Überschrift, Bildern, Grafiken etc., die im Zusammenhang mit dem Hörtext stehen, kann Vorwissen abgefragt und vorhandener Wortschatz reaktiviert werden. Die S können so zudem bereits Vermutungen über den Inhalt anstellen.

While-listening: Während des Hörens findet die aktive Auseinandersetzung mit dem Hörtext statt. Hierbei ist die Strategie des ▶ Note-taking von Bedeutung: Die Notizen dienen dazu, wichtige *keywords* oder Ideen festzuhalten und ermöglichen einen besseren Zugang zum Hörtext.

L kann folgende Tipps geben:
- Höre auf das, was gesagt wird und wie es gesagt wird.
- Halte einen Stift bereit und schreibe mit. Nicht jedes Wort ist wichtig.
- Nutze Abkürzungen und Symbole beim Notieren (z. B. Sternchen, Ausrufezeichen, Fragezeichen). (Es empfiehlt sich, dies anfangs gemeinsam mit den S zu üben.)
- Achte auf Schlüsselwörter und -sätze, besonders solche, die wiederholt werden.

Post-listening: Nach dem Hören ist es sinnvoll, zunächst die Hauptgedanken des Hörtextes zusammenzufassen und mögliche Verständnisprobleme zu klären. Je nach Aufgabenstellung und Hörtext sollte den S die Möglichkeit der persönlichen Stellungnahme gegeben werden. Eine weitere Verarbeitung des Hörtextes kann z. B. über ein *role-play* oder über das Schreiben einer *story* geschehen.
Für weitere Hörverstehensstrategien siehe auch ▶ TPR und ▶ Songs.

Market-place activity (Marktplatz)

Bei der kooperativen Lernform *Market-place activity* sprechen die S mit verschiedenen Partnern über ein vorgegebenes Thema. Ablauf:

1. Die S bewegen sich frei im Klassenraum. L stellt eine Aufgabe, die die S in einem vorgegebenen Zeitrahmen bearbeiten. Dieser kann durch ein akustisches Signal wie z. B. das Abspielen und Anhalten von Musik begrenzt werden.
2. Auf das vereinbarte Signal hin bleiben die S stehen und tun sich mit dem/r S zusammen, der/die vor ihnen steht. Die Partner/innen tauschen sich über das Thema bzw. die Aufgabe aus. Je nach Aufgabenart machen sich die S Notizen.
3. Auf das erneute Signal durch L wechseln die Partner/innen, sodass sie in einem begrenzten Zeitraum mit möglichst vielen verschiedenen S sprechen.
4. Die Ergebnisse können in einem anschließenden Unterrichtsgespräch ausgewertet werden.

Die *Market-place activity* ist eine Form der ▶ Milling-around activity.

Mediation (Sprachmittlung)

Vermittlungsstrategie zwischen Gesprächspartnern, die sich nicht direkt sprachlich verständigen können. Im Englischunterricht bedeutet dies die zusammenfassende, paraphrasierende Wiedergabe eines Hör- oder Lesetextes in der jeweils anderen Sprache. Bei der Mediation werden vom Sprachmittler sowohl rezeptive Kompetenzen (einen Ausgangstext zu verstehen) als auch produktive Kompetenzen (einen Ausgangstext in der anderen Sprache wiederzugeben) und häufig auch interkulturelle Kenntnisse verlangt.

L kann den S zur Unterstützung folgende Leitregeln geben:
- Keine Wort-für-Wort-Übersetzung!
- Freie Wiedergabe der wichtigsten Informationen!
- Nicht alle Details wiedergeben!

Meldekette Die Meldekette dient der Förderung der S-Interaktion. Sie ist in Plenumsphasen universell einsetzbar, z. B. zur Auswertung von Ergebnissen oder zur Besprechung von Aufgaben. Die S rufen sich gegenseitig auf, wobei jede/r S einen Satz oder eine Antwort nennt. L greift nur bei Bedarf korrigierend ein.

Metakognition Metakognition bedeutet, dass die S über ihr Lernen nachdenken, Strategien und Methoden reflektieren und daraus die für sie geeigneten Lernstrategien ableiten. Bereits zu Beginn des Sprachenlernens ist es wichtig, dass die S hinterfragen, warum sie in einer Lernsituation so vorgehen, wie sie es tun. Die Erkenntnis dieses Prozesses soll den S helfen, das Sprachenlernen bewusst zu erlernen.

Milling-around activity Bei dieser Methode bewegen die S sich innerhalb einer vorgegebenen Zeitspanne frei im Klassenraum und begeben sich wieder auf ihren Platz, sobald sie die relevanten Informationen von anderen S erfragt haben. Auswertung im Plenum. (▶ Market-place activity)

Mindmap Eine Mindmap dient den S als „Gedankenkarte". Sie ordnen darin ihre Ideen übersichtlich an, wobei Zusammengehöriges beieinander steht, alle Ideen vernetzt werden können und Farben sowie Zeichnungen Wichtiges hervorheben. Mindmaps können individuell und in der Gruppe erstellt werden und eignen sich als Anregung für mündliche und schriftliche Äußerungen. Möglicher Ablauf:

1. Die Ideen werden zuerst ungeordnet gesammelt (z. B. auf Kärtchen).
2. Im zweiten Schritt werden Oberbegriffe für die Ideen gefunden (z. B. auf farbigen Kärtchen).
3. Im letzten Schritt visualisieren die S diese Grundlagen systematisch in einer Mindmap.

Mitleseverfahren Beim Mitleseverfahren hören die S während des Lesens eines neuen Textes diesen zugleich. Die Aktivierung des visuellen und des auditiven Kanals (Mehrkanallernen) ermöglicht eine enge Verknüpfung von Laut- und Schriftbild, sodass unbekannte Lexeme nachhaltiger verarbeitet werden können. Das Mitleseverfahren ist didaktisch dem Leseverstehen zugeordnet, da die primäre Sprachaufnahme über die Textvorlage erfolgt.
Lautes Lesen dient der Ausspracheschulung und nicht dem Leseverstehen, denn durch die Konzentration auf die phonologische Oberfläche wird das Erfassen des Textinhalts erschwert.

Mnemotechniken Unter dem Begriff Mnemotechniken werden verschiedene Methoden des Gedächtnistrainings zusammengefasst. Im Fremdsprachenunterricht eingesetzt, helfen sie den S, sich Worte und Informationen über die Schritte des Rekodierens, Assoziierens und schließlich des Abrufens besser einprägen zu können. Häufig verwendete Mnemotechniken sind das Finden von Ersatzwörtern, das Einprägen von Merkversen, die Assoziation von Begriffen/Schriftbild und Bildkarten (▶ Flashcards) und das Memo-Spiel (Kartenaufdeckspiel).

Note-making Das Anfertigen von Notizen ist eine Methodenkompetenz, die auch im Alltag bedeutsam ist. *Note-making* ist für die S eine wichtige Fertigkeit zum Generieren und Organisieren von Informationen und Ideen. Die dazu notwendigen Arbeitsschritte reichen vom Sammeln, Sichten und Ordnen der Notizen bis zum Überarbeiten und Anwenden von Stichwörtern, Themen etc. Für das Ordnen von Notizen eignet sich auch eine ▶ Mindmap.

Note-taking *Note-taking* ist u. a. eine Strategie des Hörverstehens (▶ Listening tasks). Wenn möglich, versuchen die S zunächst aus Titel oder Überschrift und ggf. aus Fotos, Bildern oder Grafiken erste Informationen über den Hörtext abzuleiten. Sie stellen sich darauf ein und bauen inhaltliche Erwartungen auf. Während des Hörens machen sie sich Notizen. Diese dienen ihnen dazu, wichtige *keywords* oder Ideen aus dem Hörtext festzuhalten.

Grundlegendes in Form von Stichpunkten aufzuschreiben, ermöglicht nicht nur einen besseren Zugang zu einem Text (s. a. ▶ Lesetechniken), sondern den Zugriff auf das Notierte an späterer Stelle. Insgesamt wird dadurch das Lernen effektiver.

L kann folgende Tipps geben:
- Höre auf das, was gesagt wird und wie es gesagt wird.
- Halte einen Stift bereit und schreibe mit. Nicht jedes Wort ist wichtig.
- Nutze Abkürzungen und Symbole beim Notieren (z. B. Sternchen, Ausrufezeichen,
- Fragezeichen).
- Achte auf Schlüsselwörter und -sätze, besonders solche, die wiederholt werden. (▸ Lesetechniken, ▸ Listening tasks)

Optional help Bei der *Optional help* handelt es sich um eine Form der Differenzierung (▸ Binnendifferenziertes Arbeiten), bei der die S individuell bei Bedarf eine zusätzliche Lernhilfe verwenden können. Dies kann z. B. ein Hilfsblatt sein, das auf dem Pult bereit liegt und dort eingesehen oder mitgenommen werden kann. Es kann zudem eine zusätzliche Hilfe auf den Arbeitsmaterialien sein. Ideal ist es, wenn die *Optional help* zunächst nicht für die S sichtbar ist (z. B. als umgeknickter Wort-/Lösungspool am unteren Blattrand) und sie nur dann darauf zurückgreifen, wenn sie Hilfe benötigen.

Partner check Die Methode des *Partner check* ist eine Form der ▸ Peer correction. Sie fördert einerseits die Eigenverantwortung der S für ihre Lernergebnisse und ermöglicht andererseits eine breite Aktivierung der S und einen hohen Sprachumsatz. Auch kann damit in gestuften Aufgabenstellungen den unterschiedlichen Lerntempi der S Rechnung getragen werden, z. B. mithilfe der ▸ Bus stop-Methode. Beim *Partner check* tauschen sich die S nach Bearbeitung einer Aufgabe bzw. eines Aufgabenteils mündlich zu den Ergebnissen aus und korrigieren mögliche Fehler. Dieses Vorgehen gibt besonders lernschwächeren S zusätzliche Sicherheit für die anschließende Auswertung im Plenum und ist schnell und flexibel einsetzbar.

Partner talk Die Methode des *Partner talk* ist eine einfache Methode, die sich an vielen Stellen des Lernprozesses einsetzen lässt und die dazu dient, Aktivität und Sprechzeit der Lernenden zu erhöhen. Die S tauschen sich dabei kurz (oft sind ein bis zwei Minuten ausreichend) mit einem Partner / einer Partnerin über einen vorgegebenen Sprechanlass (bestimmte Fragestellung, Vorerfahrungen etc.) aus. Die Fragestellungen sollten – wenn nicht im SB enthalten – an der Tafel oder auf OH-Folie festgehalten werden, damit die S darauf zurückgreifen können. In lernschwächeren Gruppen sollte L zusätzlich einige situationsbezogene Redemittel anbieten.

Peer correction ▸ Correcting circle

Placemat activity Bei einer *Placemat activity* sitzen vier S um ein Blatt Papier (A3 oder A4, eine sog. *placemat*), welches in einen Schreibbereich pro S sowie einen zusätzlichen Bereich für die Gruppe in der Blattmitte eingeteilt ist.

1. *Placemat* in Gruppen à vier S:

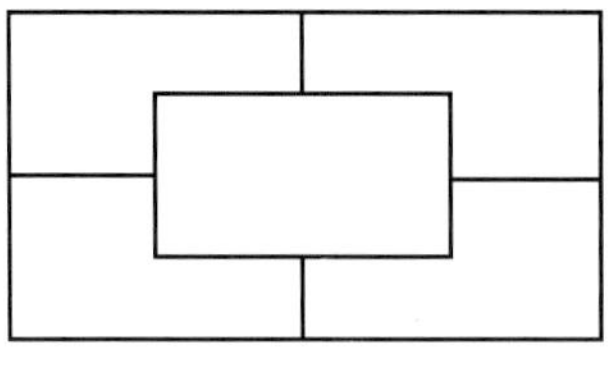

2. *Placemat* in Gruppen à fünf S:

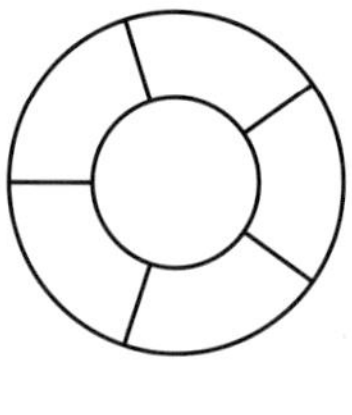

Zu Beginn der GA schreibt jede/r S zunächst seine/ihre Ideen in den eigenen Schreibbereich. Anschließend wird die *placemat* so lange gedreht, bis jedes Gruppenmitglied die Ideen der anderen S kommentieren und zudem die Kommentare der anderen zu den eigenen Ideen lesen konnte. Um zu verdeutlichen, wer welche Kommentare verfasst hat, sollten die S verschiedenfarbige Stifte verwenden. Im nächsten Schritt diskutiert die Gruppe die notierten Gedanken und schreibt die wichtigsten Punkte oder Argumente in die Mitte der *placemat*. Auch kontroverse Positionen sollten dabei aufgenommen werden. Abschließend werden die Ergebnisse im Plenum ausgewertet.
Der Zeitbedarf variiert je nach Komplexität des Themas von zehn bis 30 Minuten. Die Vorgabe eines Zeitlimits für die einzelnen Phasen kann sinnvoll sein.

Prompt cards — *Prompt cards* sind Kärtchen, die S als Impuls bzw. Gedankenstütze während des freien Sprechens verwenden können. Sie bieten die Möglichkeit, die Sprechfertigkeit der S gelenkt zu trainieren und so das längere freie Sprechen einzuüben. Zudem kann L sie lernschwächeren S als Hilfsmittel für *speaking activities* zur Verfügung stellen.

Prompt cards können sowohl Arbeitsaufträge, als auch Redemittel oder kleine Zeichnungen abbilden. Sie eigenen sich für das dialogische Sprechen ebenso wie für das Üben von Präsentationen oder Prüfsituationen.

Read-and-look-up technique — Diese Lesetechnik dient der Förderung des freien Sprechens und bildet für die S einen behutsamen Übergang zwischen dem Ablesen und Vortragen von Texten, Informationen und Inhalten. Der/Die präsentierende S hält die Vorlage in den Händen und liest sich einen (Teil-)Satz still durch, bevor er/sie die Klasse oder den Partner / die Partnerin anschaut und den Satz aus dem Gedächtnis wiedergibt. Dabei ist es wichtig, dass der/die S erst dann spricht, wenn Blickkontakt hergestellt ist. Diese Technik bereitet den freien Vortrag bzw. die Präsentation (auch mithilfe von Stichwortzetteln) vor und hilft unsicheren S, Inhalte vor dem Plenum darzustellen.

L kann die *Read-and-look-up technique* zunächst anhand eines beliebigen Textes demonstrieren. Die S üben danach mit geeigneten kurzen Texten, wobei der/die Zuhörende darauf achtet, dass nicht abgelesen, sondern vor dem Sprechen Blickkontakt hergestellt wird.

Reading circle — Beim *Reading circle* lesen alle S den gleichen Text oder die gleichen Texte (z. B. S-Produkte), wobei jede/r S eine andere Rolle übernehmen oder sich auf einen bestimmten Aspekt des Textes konzentrieren kann. Die S schreiben dazu jeweils Informationen, Aussagen oder Assoziationen auf ein Blatt, das anschließend ausgelegt oder bei dem Text (oder S-Produkt) aufgehängt wird. Sie gehen herum, lesen die Beiträge der anderen S und tragen ihre Kommentare dazu ein. Die Eindrücke der S werden anschließend im Plenum diskutiert.

Right/wrong cards (Antwortkärtchen) — Der Einsatz von *Right/wrong cards* eignet sich besonders zur Überprüfung von Aussagen zum Textverständnis. Die Karten können sowohl zur Lese- als auch Hörverstehenskontrolle eingesetzt werden. Ihr Einsatz ermöglicht eine valide Erfassung des Detailverständnisses und erfordert dabei keine eigene Sprachproduktion der S.

L stellt den S Karten aus farbigem Karton zur Verfügung (alternativ auch farbige Gegenstände, z. B. Stifte). Es wird vereinbart, dass grün für *right* und rot für *wrong* sowie ggf. blau für *not in the text* steht. Nachdem L eine Aussage zum Text vorgelesen hat, halten die S auf Kommando eine Karte in die Höhe. L erhält auf diese Weise auf einen Blick eine breite Rückmeldung darüber, ob der jeweilige Textinhalt von den S verstanden wurde. Wenn sich hier größere Abweichungen zeigen, sollte L dies zum Anlass nehmen, einen erneuten Lese-/Hörauftrag zu stellen, um das gesuchte Detail zu erfassen (selektives Lese-/Hörverstehen). Das synchrone Ausführen auf Kommando ist wichtig, damit sich unsichere S nicht an ihren Mit-S orientieren. Wenn die Methode mehrfach eingesetzt wurde, können lernstärkere S die L-Rolle übernehmen.

Rituale — In jeder Stunde wiederkehrende Rituale sind wichtig für die S, da sie ihnen Sicherheit verleihen, auf den Unterricht einstimmen bzw. wiederkehrende Unterrichtsphasen und Sozialformen visualisieren. Folgende Rituale bieten sich an:

- *Flag:* Zu Beginn der Stunde dreht L eine Fahne (vorn deutsche, hinten britische Flagge) um und signalisiert: *„It's English time!"*. Die Flagge ist zudem das Symbol für Einsprachigkeit. Sie wird umgedreht, wenn L oder die S etwas auf Deutsch sagen möchten.
- *Song:* Jede Stunde mit einem Lied zu beginnen, aktiviert die S schnell und motivierend.
- *Homework check:* Die S besprechen in PA/GA ihre Schreibprodukte und lernen, ▸ Feedback zu geben und anzunehmen. Je nach Aufgabenstellung erhalten sie Lösungsbeispiele zur Orientierung.

Role-play — Rollenspiele bieten eine gute Möglichkeit, den Sprechanteil der S im Fremdsprachenunterricht zu erhöhen. Sie können – je nach Lernstand – stärker gelenkt sein durch Redemittel und Strukturen, oder auch freie, der Situation angemessene Reaktionen der Gesprächspartner erfordern. Wichtig ist die Definition einer Situation, eines Handlungsortes, ggf. einer Zeit und einer Problemstellung, die die S durch das Ausleben ihrer Rollen lösen müssen. Dazu können Rollenkarten vorbereitet werden, die Meinungen und Funktionen der Spielteilnehmer innerhalb des *Role-play* festlegen. Hierbei bietet es sich an, nach Leistungsstärke zu differenzieren. Ein *Role-play* kann abschließend im Plenum evaluiert und nachbereitet werden.

Scenic play (Szenisches Spielen) — Durch die Methode des *Scenic play* werden kognitive Fähigkeiten, emotionale und körperliche Ausdruckskräfte sowie manuelle und künstlerische Fertigkeiten der S entwickelt und geschult. Das szenische Spielen von Geschichten bettet die Fremdsprache in einen Kontext ein, an dem die S selbst mit allen Sinnen beteiligt sind. L sollte vorher mit den S besprechen, was für das Nachspielen benötigt wird, und dann die Rollen verteilen. Benötigte Requisiten können oft als Zeichnungen an der Tafel dargestellt werden oder es finden Gegenstände aus dem Klassenraum Verwendung (▶ Role-play).

Schreibkonferenz — ▶ Correcting circle

Schreibprozess — Zur nachhaltigen Schreibförderung sollten S bei der Textproduktion grundsätzlich folgende drei Phasen durchlaufen:

1. Entwerfen (Brainstorming): Die S sammeln Ideen, z.B. in einer ▶ Mindmap oder bei einem stummen Schreibgespräch *(Round robin)*.
2. Schreiben: Die S verfassen auf dieser Grundlage einen *first draft*. Dieser Entwurf sollte entweder von L oder in höheren Klassenstufen durch Mit-S, z.B. in Form eines ▶ Correcting circle, korrigiert werden.
3. Überarbeiten: Auf der Grundlage der Korrekturanmerkungen fertigen die S eine Reinschrift *(fair copy)* an. Im Sinne einer Differenzierung ist es oftmals hilfreich oder gar notwendig, entsprechende Schreibhilfen oder Sprachmuster bereitzustellen.

Schüler als Experten *(Experts)* — S, die eine Aufgabe schnell erledigt haben, kennzeichnen sich als *expert*, indem sie ein Fähnchen (z.B. britische Flagge) auf ihren Tisch stellen. Die *experts* kontrollieren dann selbstständig ihre Aufgaben untereinander. Anschließend können sie von anderen S als Helfer angefordert werden. Hilfesuchende S machen dies z.B. mit einem *I need help*-Fähnchen auf ihrem Tisch kenntlich (▶ Binnendifferenziertes Arbeiten).

Selbsteinschätzungsbögen (Selbstevaluationsbögen, *Assesment sheets)* — Für die Selbststeuerung des Lernprozesses sowie für das lebenslange Lernen haben Selbsteinschätzungsbögen einen positiven Einfluss. Mit ihrer Hilfe lernen die S, die eigenen Fertigkeiten und Fähigkeiten einzuschätzen. So werden auf Selbsteinschätzungsbögen die von den S bereits beherrschten Kompetenzen festgehalten, was eine positiv verstärkende Funktion im Lernprozess erfüllt. Zusammen mit illustrierten Beiträgen und den Ergebnissen im DOSSIER, können die Selbsteinschätzungsbögen in einem Portfolio gesammelt werden. Zum Schulabschluss bietet die daraus zusammengetragene Präsentationsmappe zusammen mit dem Europäischen Sprachenpass ein umfangreiches Bild der Sprachenkompetenz der S.

Semantisierung — Neuer Wortschatz sollte grundsätzlich nicht isoliert, sondern stets im Zusammenhang eingeführt werden. Hierbei bieten sich verschiedene Verfahrensweisen an:

1. Bildhafte, nonverbale Verfahren. Diese eigenen sich besonders in der Orientierungsstufe. Zum Einsatz kommen:

- Realia, die sich vorrangig zur anschaulichen Vermittlung konkreter Begriffe eignen. (Z.B. hält L beim Wort *pencil case* ein Federmäppchen hoch und sagt: *This is a pencil case*, um Wort und Bedeutung nachhaltig miteinander zu verknüpfen.)
- ▶ Flashcards

- Mimik, Gestik, Demonstration: Lebendiges Lehrerhandeln kann den S die Bedeutung entsprechender Lexeme nachhaltig vermitteln, z. B.: L demonstriert das Wort *angry* mit dem entsprechenden Gesichtsausdrucks. Dies kann auch verbal unterstützt werden, z. B. *Hey, stop that!* L hebt den Daumen nach oben und sagt: *It's the first morning in London ...*, um das Wort *first* anhand einer Geste zu erklären. Das Verb *open* wird eindeutig demonstriert, indem L das Fenster öffnet und dabei sagt: *Let's open the window.*

2. Verbal-definitorische Semantisierungstechniken: Mit zunehmendem Lernstand spielen diese Techniken in der Zielsprache eine stärkere Rolle. Zum Einsatz kommen:

- Ganzheitliche Verfahren: Verwendung des Wortes im Kontext: *We wash our hands with soap and water.*
- Logische Bezüge: Einführung eines Lexems durch:
  a) Definition: *A dog is an animal with four legs and a tail. It barks.*
  b) *Rule of three* (Dreisatz): *A man has a mouth, a bird has a beak, ...*
  c) *Part – whole* (Rückschluss vom Ganzen aufs Einzelne): *a week = seven days*
- Lexikalische Bezüge: Einführung eines Lexems mithilfe von:
  a) Synonymen: *shop – store*
  b) Antonymen: *young ≠ old*
  c) Über-/Unterordnung: *Dogs, cats and rabbits are pets.*
  d) Herleitung: *happy – happiness*

3. Erschließungstechniken: Mit zunehmendem Lernstand sollten wichtige Erschließungstechniken (Kontext, Vorwissen aus der Fremdsprache, Ähnlichkeiten im Schrift- oder Lautbild zur Muttersprache etc.) trainiert werden. Ein neues Wort sollte v. a. dann semantisiert werden, wenn es sich um ein Schlüsselwort für das Textverständnis handelt, eine hohe Diskrepanz zwischen Laut- und Schriftbild besteht oder wenn es nicht aus dem Kontext oder auf andere Weise erschließbar ist.

Short talk Die kürzeste Form der Schülerpräsentation ist der *Short talk*. Er ist eine ca. zweiminütige Präsentation, die von den S zu einem vorgegebenen Thema vorbereitet und im Plenum frei gehalten wird. Einen *Short talk* zu halten, gibt den S die Möglichkeit, ihre Sprechfertigkeiten und das Zusammenfassen wesentlicher Informationen zu trainieren.

Die S fertigen sich Notizen an, die sie als Grundlage nutzen. Zur Unterstützung des *Short talk* eignet sich ebenfalls Bildmaterial, das dem/r präsentierenden S als Gedankenstütze und den zuhörenden S als Motivation dienen kann. Ähnlich können auch ► Prompt cards als Hilfe für einen *Short talk* eingesetzt werden.

Die S achten darauf, eine kurze Einführung ins Thema, einen erläuternden Hauptteil und einen Abschluss zu formulieren. L weist darauf hin, dass die jeweilige Aufgabenstellung den S bereits eine gute Struktur vorgeben kann. Zudem achtet L darauf, dass S die jeweils richtige Zeitform verwenden, z. B. bei einer Bildbeschreibung das *simple present*.

Songs Aktuelle und bekannte englische Songs sind stets eine motivierende Form, den Unterricht zu beleben. Vorrangig ist dabei das Prinzip des *listening for fun*, aus welchem sehr häufig durch das entstandene Interesse der S Verständnis- und Einzelfragen zum Inhalt erwachsen. Für den Umgang mit Songs bieten sich folgende Hörverstehensstrategien (► Listening tasks) an:

- Den Song mehrfach hören (und gleichzeitig lesen, ► Mitleseverfahren) und dann mitsingen lassen.
- L blendet jede zweite Zeile des Songs aus, die S singen diese ohne Begleitung.
- Zwei Gruppen singen Zeile für Zeile abwechselnd (► Lautschulung).
- Die S lernen einige Zeilen auswendig und präsentieren den Text in EA oder PA.
- Die S nutzen Karaoke-Versionen zur Präsentation.
- L bereitet Textbausteine vor, die die S während des Hörens in die richtige Reihenfolge bringen.

- Die S setzen während des Hörens fehlende Begriffe des Songtextes in einen Lückentext ein.
- Die S markieren während des Hörens markante Begriffe, Redemittel oder Informationen.
- L stoppt den Song an mehreren markanten Stellen, die S raten das nächste Wort (bietet sich besonders bei Reimen an).

Speaking tickets *Speaking tickets* werden eingesetzt, um zu gewährleisten, dass eine *speaking activity* (z. B. *discussion, Role-play* etc.) nicht von einzelnen, besonders aktiven S, sondern möglichst gleichmäßig von allen getragen wird. Die S erhalten vor der *speaking activity* jeweils drei bis vier *speaking tickets* (Papierstreifen oder kleine Zettel), die sie mit jeder in der Diskussion getätigten Äußerung einlösen. Dadurch müssen alle S mindestens drei- bis viermal reden, dürfen aber auch nicht mehr beitragen.
Varianten: Die *speaking tickets* können auch bestimmte Redemittel enthalten, die von den jeweiligen S an passenden Stellen in der *speaking activity* verwendet werden müssen. Sie können auch Impulse für den Diskussionsprozess enthalten, die im Laufe der PA oder GA eingebracht werden müssen (z. B. *Ask one of the students: What do you think about this? / Use this sentence: "I see what you mean, but I think ..."*).

Sprachmittlung ▶ Mediation

Szenisches Spielen ▶ Scenic play

Think-Pair-Share Diese kooperative Lernform dient den S dazu, von einer individuellen zu einer gemeinsamen Lösung zu gelangen. Ablauf:

1. EA: Die S denken allein über die Aufgabenstellung nach und machen sich ggf. Notizen.
2. PA: Zwei S besprechen ihre Notizen und kommen zu einer gemeinsamen Lösung.
3. GA: Zwei Paare bilden eine Vierergruppe, die gemeinsam ihre Lösungen bespricht. Alternativ stellen die Paare ihre Lösungen im Plenum vor. L sollte für jeden Arbeitsschritt ein Zeitlimit setzen.

Total Physical Response (TPR) Das Konzept der *Total Physical Response (TPR)* beruht auf der Einbeziehung von Körpersprache und Bewegung, um das Hörverstehen der S zu fördern. *TPR* spricht in besonderem Maße S mit Sprechhemmungen oder geringem Sprachinventar an, die mithilfe der Methode die Fremdsprache handelnd umsetzen und so Erfolgserlebnisse erzielen. Die S reagieren auf eine Anweisung von L (oder S) nonverbal, indem sie diese in Bewegung umsetzen. Die Anweisungen sollten z. B. durch Gestik oder den Einsatz von Realia verständlich gemacht werden. Durch mehrfache Wiederholung kann die Behaltensleistung gesteigert werden, Handlung und Sprache werden miteinander verknüpft.

Viewing activities Das Sehverstehen gliedert sich in drei Phasen. Wie auch beim Hör- oder Leseverstehen, stellen die S zunächst Vermutungen an, äußern Erwartungen oder Vorkenntnisse *(Previewing)*. In der Phase des *While-viewing* verschaffen sie sich durch verschiedene Techniken einen ersten Eindruck und sichern das Verständnis. Das *Post-viewing* bietet Zeit und Raum für Auswertungen oder weiterführende Aufgaben/Recherchen.

Zu den Techniken des Sehverstehens gehören:
- *Silent viewing*. Dies ist eine Technik, bei der die Filmsequenz oder ein Ausschnitt davon zunächst ohne Ton präsentiert wird. S erhalten so einen groben Eindruck vom Inhalt einer Szene und bauen eine Erwartungshaltung auf. Diese entlastet auch den Verstehensprozess. Das *Silent viewing* sollte immer mit einem Auftrag zum Grobverständnis verbunden werden (z. B. *Find out what is happening in the scene. / Who are the persons and what are they doing?* etc.). Es kann ggf. wiederholt werden, um Hypothesen zu inhaltlichen Details aufzustellen, die dann anhand der Präsentation der Sequenz mit Ton überprüft werden.

- *Sound only*. Filmsequenzen werden als reine Tonspur präsentiert, indem das Bild verdeckt oder abgedunkelt wird. Diese Technik bietet sich an, um die Aufmerksamkeit der S auf Dialoge oder Soundtrack (Filmmusik oder auch Geräuschkulisse) zu lenken.
  Die Technik *Sound only* lässt sich gut mit *Silent viewing* kombinieren und ermöglicht im Anschluss Übungen in PA, bei denen Partner A die Filmsequenz verfolgt (ohne den Ton zu hören) und Partner B die Tonspur der Filmsequenz mitverfolgt (ohne die Filmsequenz zu sehen).
- *Split viewing* oder *Jigsaw viewing*. Hierbei bearbeiten die S arbeitsteilig unterschiedliche *While viewing*-Arbeitsaufträge zu inhaltlichen oder filmanalytischen Themen.

  Variante 1: Jede Gruppe besteht aus so vielen S, wie es Arbeitsaufträge gibt. Jedes Gruppenmitglied übernimmt einen Arbeitsauftrag und macht sich während des *viewing* in EA Notizen. Z. B. konzentriert sich ein/e S auf einen Charakter, ein/e S macht sich Notizen zum Soundtrack, der/die nächsten zum Setting, etc. Anschließend informieren sich die S in der Gruppe gegenseitig über ihre Arbeitsergebnisse.

  Variante 2: Jede Gruppe (maximal sechs S) erhält einen Arbeitsauftrag. In EA macht sich jedes Gruppenmitglied während des *viewing* Notizen. Die S führen ihre Erkenntnisse in der Gruppe zusammen und erstellen gemeinsam eine Zusammenfassung, die sie im Plenum vorstellen.

  Variante 3: Gruppenbildung und Verlauf der arbeitsteiligen Gruppenarbeit erfolgt gemäß eines *Jigsaw puzzles* in Experten- und Querschnittsgruppen (▶ Jigsaw).

Worterschließungstechniken Um sich Worte in der Fremdsprache ohne die Hilfe von L zu erschließen, können sich die S verschiedener Techniken, die ihnen aus der Muttersprache geläufig sind, bedienen. So können sie Worte aus dem Kontext erschließen, sich Bedeutungen aus der Wortzusammensetzung herleiten oder über eine phonologische oder grafische Ähnlichkeit des Wortes in der Muttersprache auf die Bedeutung schließen.

Wortschatzsemantisierung ▶ Semantisierung

● Watch the film again and follow the tour on the map. Write the numbers 1–12.

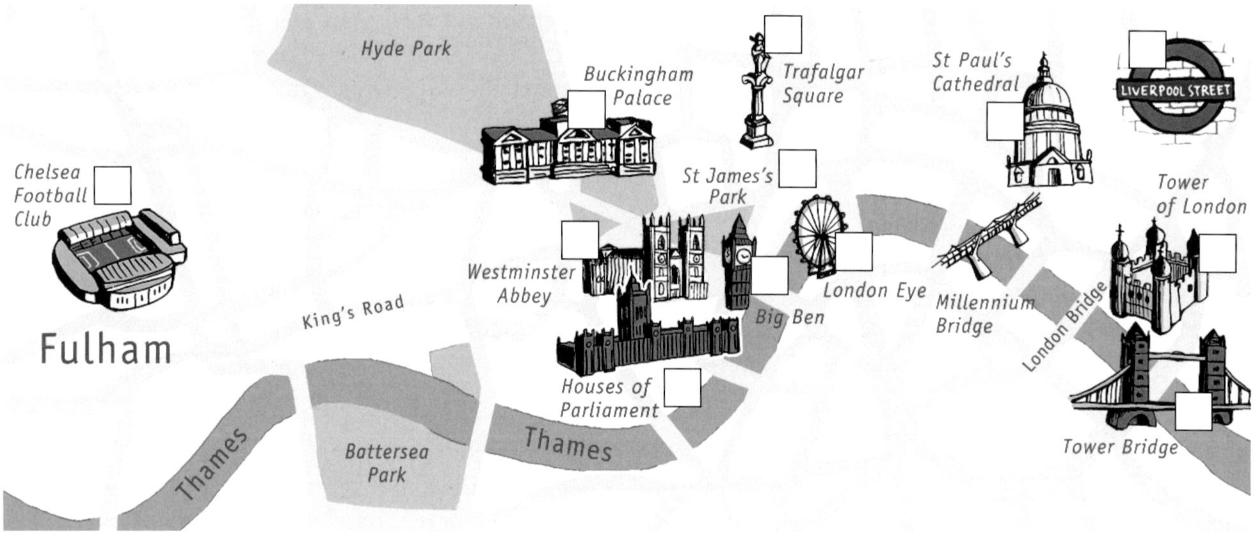

✂ -

○ Watch the film again and follow the tour on the map. Write the numbers 2–5 and 7–12. You start at Liverpool Street station (number 1) and number 6 is St James's Park.

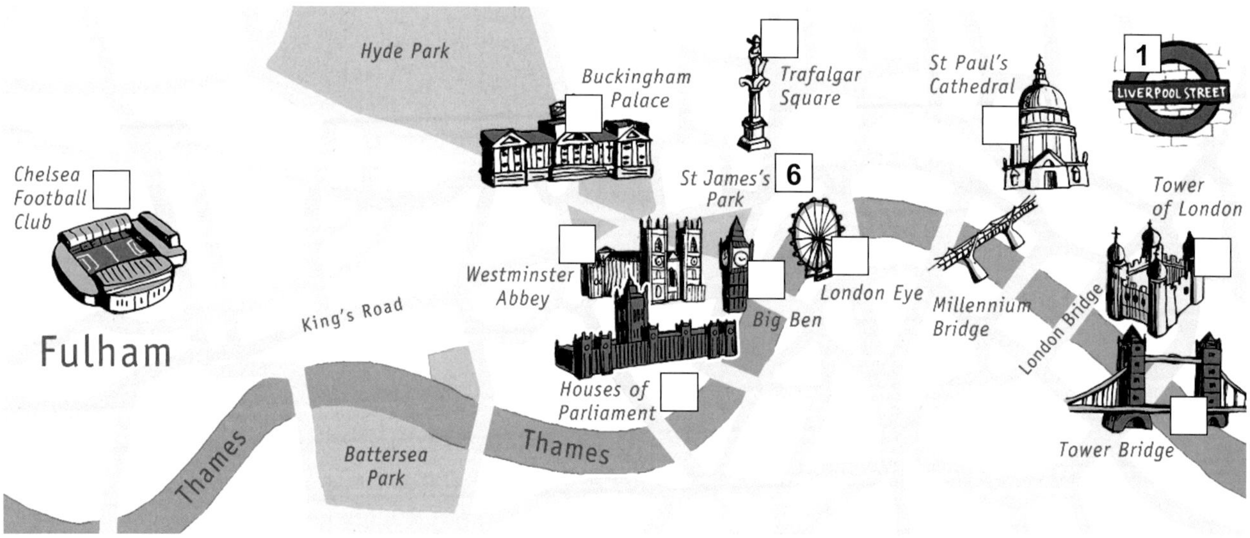

Illustrationen: Dorina Tessmann, Berlin

Part 1: Appointments

1 *Make appointments with three partners for one o'clock, two o'clock and three o'clock. Write their names in the table below.*
2 *Write who you would like to meet: Sam, Ruby, Tally or Alfie. Say why.*
3 *Go to your appointments. Ask them: Who would you like to meet – Sam, Ruby, Tally or Alfie? Why? Take notes.*
4 *Tell your class what you and your partners think.*

Questions	**Me**	**1 o'clock appointment** Name: ______	**2 o'clock appointment** Name: ______	**3 o'clock appointment** Name: ______
Who would you like to meet?	*I'd like to meet* ______	______ ______	______ ______	______ ______
Why?	*Because* ______ ______ ______	______ ______ ______	______ ______ ______	______ ______ ______

Part 2: What's so special about London?

a) *True or false? Tick ✓ the correct sentences and cross ✗ the wrong ones.*

1 Sam doesn't like London very much.	☐
2 Sam is a reporter for buzz.	☐
3 Ruby says that London is special for clothes.	☐
4 Ruby thinks that shopping centres are better than markets.	☐
5 Tally likes the food of different cultures.	☐
6 Tally goes to concerts alone.	☐
7 Alfie says that Londoners aren't friendly.	☐
8 Alfie thinks that London has no downsides.	☐

b) *Correct the wrong sentences.*

______
______
______
______
______

Part 1: Clever Sherlock

Listen to the story. What's the correct order of the parts of the story? Write the numbers 1–6.

Disaster in Hyde Park	
Saturday plans	
In the museum, at last	
Shopping disaster	
About me	
Disaster on the Tube	

Part 2: Sherlock's best idea

a) *Make notes: What do you think was Sherlock's best idea?*

waiting for Alfie at the next station • shouting at Harrods, "Mum, we're here!" • making the noise of a police car with the mobile • going to the Natural History Museum

I think Sherlock's best idea was ______________________________ .

b) *Talk to at least five other students – do they agree? Take notes: If they agree tick (✓) the box. If they don't agree write down what they think.*

Name	Yes, I agree.	I don't agree. I think his best idea was …

c) *Tell the class about two of your partners. What do they think?*

Lisa and I agree. We think Sherlock's best idea was …

I think Sherlock's best idea was …, but Sven thinks Sherlock's best idea was …

Tom and I don't agree. He thinks Sherlock's best idea was …

Illustration: Dorina Tessmann, Berlin

The funny ringtone

1 *Cut out the pictures. Then watch the film and put the photos in the right order.*

2 *Number the pictures and stick[1] them into your exercise book.*

3 *Write captions for the pictures.*

▼

▲ *fold here*

More help *Match the captions with the pictures.*

Sherlock gives Ruby her bag.	The friends are at the Tube station.
Fulham is a neighbourhood in London.	The friends are at Uncle Nick's cafe.
The four friends are at Camden Market.	Somebody takes Ruby's bag.

[1] stick *klebe*

Fotos: Cornelsen Schulverlage, Berlin

1 REVISION My class trip

2 was **3** had **4** talked **5** didn't understand **6** didn't see **7** went **8** played **9** meet **10** Did … visit **11** Did … like

__/5 points

2 WORDS Travel in London

a)

transport	people	places
bike bus car drive escalator ferry plane ride taxi ticket traffic lights train travel Tube	bus driver child detective football fan king queen security man tourist	bridge harbour hill market platform river road sea shopping centre stadium street train station

__/17 points

b) **1** road **2** train **3** ticket
4 traffic lights **5** bus **6** sea

__/6 points

c) individuelle Lösungen

____ points

3 LISTENING Travelling in London

a) **2** A **3** B **1** C

__/3 points

b) **1a)** B **1b)** B **2a)** B **2b)** C **3a)** C **3b)** B

__/6 points

4 MEDIATION Staying with a family

1 Abendessen ist gewöhnlich um halb acht, deshalb solltest du gegen 7 Uhr hier sein.
2 Nach unseren Ausflügen brauchen wir nicht nach Hause laufen.
3 Wir sollen Mrs Green anrufen und sie holt uns mit dem Auto ab.
4 Nein, nach dem Abendessen dürfen wir nicht mehr alleine ausgehen. Wir müssen zu Hause bleiben.
5 Wir dürfen mit der Familie im Wohnzimmer fernsehen.
6 Da es nur ein Bad gibt, sollte sich niemand zu lange darin aufhalten.

__/6 points

6 READING Tally's blog

a) **1** 18th **2** 17th **3** 19th **4** –

__/3 points

b) **1** C **2** B **3** C

__/3 points

Test 1 und 2a): Für jede richtige Lösung bekommst du einen halben Punkt.
Test 2b), 3, 4 und 6: Für jede richtige Lösung bekommst du einen Punkt.
Test 2c): Für jeden richtigen Satz bekommst du zwei Punkte.
Dann zähle alle Punkte zusammen.

49 (or more)–42 points	41–26 points	25–0 points
☺ Very good!	😐 OK, but you can do better. Which test is difficult?	☹ You should do more practice. Ask your teacher for help.

Part 1: On the school bus

Think of what might happen on the school bus when Molly and Rob meet again. With your partner, finish the dialogue and present it to your class.

Molly: ____________, Rob!

Rob: Hi, Molly. ________________________?

Molly: I'm ________________. How is your dog?

Rob: He's __________ too. What about your sheep?

Molly: They are ________! Why don't you _____ ___ over to meet them?

Rob: That's a _______________! Can I come ____________________?

Molly: Yes, that sounds ___________________. See you then!

Rob: ______________!

▼

▲ *fold here*

More help come • fine (2x) • good • good idea • great • Hi • How are you • See you • tomorrow

Part 2: The story

a) *Complete the nine sentences. Use the words from the boxes. Then cut the sentences out.*

1 Molly, the _______________ of farmer John Taylor, saved three sheep.

2 John Taylor, Molly's ________________, was proud of her.

3 _________________________________ spoke to the newspaper.

4 She walked _____________ into the water.

5 She worked _____________.

6 Her father spoke _____________ and said Molly did ______________.

7 Molly was __________________ when she walked into the water.

8 The water wasn't too ____________ or ________________ for Molly.

9 The sheep were ____________ because they were ____________.

1 – 3: father • Police officer Butler • daughter

4 – 6: proudly • hard • well • calmly

7 – 9: deep • heavy • dangerous • wet • brave

b) *Now look back at page 32 and check your answers.*

c) *Tell your partner the story of Molly and the sheep. Use the sentences in a).*

Illustration: Katharina Wieker, Berlin

Remember Molly and Rob's adventure? Look at the five pictures and put them in the right order (1–5). Then write the story as you remember it. Use your own words.

○ *You can use the captions in* **More help** *or look at your book again (pages 34–35).*

▼

▲ *fold here*

More help *Use these captions and then write two more sentences about each picture.*

Molly's mother talks to police officers. • The CCTV shows a fox. • Rob watches a car. • Molly, Rob and their dogs meet on the farm. • Rob's dog Wally finds rubbish.

Illustrationen: David Norman, Meerbusch

Part 1: Molly's questionnaire

Listen to Molly. Complete the answers for her three partners.

	me	Partner 1: Hana	Partner 2: Ali	Partner 3: Noah
Have you ever …				
– visited a farm?	lots of times	______	______	______
– ridden a donkey?	once	______	______	______
– been on a plane?	twice	______	______	______
– moved house?	no	______	______	______

Part 2: What have you done?!

*Dylan's parents have been away for the weekend. Here, he's telling his parents about what has happened over the last two days. Chose the right word – **have** or **has** and fill in the missing words.*

Use the words in the box.

been (2x) • happened • done (2x) • spent • played • lived • phoned

Dylan: Hi, Mum and Dad! I hope you had a great weekend! I'm happy that you're back. It was nice here too. On Friday, John came and we watched a film. You know, he **have/has** never ___________ here before, so that was exciting. And he had so many questions! He wanted to know, "**Have/Has** you always ____________ in this house? **Have/Has** your sister always ___________ taller than you? Do you often use this computer? **Have/Has** you ever ___________ this game?" And so on. After he had left on Saturday morning, I cut the grass as you can see and I went shopping for Lucy and me (and you, of course). I **have/has** never ___________ so much money before! Then Lucy got really angry with me, because I asked her lots of questions. But I really needed her for my homework! She shouted at me, "**Have/Has** you never __________ your homework alone?" That was mean! She even threw[1] a book at me.

Dylan's mum: I see. But what **have/has** you ___________ to the rabbits? Why do they have red spots? And what **have/has** _________________ to my flowers[2] in the garden? You didn't cut them too, did you? And grandad? **Have/Has** you ______________ him at all? Oh, Dylan!

[1]threw *warf*
[2]flowers *Blumen*

Illustration: Katharina Wieker, Berlin

Find out about students in your class.

a) *Read the four questions in this questionnaire. Put your own information under* ***me****.*

	me	Partner 1:	Partner 2:	Partner 3:
Have you ever …				
– lost money?				
– met a famous person?				
– been to the sea?				
– seen a game of rugby?				

b) *Walk around: Ask the questions and make notes of your partners' answers.*

Find out about students in your class.

a) *Make a questionnaire with your own questions. Put your own information under* ***me****.*

	me	Partner 1:	Partner 2:	Partner 3:
Have you ever …				

b) *Walk around: Ask the questions and make notes of your partners' answers.*

1 WORDS Town and country words

a)

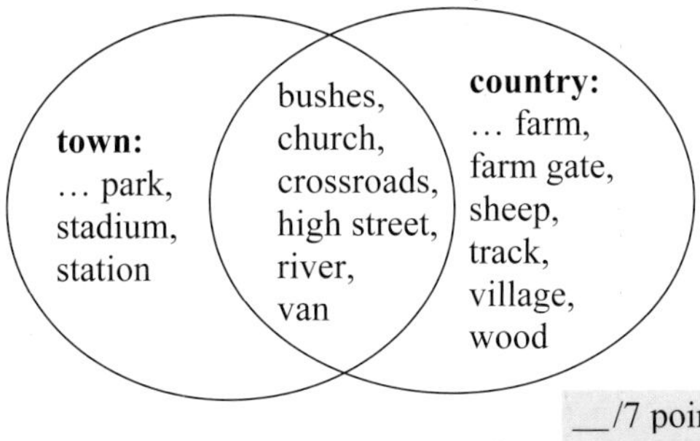

__/7 points

b) **town:** airport, cinema, hospital, museum, neighbourhood, restaurant, shopping centre, swimming pool, tube, …

town/country: bird, bridge, bus, bus stop, cafe, cat, dog, football club, garden, market, post office, school, shop, tourist office, traffic lights, tree, supermarket, …

country: chicken, cottage, cow, duck, fox, mud, national park, pig, rabbit, space, …

____ points

2 WORDS How many differences can you find?

a) + b)

Things in the picture	Where in the picture on p. 42?	Where in the picture on p. 90?
a river	in the background, on the left / …	in the background, on the left / …
a farm	one farm in the foreground on the left, another farm in the background on the right / …	Three farms: two farms on the right, in the background, one farm in the middle, next to the road / …
a van	in the foreground, on the left / …	in the background, next to the farmhouse in the middle / …
fields	between the wood and the river / …	in the background, on the right / …
a gate	in the foreground, on the left / …	in the foreground, on the right / …
a church	in the background, in the middle / …	in the foreground, on the left / …
sheep	in the foreground on the right, next to the bushes / …	on the left, behind the church / …
hills	in the background, on the right / …	in the background, on the left / …
bushes	in the foreground, on the right / …	in the foreground, next to the road / …
horses	no horses	on the left, next to the road /…

a) __/8 points

b) __/5 points

3 LANGUAGE A visit to *Cotswold Farm Park*

1 have **2** has **3** have
4 have **5** have **6** have

__/3 points

4 LANGUAGE Telephone language

a) **Tourist:** Hello. Can I speak with David, please?
M. b.: I'm sorry, he can't come to the phone right now. Can I take a message?
Tourist: I have a problem with my bike. Can David help me?
M. b.: I'll give him your message. What's your name and where are you?
Tourist: I'm … That's … I'm outside the church in Chipping Campden.
M. b.: David will be there in an hour.
Tourist: Thank you. Bye.
M. b.: You're welcome. Bye.

__/11 points

Test 1 und 3: Für jedes richtige Wort bekommst du einen halben Punkt.
Test 2: Für jede richtige Beschreibung bekommst du einen Punkt.
Test 4: Für jeden richtigen Satz bekommst du einen Punkt.
Dann zähle alle Punkte zusammen.

34 (or more)–30 points	29–18 points	17–0 points
☺ Very good!	😐 OK, but you can do better. Which test is difficult?	☹ You should do more practice. Ask your teacher for help.

1 *Complete the sentences.*
2 *Cut out the texts and the photos.*
3 *Match the photos with the texts.*

1 The city centre of Liverpool is modern.

Liverpool has one big ______________________________.

At Liverpool ONE you can find shops, restaurants and cafes.

2 A very important part of the city is the old ___________.

People went to America and Australien from here.

3 In Liverpool ___________________ is very popular.

FC Liverpool is a famous team.

4 The Titanic ____________________ was in 1912.

1500 people died.

5 Around 1850 lots of people from _____________ came to Liverpool to work there. They built a beautiful gate.

6 Ships went from Liverpool to Africa. They took people from Africa and sold them as _____________. That's why Liverpool was a rich city.

A

B

C

D

E

F

Fotos: A National Museums Liverpool; B Ullsteinbild, Berlin: Imagebroker.net / Stephan Goerlich; C Liverpool One: by courtesy of Liverpool One; D Alamy: Paul Thompson Images / Chris Ballentine; E International Slavery Museum ©Redman Design; F iStockphoto.com, hmproudlove

What's your favourite music? Answer these questions in a group, please. Write down all answers from your group.

1 What music do you listen to?

___

POP RAP TECHNO R'n'B Classics COUNTRY …

2 What's your favourite music?

___

3 What's your favourite song?

___

4 What's the song about? / What words do you understand?

___

English Turkish Arabic GERMAN …

5 In what language is the music you listen to?

___

never once twice …

6 Have you ever been to a concert?

___

7 Who's your favourite singer?

___

Britain USA Turkey GERMANY Russia Syria …

8 Where is he/she from?

___

9 What's the name of your favourite band?

___

10 Where are they from?

___

Illustrationen: Katharina Wieker, Berlin

1 WORDS A quiz about countries

a) ○ **1** Spain **2** England **3** Australia **4** France **5** Turkey **6** Jamaica **7** Scotland **8** China ___/8 points

c) ● individuelle Lösungen _____ points

2 WORDS Business words

a) be good at business, advertise your business online, make as much money as you can, sell your bike to a friend, have a good idea ___/5 points

b) individuelle Lösungen _____ points

3 REVISION An interview with a footballer

Reporter	came
Tariq	started, played
Reporter	left
Tariq	left, wanted, missed, found, felt
Reporter	started
Tariq	arrived, was
Reporter	made
Tariq	wrote

___/14 points

4 LANGUAGE Comparing

a)
1. Liverpool is bigger than Plymouth. Manchester is the biggest.
2. The Liverpool bus tour is cheaper than the Beatles Museum. The river trip is the cheapest.
3. The River Thames is shorter than the River Weser. The River Mersey is the shortest.
4. *Lösungsbeispiel:* Football is easier than skiing. Swimming is the easiest.

___/8 points

b)
1. as green as grass
2. as cold as ice
3. as quiet as a mouse
4. as hungry as a bear
5. as strong as a lion
6. as big as a house

___/6 points

c) individuelle Lösungen _____ points

Test 1a), 2a), 3, 4b) und 4c): Für jede richtige Lösung bekommst du einen Punkt.
Test 1c), 2b) und 4a): Für jeden richtigen Satz bekommst du zwei Punkte.
Dann zähle alle Punkte zusammen.

41 (or more)–36 points	35–20 points	19–0 points
☺ Very good!	😐 OK, but you can do better. Which test is difficult?	☹ You should do more practice. Ask your teacher for help.

Part 1: Map of Scotland

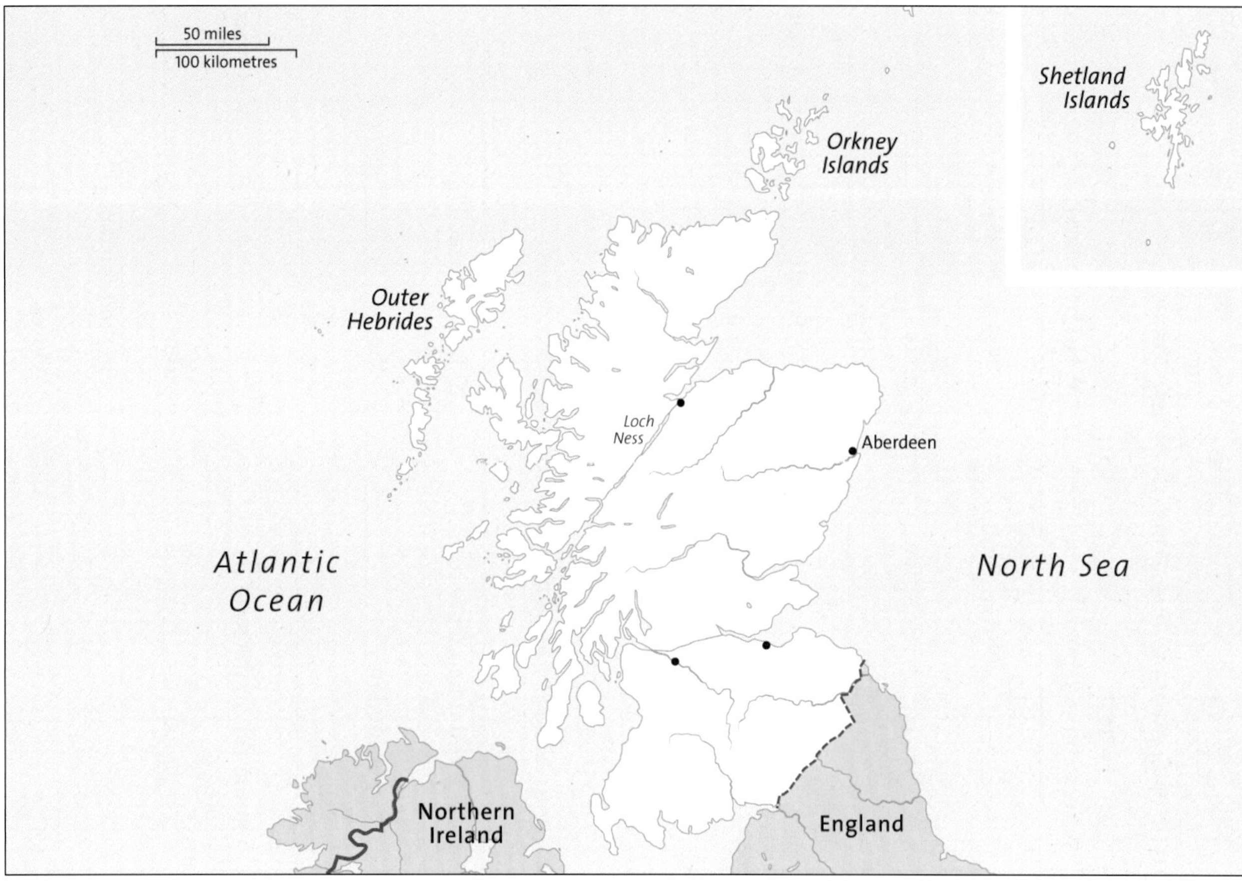

Part 2: Flashcards

Inverness	Glasgow	Edinburgh

sky

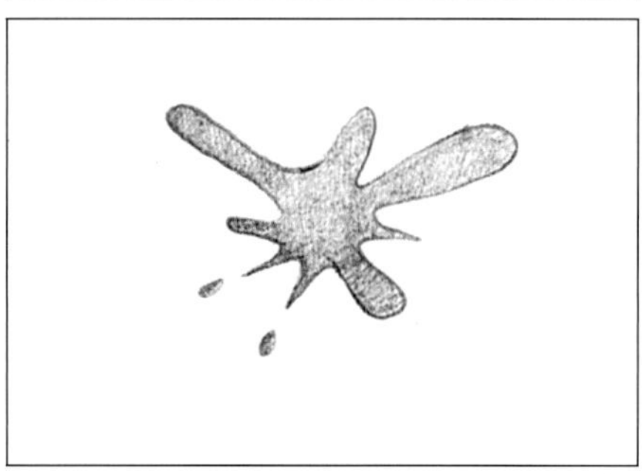

grey

lake

throw

castle

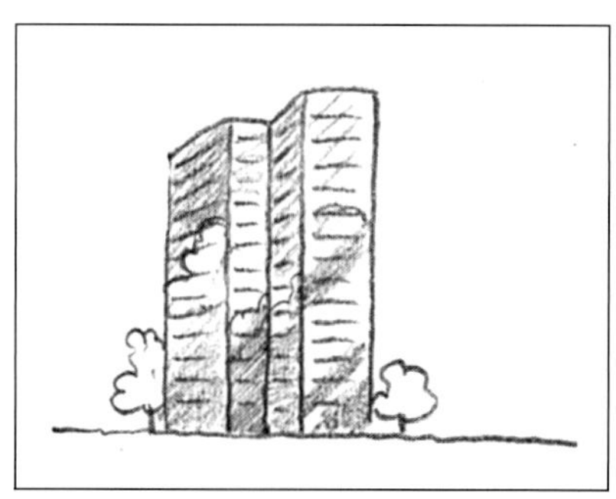

modern building

Illustrationen: Karte: Carlos Borrell, Berlin; Flashcards: Katharina Wieker, Berlin

1 *Read your part of the story. The new words below can help you. Then try to answer the questions. Complete the notes.*

Part A

Who was in the text?	**When** did it happen?	**Where** did it happen?	**What** happened?
– the ________ family – an ________ man – some ________ who played ________ and ________	– ______ in the ______ – the next ________	– in a ______ old ______ – in the ________ with a warm ________ – ________	– man showed them their ______ – the Grants ________ and enjoyed the ________ – the family ______ goodbye, but the old man didn't ______

New words in part A of the story:
make yourselves comfortable = *macht es euch gemütlich* • down = *nach unten* • wave = *winken*

✂ -

1 *Read your part of the story. The new words below can help you. Then try to answer the questions. Complete the notes.*

Part B

Who was in the text?	**When** did it happen?	**Where** did it happen?	**What** happened?
– the ________ family (Mr and ________ and two ________)	– on the family's first ______ in ________ – it was ________ outside	– they landed in ________ ________ – in the car on the road to ______ ________	– the ______ arrived – a ________ with the ________ was missing – they ________ a car – looked for the ______ to Dores

New words in part B of the story:
land = *landen* • hire = *mieten* • driving licence = *Führerschein* • mine = *meine, meiner, meins* • hoot = *hupen* • luckily = *glücklicherweise*

1 ◯ *Read your part of the story. The new words below can help you. Then try to answer the questions. Complete the notes.*

Part C

Who was in the text?	**When** did it happen?	**Where** did it happen?	**What** happened?
– the ______ family from	– in the ______	– at the ______ B&B	– Grants ______ at the B&B
______	at about ______ am	in ______	– they ______ the MacDonalds
Mr and ______,	– later on the same ______	– at Urquhart ______	about ______
Duncan and ______	– in the ______	______	– found ______ on the
– the ______			map, later they ______ to
from *Lochside* B&B			______

New words in part C of the story:
finger = *Finger* • ruin = *Ruine* • car park = *Parkplatz* • ghost = *Geist* • exist = *existieren* (they don't exist = *es gibt sie nicht*)

1 ◯ *Read your part of the story. The new words below can help you. Then try to answer the questions. Complete the notes.*

Part D

Who was in the text?	**When** did it happen?	**Where** did it happen?	**What** happened?
– the ______	– in the ______	– in the car on the ______	– it started to ______
(Mr and ______	after ______ pm	between ______	– Grants didn't ______ Dores
Duncan and ______)		and Dores	– their ______ didn't work
– an ______ Scottish ______		– in a ______ park	– they ______ at a car ______
		– at the ______ of a building	– an ______ helped them

New words in part D of the story:
narrow = *eng* • car park = *Parkplatz* • yours = *deiner, deine, deins / eurer, eure, eures* • not … either = *auch nicht* • over there = *da drüben* • accent = *Akzent*

Part 1: Speaking tickets

Cut out the speaking tickets. Talk about the right order of the story in your books. The sentences on the tickets will help you. Use all the tickets in the talk with your group.

Speaking ticket	Speaking ticket	Speaking ticket
I think that text … is first/second/third/last, because it happened – in the morning – in the evening – on the next day – later on the same day – late in the evening – in the afternoon – …	I agree. That's right. *oder* I don't agree. I think … **Speaking ticket** I agree. That's right. *oder* I don't agree. I think …	Look at the time phrases: in text … it says it was – 7 pm – 11 am – later in the evening – their first night – … That's earlier/later than in text …

Part 2: Word quiz

Step 1: *Which of the words in the box are in your text of the story (A + heading, B, C or D)? Circle them.*

hire • hoot • ghost • wave • finger • accent • exist • land • ruin • narrow • car park • driving licence

Step 2: *Which sentences can you use to describe the words from your text? Choose sentences from this list or write your own sentences.*

1. People sometimes do this when they say goodbye.
2. People in cars do this when you're doing something wrong on the road.
3. It's a place where people leave their cars.
4. A plane does this when it arrives at the airport.
5. People … a car when they only need it for a week or two.
6. The street isn't big: it's small and …
7. You need it if you want to drive a car.
8. You say it about things that you can see and touch: They …
9. It's not really there. It's scary.
10. It's a special way to speak a language.
11. It's a very old building that you can't live in.
12. It's one of the five that are part of a hand.

____

____

____

____

Step 3: *Describe the words from your text to your group members. Use the sentences you chose or wrote. Can the other students guess the words?*

4 Recipes: Scotch pancakes & porridge KV 17

Scotch pancakes[1]

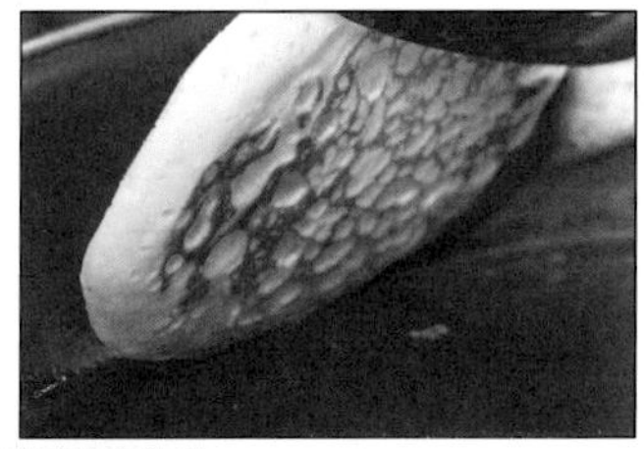

For 6 pancakes you need:

30 g sugar

120 g flour

1 egg

150 ml milk

How to make them:

1. Put the flour and sugar into a bowl.[2]
2. Mix the egg and some milk in another bowl.
3. Mix[3] the egg and milk mixture[4] into the flour and sugar quickly.
4. Melt[5] butter in a hot frying pan[6] and put some of the mixture into the pan with a spoon.[7]
5. When there are lots of bubbles[8] on the pancakes, turn them over.[9]

Tip: The first pancake is often not the best one. Use it to find the best temperature.

6. Eat the pancakes with butter, honey[10] or jam.

New words: [1]pancakes *Pfannkuchen* • [2]bowl *Schüssel* • [3]mix *mischen* • [4]mixture *Mischung* • [5]melt *schmelzen (lassen)* • [6]frying pan *Pfanne* • [7]spoon *Löffel* • [8]bubbles *Bläschen* • [9]turn sth over *etwas wenden/umdrehen* • [10]honey *Honig*

Scotch porridge

For one bowl[1] of porridge you need:

1 cup rolled oats[2]

3 cups water

1/2 teaspoon[3] salt

milk or cream

How to make it:

1. Put the water into a saucepan.[4] Bring water to a boil.[5]
2. Stir in[6] rolled oats with a wooden spoon. Reduce[7] to low heat.[8]
3. Cook for ten minutes. Stir[9] every three minutes.
4. Stir in salt.
5. Cook for another ten minutes. Stir every three minutes.
6. Put porridge into bowl. Put some milk or cream on top and eat with a spoon.[10]

New words:
[1]bowl *Schüssel* • [2]rolled oats *(kernige) Haferflocken* • [3]teaspoon *Teelöffel* • [4]saucepan *Topf* • [5]bring to a boil *zum Kochen bringen* • [6]stir in *einrühren* • [7]reduce *tiefer regeln/stellen* • [8]low heat *niedrige Stufe/Temperatur* • [9]stir *(um)rühren* • [10]spoon *Löffel*

Illustrationen: Katharina Wieker, Berlin; Fotos: Shutterstock.com: ingredients ©Richard Griffin; batter ©Paul Cowan; batter in pan ©R.legosyn; pancake ©Crepesoles; panckes with butter ©Olga Nayashkova

1 REVISION If the weather is good, …

Mrs Grant	If the weather is good, we'll stay here two more days.
Kara	That's great! If you stay here longer, what will you do?
Duncan	If it isn't too expensive, we'll hire a canoe for a tour of Loch Ness.
Abi	Perhaps we'll see Nessie if we go out early enough!
Mr Grant	But if the weather isn't good, we won't stay.
Duncan	Yes, if the weather is bad, we'll go to Edinburgh.
Mrs Grant	And if we visit Edinburgh, we'll go to the castle.
Abi	If we find a nice kilt shop, we'll look for a kilt for dad's birthday.
Kara	Are you sure he'll wear a kilt if you find one for him?
Duncan	You're right. If we buy a kilt, he won't wear it!

__/10 points

2 ○ LANGUAGE What do you call …?

// ● p. 115

1 I need a paper that shows where places are. (map)
2 What do you call a person who is not a child? (adult)
3 What's the boat that takes people across a river? (ferry)
4 What do you call the people who fight against fire? (firefighters)
5 What's the name of the person who cuts or styles your hair? (hairdresser)
6 What's the white stuff that you put on rice or potatoes or eggs? (salt)
7 What do you call the things that you wear on your feet under your shoes? (socks)
8 What's the word for the person who helps when your car is broken? (mechanic)

p. 82 __/7 points
p. 115 __/12 points

3 ○ LANGUAGE Enjoy yourselves!

// ● p. 115

Alec	Mum, Kara and I want to go camping.
Mum	Camping? Is that a good idea? That's what I ask myself.
Dad	Oh, I'm sure the kids can look after themselves, Kate.
Jamie	Of course we can look after ourselves!
Kara	Don't forget Jamie has taught himself to cook!
Dad	Ah yes, I hear you're good at cooking soup for yourself, Jamie!
Mum	Well, OK then. You go camping and enjoy yourselves. But I won't blame myself if you come back hungry!

p. 83 __/7 points
p. 115 __/7 points

4 WRITING and SPEAKING Booking a B&B

a) Hi! We are a family of four: two adults and two children. We'd like to book a family room for eight nights from 14th July. Will the room be free? Many thanks.
Simon Koch

__/5 points

b)

You	Hi. This is Simon Koch. I'm phoning to confirm our reservation.
B&B	Thanks for phoning. I'm sorry, but our family room isn't free at that time. But we can give you two double rooms for the same price.
You	Two double rooms are OK.
B&B	Great. Two double rooms from 14th to 22nd July.
You	Can we pay in euros?
B&B	Yes, no problem. It's a total price of 610 euros.
You	Is that with breakfast?
B&B	Yes, including breakfast. What time will you arrive?
You	We'll arrive in the evening.
B&B	In the evening is fine.
You	Thank you very much.
B&B	No problem. Bye.

__/7 points

5 READING Brochures

1 D **2** A, E **3** E, A **4** D **5** C **6** B **7** C __/7 points

Test 1, 2 ○, 3, 4: Für jede richtige Lösung bekommst du einen Punkt.
Test 2 // ● p. 115: a) Für jede richtige Lösung bekommst du einen halben Punkt.
b) Für jede richtige Lösung bekommst du einen Punkt.
Dann zähle alle Punkte zusammen.

43–37 points // ● p. 115 48–42 points ☺ Very good!	36–23 points 41–27 points 😐 OK, but you can do better. Which test is difficult?	22–0 points 26–0 points ☹ You should do more practice. Ask your teacher for help.

Task 1 *Are there pupils from other countries in your class? Ask them 3 to 5 questions about* ***meals, clothes*** *and* ***rules at home*** *and write their answers.*

Questions:	Name 1: ____ Country 1: ____	Name 2: ____ Country 1: ____	Name 3: ____ Country 1: ____
What do you have for breakfast?			
What do you wear for school?			
Do you ____ ____ ?			
____			
____			

Task 2 *Imagine you are Maike. Write about your week in Dublin for the school website at Dara's school.*

My week in Dublin

I stayed with the O'Briens for a week in May. It was great! But a lot of things were new or different for me.

When I met Dara's brothers I ____________________.

At school I couldn't wear my normal clothes. I ____________________.

There's a great thing about school in Ireland: it ____________________.

On Friday we went ____________________. It's special, because ____________________

____________________.

The best thing about my week in Dublin was ____________________

____________________.

Task 3: *Imagine you can stay with an Irish family in Dublin: How will you travel? How much will it cost? What will you take as a present? Make notes and then tell the class.*

▼

▲ *fold here*

More help

I'll travel by ... • I'll start at ... airport / train station and will ... to ... • A return ticket costs ... Euros. • I'll take ... with me. • I / My parents will buy ... as a present. • I think that's typically German.

1 *Read the article about Liverpool and the Titanic. Then read the notes 1–10.*
2 *Underline the information in the article that is useful for the notes.*
3 *Complete the notes.*

Liverpool and the Titanic

The Titanic was a Liverpool ship. Liverpool's *White Star Line* owned[1] the Titanic and the Captain, Edward Smith, was a Liverpool man. Some of the 885 people who worked on the Titanic were from Liverpool too. *White Star Line* made plans for the Titanic in 1908. They wanted a ship that was bigger and better than all other ships in the world.

People said that the new ship was the strongest and safest ship in history. They thought it couldn't sink.

The Titanic left England for New York on 10th April 1912, but this was its first and last journey[2].

On 14th April the ship hit an iceberg. Two hours later, the Titanic sank and more than 1500 people died.

There were three groups of passengers[3] on the Titanic: first-class (325 passengers), second-class (285 passengers) and third-class (706 passengers). The most expensive tickets cost £512 (about €60,000 today) and third-class tickets cost £3 to £8 (about €350 to €950 today). Third-class passengers were not allowed to visit the parts of the ship that were for first-class passengers.

There were not enough lifeboats[4] for everybody. Third-class passengers were a long way from the lifeboats. When the Titanic sank, 38% of the first-class passengers died, but 75% of the third-class passengers lost their lives. In all, only about 700 people survived[5] and arrived in New York.

[1] *own* besitzen [2] *journey* Reise [3] *passenger* Passagier [4] *lifeboat* Rettungsboot [5] *survive* überleben

1 What the Titanic had to do with Liverpool: ______________________________

____

2 What people said about the Titanic: ______________________________

3 10th April 1912: ______________________________

4 14th April 1912: ______________________________

5 Number of people who died: ______________________________

6 Groups of passengers: ______________________________

7 Why so many people died: ______________________________

8 Why so many third-class passengers died: ______________________________

9 How many first-class passengers died: ______________________________

10 How many third-class passengers died: ______________________________